|光明社科文库|

社会治理机制创新路径研究
——基于云南边境地区的实践

刘文光◎著

光明日报出版社

图书在版编目（CIP）数据

社会治理机制创新路径研究：基于云南边境地区的实践／刘文光著．－－北京：光明日报出版社，2024.4

ISBN 978－7－5194－7945－9

Ⅰ.①社… Ⅱ.①刘… Ⅲ.①边疆地区—社会管理—研究—云南 Ⅳ.①D677.4

中国国家版本馆 CIP 数据核字（2024）第 091681 号

社会治理机制创新路径研究：基于云南边境地区的实践
SHEHUI ZHILI JIZHI CHUANGXIN LUJING YANJIU：JIYU YUNNAN BIANJING DIQU DE SHIJIAN

著　　者：刘文光

责任编辑：杜春荣　　　　　　责任校对：房　蓉　李学敏
封面设计：中联华文　　　　　责任印制：曹　诤

出版发行：光明日报出版社
地　　址：北京市西城区永安路 106 号，100050
电　　话：010-63169890（咨询），010-63131930（邮购）
传　　真：010-63131930
网　　址：http：//book.gmw.cn
E － mail：gmrbcbs@ gmw.cn
法律顾问：北京市兰台律师事务所龚柳方律师
印　　刷：三河市华东印刷有限公司
装　　订：三河市华东印刷有限公司
本书如有破损、缺页、装订错误，请与本社联系调换，电话：010-63131930

开　　本：170mm×240mm
字　　数：248 千字　　　　　　印　　张：15
版　　次：2024 年 4 月第 1 版　　印　　次：2024 年 4 月第 1 次印刷
书　　号：ISBN 978－7－5194－7945－9
定　　价：95.00 元

版权所有　　翻印必究

目 录
CONTENTS

绪 论 ·· 1
一、背景分析 ·· 1
 (一) 国内背景 ·· 1
 (二) 国际背景 ·· 2
二、国内外研究现状及简要评述 ··· 2
 (一) 国内研究现状 ·· 2
 (二) 国外研究现状 ·· 4
 (三) 简要评述 ·· 6
三、研究的学术价值和应用价值 ··· 7
 (一) 研究的学术价值 ··· 7
 (二) 研究的应用价值 ··· 7
四、研究的主要内容、重点和难点 ··· 7
 (一) 研究的主要内容 ··· 7
 (二) 研究重点和难点 ··· 8
五、研究思路和方法 ·· 8
 (一) 研究思路 ·· 8
 (二) 研究方法 ·· 8
六、核心概念界定 ··· 8
 (一) 社会治理 ·· 8
 (二) 机制创新 ·· 12

（三）云南边境地区社会治理机制创新 ············· 13

第一章　云南边境地区社会治理实践探索 ············· 15
一、社会治安治理实践探索 ····························· 15
　　（一）严厉打击盗窃涉枪涉爆违法犯罪 ············· 15
　　（二）持续打击参与境外赌博违法犯罪 ············· 17
　　（三）开展扫黑除恶专项斗争 ······················· 19
　　（四）加强边境流动人口管理 ······················· 20
　　（五）建设社会治安防控体系 ······················· 22
　　（六）抓好行业场所监督管理 ······················· 23
　　（七）实施"四式堵截"边境管控措施 ················ 24
　　（八）探索"四式"社会治安管控模式 ················ 26
二、禁毒防艾实践探索 ································· 27
　　（一）狠抓禁毒防艾教育 ··························· 27
　　（二）深入开展禁毒专项治理工作 ··················· 30
　　（三）建立吸毒人员救治康复机构及服务机制 ······· 33
　　（四）加强防艾知识、政策和业务培训 ············· 34
　　（五）加大艾滋病检测和行为干预力度 ············· 35
　　（六）实行防艾工作责任目标管理制度 ············· 36
　　（七）制定并落实艾滋病患者关怀救助政策 ········· 37
　　（八）建立禁毒防艾与扶贫工作挂钩机制 ··········· 38
　　（九）建立中国与毗邻国艾滋病联防联控机制 ······· 39
三、外籍务工人员治理实践探索 ························· 39
　　（一）加强对外籍务工人员的规范化管理 ··········· 40
　　（二）加大对"三非人员"的排查遣返力度 ·········· 43
四、疾病预防控制实践探索 ····························· 44
　　（一）加强疾病预防控制的组织领导 ················· 44
　　（二）强化健康咨询教育和健康管理 ················· 46
　　（三）抓好重点服务对象的疾病预防控制 ··········· 47
　　（四）狠抓重大疫情及重点传染病的防控 ··········· 48
　　（五）探索疫情防控的跨境合作治理机制 ··········· 49

五、接待来信来访实践探索 ……………………………………… 51
 （一）规范信访部门受理信访事项行为 …………………… 51
 （二）主动进行矛盾纠纷的排查和化解 …………………… 52
 （三）建立并落实领导干部包案接访制度 ………………… 53
 （四）运用网络技术开辟网上信访新渠道 ………………… 56
六、突发事件治理实践探索 ……………………………………… 57
 （一）加大突发事件治理知识培训和宣传 ………………… 57
 （二）完善突发事件应急预案及模拟演练 ………………… 59
 （三）加强突发事件监测预警和应急处置 ………………… 61
 （四）注重应急物资储备及应急场所建设 ………………… 62
 （五）建立突发事件应急处置的组织机构 ………………… 63
七、脱贫攻坚实践探索 …………………………………………… 65
 （一）发挥党建在脱贫攻坚中的引领作用 ………………… 65
 （二）全面推进脱贫攻坚政策落地生根 …………………… 66
 （三）着力实施社会民生改善提升工程 …………………… 70
 （四）结合实际发展特色产业助推脱贫攻坚 ……………… 72
 （五）争取对口帮扶及社会力量助力脱贫攻坚 …………… 73
 （六）狠抓就业帮扶工程以促贫困户增收 ………………… 74
 （七）加大贫困地区基础设施的建设力度 ………………… 75
 （八）激发并强化贫困户脱贫的内生动力 ………………… 76
 （九）建立健全扶贫攻坚的责任落实机制 ………………… 78

第二章　云南边境地区社会治理面临的挑战 ……………… 82
一、社会治安治理面临的挑战 …………………………………… 82
 （一）边境地区管控维稳形势依然严峻 …………………… 82
 （二）边境地区违法犯罪活动仍在滋生 …………………… 83
 （三）边境地区偷越国境线事件难治 ……………………… 84
 （四）边境"三非人员"问题依然突出 …………………… 85
 （五）个别毗邻国政治局势多年不稳 ……………………… 86
 （六）边境回流边民社会问题日益凸显 …………………… 87

二、禁毒防艾面临的挑战 … 89
（一）境外毒品仍在千方百计向境内渗透 … 89
（二）艾滋病疫情的防控形势依然十分严峻 … 90
（三）频繁的出入境人员加大了禁毒防艾难度 … 91
（四）社会力量参与禁毒防艾力度不够 … 92

三、外籍务工人员治理面临的挑战 … 93
（一）公安机关清理非法就业的外籍人员比较困难 … 93
（二）外籍务工人员中"三非人员"的治理难度大 … 94
（三）外籍务工人员频繁无序流动给治理带来压力 … 95
（四）外籍务工人员权益保障缺乏法律制度的依据 … 96

四、疾病预防控制面临的挑战 … 98
（一）境外人员偷渡入境我国，国际重大疫情外防输入任务重 … 98
（二）边境人员往来频繁，我国防控跨境传染性疾病难度增大 … 99
（三）毗邻国传染病防控能力有限，跨境输入我国的风险加大 … 99
（四）某毗邻国避战边民进入我境内，疾病预防控制形势复杂 … 100
（五）边境群众疾病防控意识淡薄，疾病防控群众基础较薄弱 … 101

五、接待来信来访面临的挑战 … 101
（一）信访群众依法维权意识淡薄 … 101
（二）利益问题引发的上访种类多 … 102
（三）信访总量处于高位运行状态 … 103
（四）信访问题呈现多样化复杂化 … 104
（五）历史遗留问题短期内难解决 … 104

六、突发事件治理面临的挑战 … 105
（一）毗邻国社会安全、公共卫生类事件频发 … 105
（二）云南边境县（市）自然灾害类事件频发 … 107
（三）云南边境县（市）事故灾难类事件较多 … 107
（四）云南边境县（市）社会安全类事件增多 … 109

七、巩固和拓展脱贫攻坚成果面临的挑战 … 110
（一）脱贫群众内生动力持续激发问题不容易解决 … 110
（二）如何让易地搬迁后的边民留得住的问题凸显 … 112
（三）回流边民安置以后的后续发展问题难以解决 … 113

（四）跨境婚姻家庭持续发展问题难以解决 …………………… 114
　　（五）吸毒致贫家庭持续发展问题难以解决 …………………… 115
　　（六）社会力量帮扶"断供"问题逐渐显现 …………………… 116
　　（七）边境民族地区基础设施发展仍然薄弱 …………………… 116

第三章　云南边境地区社会治理存在的问题 ……………… 118
一、社会治安治理存在的问题 ………………………………… 118
　　（一）边境管控机制不健全、管边控边难度大 ………………… 118
　　（二）社会治安治理相关部门之间协调配合不够 ……………… 119
　　（三）与毗邻国开展警务合作处置案件存在困难 ……………… 120
　　（四）人员、资金、设备配置跟不上时代发展需要 …………… 121
　　（五）社会治安的整体防控工作仍然存在薄弱环节 …………… 122
　　（六）打击跨国网络犯罪取证难、定性难、抓捕难 …………… 122
　　（七）打击涉黄涉赌违法犯罪活动的难度不断增大 …………… 123
　　（八）公安执法水平和整体能力素质有待提升 ………………… 124
　　（九）社会力量及人民群众参与治安管理动力不足 …………… 124
二、禁毒防艾存在的问题 ……………………………………… 125
　　（一）境外传统毒品和新型毒品的源头控制难度大 …………… 125
　　（二）稽查毒品的手段和方式跟不上形势发展需要 …………… 126
　　（三）一线缉毒民警出现不同程度的职业倦怠现象 …………… 126
　　（四）与毗邻国开展警务合作打击贩毒机制未形成 …………… 127
　　（五）防艾宣传教育效果未完全达到理想状态 ………………… 128
　　（六）艾滋病防治经费投入满足不了工作需要 ………………… 129
　　（七）艾滋病防治部门工作人员思想认识有偏差 ……………… 129
　　（八）艾滋病防治队伍的数量和能力未满足需要 ……………… 130
三、外籍务工人员治理存在的问题 …………………………… 131
　　（一）外籍务工人员治理的意识及能力有待提高 ……………… 131
　　（二）外籍务工人员的具体数据的准确掌握困难 ……………… 132
　　（三）外籍务工人员的管理队伍和经费配备不足 ……………… 133
　　（四）外籍务工人员的管理部门之间协同配合不够 …………… 134
　　（五）外籍务工人员的专门服务管理机构仍不健全 …………… 135

（六）外籍务工人员教育培训覆盖面和内容有待改进 ········ 136
（七）中国警方与毗邻国警方合作治理"三非人员"难 ········ 136
（八）外籍务工人员中"三非人员"的遣返回国效果差 ········ 137

四、疾病预防控制存在的问题 ·· 138
　　（一）边境地区疾病预防控制的工作人员不足 ··············· 138
　　（二）边境地区疾病预防控制的经费投入不够 ··············· 140
　　（三）与毗邻国交流合作疾病预防控制层次低 ··············· 141
　　（四）与毗邻国交流合作疾病预防控制困难多 ··············· 141
　　（五）重大疫情外防输入中的边境线容易失守 ··············· 142
　　（六）疾病预防控制的相关部门间的协调不够 ··············· 143

五、接待来信来访存在的问题 ·· 144
　　（一）少数职能部门领导干部对信访工作的重要性认识不足 ········ 144
　　（二）接待来信来访中的诉讼与信访分离制度尚未建立起来 ········ 145
　　（三）接待来信来访的工作人员配置不足进而影响工作开展 ········ 146
　　（四）接待来信来访的初次信访问题处理不当导致越级上访 ········ 146

六、突发事件治理存在的问题 ·· 147
　　（一）突发事件应急管理宣传效果有待进一步提升 ········ 147
　　（二）突发事件应急管理队伍建设有待进一步加强 ········ 149
　　（三）突发事件应急管理联动机制有待进一步健全 ········ 149
　　（四）突发事件应急管理财物配备有待进一步充实 ········ 150
　　（五）突发事件应急管理预案有待进一步修订完善 ········ 151
　　（六）突发事件应急管理前的安全监管有待加强 ········ 152
　　（七）突发事件救援现场组织指挥程序有待完善 ········ 154

七、巩固和拓展脱贫攻坚成果存在的问题 ·································· 154
　　（一）少数脱贫村寨的党组织力量薄弱 ······················· 154
　　（二）部分驻村干部思想和能力有偏差 ······················· 155
　　（三）边境乡村人力资源开发困难重重 ······················· 156
　　（四）脱贫群众素质提升尚未根本解决 ······················· 156
　　（五）产业扶贫质量不高、发展后劲不足 ··················· 157
　　（六）脱贫后村级集体经济发展仍然薄弱 ··················· 158

第四章　云南边境地区社会治理机制创新路径 …… 160

一、社会治安治理机制创新路径 …… 160
（一）建立健全边境地区管控维稳机制 …… 160
（二）建立健全边境地区反恐防暴机制 …… 161
（三）建立健全边境地区缉枪治爆机制 …… 162
（四）建立健全边境地区"黄赌毒"治理机制 …… 164
（五）建立健全边境地区流动人口治理机制 …… 166
（六）建立健全边境地区回流边民治理机制 …… 167
（七）建立健全公安机关治安治理能力提升机制 …… 168

二、禁毒防艾机制创新路径 …… 171
（一）建立健全边境地区禁毒防艾宣传教育机制 …… 171
（二）建立健全边境地区"禁毒重点整治工作"机制 …… 173
（三）建立健全边境地区乡镇筑牢禁毒防线工作机制 …… 175
（四）建立健全边境地区与毗邻国乡镇联合禁毒机制 …… 176
（五）建立健全边境地区"艾滋病"的综合干预机制 …… 177
（六）建立健全边境地区禁毒防艾关怀救助机制 …… 178
（七）建立健全边境地区禁毒防艾国际交流合作机制 …… 179
（八）建立健全边境地区禁毒防艾人力物力保障机制 …… 179

三、外籍务工人员治理机制创新路径 …… 181
（一）建立健全外籍务工人员精细化治理机制 …… 181
（二）建立健全外籍务工人员法治化治理机制 …… 182
（三）建立健全外籍务工人员的服务管理机制 …… 183
（四）建立健全外籍务工人员治理的保障机制 …… 184
（五）建立健全外籍务工人员多部门协作治理机制 …… 185
（六）建立健全中国与毗邻国劳务输出输入合作机制 …… 185
（七）建立健全外籍务工"三非人员"清理遣返机制 …… 186

四、疾病预防控制机制创新路径 …… 186
（一）建立健全境外重大疫情输入防控机制 …… 186
（二）建立健全传染病常态防控工作机制 …… 188
（三）建立健全重点传染病防控工作机制 …… 188
（四）建立健全公共卫生事件应急管理机制 …… 189

（五）建立健全疾病预防控制的监测预警机制 …………………… 190
（六）建立健全乡镇卫生机构疫情处置能力建设机制 …………… 190
（七）建立健全疾病预防控制部门协作、社会参与机制 ………… 191
（八）建立健全疾病预防控制国际交流与合作机制 ……………… 191
（九）建立健全疾病预防控制宣传教育机制 ……………………… 192
（十）建立健全疾病预防控制经费保障机制 ……………………… 193
（十一）建立健全疾病预防控制人才队伍建设机制 ……………… 193

五、接待来信来访机制创新路径 ……………………………………… 194
（一）建立健全接待来信来访干部队伍建设机制 ………………… 194
（二）建立健全来信来访领导干部接待化解机制 ………………… 195
（三）建立健全依法调处来信来访工作机制 ……………………… 197
（四）建立健全人民调解参与信访问题化解机制 ………………… 198
（五）建立健全群众来信来访前端治理机制 ……………………… 200
（六）建立健全来信来访治理效率提升机制 ……………………… 202
（七）建立健全来信来访督查督办责任追究机制 ………………… 202

六、突发事件治理机制创新路径 ……………………………………… 203
（一）建立健全突发事件治理教育培训机制 ……………………… 203
（二）建立健全突发事件治理预警机制 …………………………… 204
（三）建立健全突发事件源头治理机制 …………………………… 206
（四）建立健全突发事件治理联动机制 …………………………… 207
（五）建立健全突发事件治理保障机制 …………………………… 208
（六）建立健全突发事件治理责任追究机制 ……………………… 208
（七）建立健全突发事件治理网络舆情应对机制 ………………… 209

七、巩固和拓展脱贫攻坚成果机制创新路径 ………………………… 210
（一）建立健全巩固和拓展脱贫攻坚成果的党建引领机制 ……… 210
（二）建立健全持续激发脱贫群众发家致富内生动力机制 ……… 210
（三）建立健全帮助特殊群体巩固和拓展脱贫成果工作机制 …… 211
（四）建立健全巩固和拓展脱贫攻坚成果的动态监测工作机制 …… 211
（五）建立健全巩固和拓展脱贫攻坚成果的后续帮扶工作机制 …… 212
（六）建立健全巩固和拓展脱贫攻坚成果的社会力量帮扶机制 …… 212
（七）建立健全巩固和拓展脱贫攻坚成果的责任督查考核机制 …… 214

（八）建立健全巩固和拓展脱贫攻坚成果与乡村振兴有效衔接机制 …… 215

参考文献 …………………………………………………………… 218

后　记 …………………………………………………………… 222

绪　论

一、背景分析

云南边境地区分别与缅甸、越南、老挝接壤，边境线长4060千米。云南边境地区是具有地缘政治意义的特殊区域。本书研究的云南边境地区是特指云南省沿中缅、中越、中老国境线的所有边境县（含县级市）区域范围。云南边境地区社会治理研究的提出，具有特定的国内背景和国际背景。

（一）国内背景

改革开放以来，中国经济、社会实现了持续、稳定、快速发展，同时各种社会矛盾、社会问题也不断涌现。在这样的发展情势之下，我们党和政府高度重视社会矛盾的调处、社会问题的解决，社会治理取得了明显成效，保证了改革开放的顺利进行。21世纪以来，随着中国改革开放的全方位发展以及向着纵深领域的推进，中国发展过程中的社会矛盾和问题更加纷繁复杂地凸显出来，社会治理面临的形势愈加严峻，任务更加繁重。云南边境地区，集贫困地区、民族地区于一体，地理位置特殊，在边境地区深化改革和不断对外开放的过程中，境内外人员来往越来越频繁，各种矛盾和问题凸显，既有国内引发的社会矛盾和问题，也有由毗邻国引发到中国国内、需要中国与毗邻国共同解决的矛盾和问题。境内外的社会矛盾和问题相互交织，使得云南边境地区社会治理的情势更加复杂，面临的挑战更加严峻。由于云南边境地区在中国面向西南开放的过程中发挥着重要的"桥头堡"作用，同时在落实中国提出的"一带一路"倡议中具有特殊的战略地位，因此，云南边境地区能否创造性加强和完善社会治理、能否正确有效地解决好云南边境地区复杂的社会矛盾和问题，事关中国面向西南开放的进程和"一带一路"倡议的顺利推进。这就需要在深入实地调查的基础上，对云南边境地区社会治理问题进行研究，以回应云南边境地区社会治理实践的现实需要。

(二) 国际背景

云南边境地区地处中国西南，是中国面向西南开放的重要窗口，是中国推进"一带一路"倡议的重要关口，战略位置突出，是国际敌对势力进行思想渗透、妄图"西化""分化"中国、企图破坏中国"一带一路"倡议发展进程的必争之地，因此，加强云南边境地区社会治理研究，不仅是维护边境地区繁荣稳定的需要，更是维护边疆政治安全的需要。

二、国内外研究现状及简要评述

(一) 国内研究现状

2007年，在党的十七大提出必须在经济发展的基础上完善社会管理的要求之后，我国社会管理和社会治理问题研究引起了学界的重视，发表或出版了一些学术成果。这些学术成果主要研究了社会管理理念、职能、格局、模式、方法等方面的问题。譬如，2008年，邓伟志撰写著作认为，我国社会管理创新必须解决社会管理理念和方式、社会管理与社会组织、社会管理与社会保障等方面的问题。[①] 2009年丁茂战出版著作认为，必须在对我国传统社会治理模式、经济社会发展中出现的社会组织和社会人进行全面分析的基础上，认真总结国内外两方面社会治理制度改革和发展经验，提出下一步我国政府社会治理制度改革的总体思路、路径选择和重点任务。[②] 2012年，丁元竹发表论文指出，加强和创新社会管理必须解决好体制机制的顶层设计、组织架构、考核和问责制等问题。[③]

2012年，党的十八大提出加强和创新社会管理，学术界更加重视社会管理和社会治理研究，并表现出极大的热情。发表或出版的研究成果涉及社会管理法律、机制、能力、人才队伍和信息化建设等方面。譬如，2013年伍治良发表论文指出，推进社会管理法治化，应加强基础性制度建设。政府社会管理，重在构建民生保障和秩序保障及权力控制制度。社会自我管理，重在建构社会组织自治和城乡社区自治制度。公众参与社会管理，重在健全政府信息公开、公众参与的主体、范围、方式、回馈、效力及救济等制度。[④] 周晓

[①] 邓伟志. 创新社会管理体制 [M]. 上海：上海社会科学院出版社，2008.
[②] 丁茂战. 我国政府社会治理制度改革研究 [M]. 北京：中国经济出版社，2009.
[③] 丁元竹. 当前加强和创新社会管理面临的十大问题 [J]. 行政管理改革，2012 (1)：32-36.
[④] 伍治良. 社会管理法治化的基础性制度建设 [J]. 经济社会体制比较，2013 (4)：137-145.

丽、党秀云发表论文认为，西方国家的社会治理是一个全程治理机制，既包括事前的利益表达、事中的协作治理，也包括事后的风险化解机制。这些机制蕴含着社会治理中参与性、民主性、合作性和制度性的理念。结合我国的实际，在社会治理中也要建立多元参与型、协同合作型、民主化和制度化的社会治理机制，有效保障我国社会治理活动的顺利进行。[①]

2013年11月，党的十八届三中全会提出全面深化改革必须推进国家治理体系和治理能力现代化的目标之后，学术界的研究热点主要转向了国家治理体系和治理能力现代化方面。譬如，2014年，宣晓伟发表论文认为，从社会分工理论的视角来看，现代化的国家治理体系和治理能力是能够适应和促进社会分工不断深化的一整套制度安排和技术手段。中国国家治理体系和治理能力现代化，实质上是要顺应社会分工不断深化的需要，从碎片化的一元治理模式逐渐转变为网络型多元治理模式。[②] 同年，芮国强等专家撰写著作认为，地方政府治理必须进行实践创新，解决好政府转型与公共治理、社会治理与社会服务、人口流动与社区治理、区域治理与生态文明、社会文化与文明创建、城乡一体化与新型城镇化等方面的问题。[③] 2015年，周平教授发表文章指出，随着改革开放推动的现代化的快速发展，国家的领土内不同区域间的联系日渐紧密，超越领土的活动不断扩大和日渐频繁，国家利益溢出领土的现象也越来越多，陆地边疆治理的"族际主义"取向与国家治理及发展的不适应性也愈加突出，将陆地边疆治理的价值取向由"族际主义"转向"区域主义"，就成为必然的选择。[④]

2019年10月，党的十九届四中全会提出审议通过了《中共中央关于坚持和完善中国特色社会主义制度、推进国家治理体系和治理能力现代化若干重大问题的决定》，此后学界的研究重点主要集中在社会治理共同体、市域社会治理、社会治理现代化等方面。譬如，2019年，郁建兴撰文指出，党的十九届四中全会提出了建设社会治理共同体的新目标。为了实现这一目标，全会同时增加了两条重要的建设路径：民主协商和科技支撑。民主协商让各治理

[①] 周晓丽，党秀云. 西方国家的社会治理：机制、理念及其启示[J]. 南京社会科学，2013（10）：75-81.

[②] 宣晓伟. 国家治理体系和治理能力现代化的制度安排：从社会分工理论观瞻[J]. 改革，2014（4）：151-159.

[③] 芮国强，等著. 地方政府治理：实践创新与理论检视[M]. 苏州：苏州大学出版社，2014.

[④] 周平. 陆疆治理：从"族际主义"转向"区域主义"[J]. 国家行政学院学报，2015（6）：22-28.

主体能够充分表达意见和偏好，培养主体意识，发掘治理知识和智慧，调整利益矛盾和冲突。科技支撑打破了治理主体互动的时空限制，降低了互动成本，也为更好地发掘治理需求、细分治理责任提供了新的可能。① 2020年，刘鑫鑫撰文指出，社会治理现代化作为国家治理现代化的重要内容，其内涵与维度可界定为社会治理法治化、制度建构弹性化、政府治理高效化、治理主体多元化和治理过程信息化。深入分析社会治理现代化的维度将有助于下一阶段社会治理现代化的开展。② 2021年，吴晓林发表论文认为，改革开放以来，我国城镇化取得巨大成就，人口等各类要素越来越向市域聚集，同时市域社会治理面临体量偏大、风险集聚、职责交叉不清、包办主义、社会失灵等难题。应不断优化市域社会治理的空间尺度，构建明晰的市域社会治理权责体系，打造汇聚多元力量的市域社会治理共同体，积极稳妥推进智慧化市域社会治理，以此不断推进市域治理现代化。③ 以上专家学者在不同阶段所发表的学术论文和出版的著作，为研究社会治理奠定了良好的基础。

(二) 国外研究现状

1. 从提出建构福利国家的理论视角对社会治理进行的研究

一是英国经济学家J. M. 凯恩斯在20世纪30年代在资本主义大危机和自由放任经济学说陷入困境的背景下提出了解决社会问题的福利国家理论，这个理论主要体现在凯恩斯主义经济学中。该理论破除了古典经济学的"不干预主义"的教条，论证了国家干预经济的必要性和合理性，使人们认识到政府可以并且应当通过财政、货币政策和再分配政策来刺激需求和促进就业。该理论的提出，为西方国家解决二战后"福利国家"体制的建立提供了关键性的经济学理论支持。④

二是英国经济学家贝弗里奇在20世纪40年代提出了解决社会问题的福利国家理论。这个理论主要体现在《贝弗里奇报告》中。1941年贝弗里奇受战时内阁委托，负责起草有关战后福利制度重建的基本框架的报告。1942年11月，以"社会报障及有关服务"为标题的《贝弗里奇报告》正式出版。《贝弗里奇报告》确立了战后英国福利体系重建的4条原则：普遍性原则、满足最低需求原则、充分就业原则、费用共担原则。按照这些原则，贝弗里奇

---

① 郁建兴. 社会治理共同体及其建设路径 [J]. 公共管理评论，2019 (1)：59-65.
② 刘鑫鑫. 论社会治理现代化的基本维度 [J]. 湖北行政学院学报，2020 (6)：46-50.
③ 吴晓林. 当前市域社会治理的问题短板与政策建议 [J]. 国家治理，2021 (21)：11-14.
④ 关信平. 社会政策概论 [M]. 北京：高等教育出版社，2014：25-26.

设计的社会保障计划涵盖了养老、疾病、残疾、死亡、工伤、失业和家庭津贴等七大保险项目。《贝弗里奇报告》是一份较为完整的现代福利国家的蓝图，标志着英国福利国家思想的发展已完成了由理论向实际政策的过渡。从社会福利发展的历史来看，《贝弗里奇报告》也成了欧美许多福利国家蓝图中最重要、最突出的内容。[①]

2. 从寻求"第三条道路"理论的视角对社会治理进行的研究

20世纪90年代以来，西方社会兴起了以英国时任首相布莱尔为代表的寻求社会治理的"第三条道路"的政治现象，并逐渐形成了社会治理的"第三条道路"理论。社会治理的"第三条道路"理论在主张维护经济自由的同时，把平等和社会正义当作与自由同样重要的原则；主张以争取社会民主、经济民主作为策略，把建立和发展社会保障制度作为实现社会正义的手段，要求对贫人与富人给予同等的对待；倡导积极的福利政策，主张用"社会投资型国家"来取代"福利型国家"，认为国家仍然对重大事务负有责任，但解决社会问题的方式是通过发挥政府及各种社会力量的积极性来完成。[②]

3. 从提出新公共管理理论的视角对社会治理进行的研究

20世纪80年代开始，为迎接新技术革命、经济全球化、财政危机的挑战，英、美等西方发达国家纷纷开展了一场"政府再造运动"，这场改革运动也是对传统公共行政学理论进行再造的一种尝试，以致在改革中逐渐生成了新公共管理理论。

新公共管理理论倡导的是对政府管理进行市场化改革，要求政府部门简政放权，实现自身减负的同时，充分发挥社会其他主体在社会治理方面的潜能。该理论认为，为了优化公共管理，提升社会治理的质量与效率，需要积极借鉴吸收私营部门成功的管理经验。同时，在市场化改革的模式下，政府部门需要与民间组织、社区机构等进行积极有效的合作，最大限度地发挥社会治理的职能。[③]

4. 从提出新公共服务理论的视角对社会治理进行的研究

20世纪80年代以来，在新公共管理理论风靡全球的时候，以美国著名公共行政学家罗伯特·B. 登哈特为代表的一批公共行政学者在系统反思新公

---

① 翁定军，张行. 社会政策与社会管理：理念与实践［M］. 桂林：广西师范大学出版社，2013：29-30.
② 翁定军，张行. 社会政策与社会管理：理念与实践［M］. 桂林：广西师范大学出版社，2013：47-49.
③ 范铁中. 协同参与：非政府组织与社会管理［M］. 上海：上海大学出版社，2015：14.

管理理论的基础上，特别针对作为新公共管理理论之精华的打造"具有企业家精神的政府"理论所存在的理论缺陷进行批判，从而建立了一种全新的社会治理理论——新公共服务理论。新公共服务理论，主张改变在社会治理中政府主导一切的局面，将公民权作为整个社会治理体系的中心，强调在社会治理中政府角色定位由"掌舵"转变为"服务"，建立公共服务精神，重视社会治理中的公民社会与公民权利，推进政府、社区、公民之间的对话沟通与共同治理，建立有效的公民利益表达机制、利用公民集体智慧满足公众需要。①

5. 从提出治理理论的视角对社会治理进行的研究

治理理论是20世纪90年代初期提出并逐渐发展起来的一种重要理论和价值追求。主要代表人物有詹姆斯·罗西瑙、罗德·罗兹、盖伊·彼得斯。治理理论提供的是一种新型的社会治理模式：从社会治理主体来看，它是一套既包括政府、但又不限于政府的公共机构和行为体；从社会治理边界来看，治理理论在寻求解决社会、经济问题的方案过程中，存在着公共与私人、政府与社会、政府与市场之间边界与责任的模糊性；从社会治理主体之间的关系来看，治理理论认为，政府与社会公共机构、个人之间存在着权力依赖和互动的伙伴关系；从社会治理运行机制来看，治理依靠的是一种自主自治的网络体系；从社会治理行为模式来看，治理理论认为，要重新界定政府的权限范围及其行使方式。②

（三）简要评述

综观国内外研究现状可以看出，国外有关社会治理的研究，突出了建构福利国家理论、"第三条道路"理论、新公共管理理论、新公共服务理论、治理理论的研究，这已经成为国外社会治理研究和发展的趋势。而国内有关社会治理的研究，大多关注社会管理和社会治理的理念、职能、格局、模式、方法、法律、能力、人才队伍和信息化建设，以及国家治理体系和治理能力现代化等问题，而专门研究云南边境地区社会治理的选题及成果还不多。由于云南边境地区社会治理面临的挑战和问题在我国边疆民族地区中具有较强的典型性，因此，加强云南边境地区社会治理研究，是加强边疆民族地区社会建设和社会治理研究的必然选择。

---

① 谭功荣. 西方公共行政学思想与流派 [M]. 北京：北京大学出版社，2010：268.
② 谭功荣. 西方公共行政学思想与流派 [M]. 北京：北京大学出版社，2010：281-282.

三、研究的学术价值和应用价值

（一）研究的学术价值

从学术价值来看，本书有助于拓展社会治理研究领域，生成新的社会治理研究方向，完善公共管理学科体系。云南现有25个边境县（含县级市），分别与越南、老挝和缅甸接壤，属多民族聚居地区，是我国边境县（含县级市）较多的边疆民族省份。本书从云南省25个边境县（含县级市）中选取了9个边境县（含县级市）作为典型个案进行调查，所选取的9个边境县（含县级市）在本书的研究中，分别用H县、M县、X县、C县、Z县、R市、L县、Y县、S市替代。与云南省接壤的国家，在本书中，也将采用"毗邻国"的方式加以替代。本书对云南边境地区社会治理问题进行研究，所取得的研究成果，既可以为公共管理学科体系建设增添新的内容，又可以为深入研究边境地区社会治理理论提供一定的素材。

（二）研究的应用价值

从应用价值来看，本课题研究成果可以为云南乃至全国边境地区社会治理提供咨询和建议、决策依据和参考。我国陆地边境线总长度约2.2万千米，建有140个陆地边境县[①]。随着改革开放的深入发展、国家"一带一路"发展倡议的实施以及边民与邻国交往的日益频繁，我国边境地区社会治理问题日趋国际化和复杂化。这对我国边境地区社会治理提出了新的要求。尤其是随着中国经济的崛起，进入云南边境地区谋求发展的毗邻国人员逐年增多，加之几年来有的毗邻国内战不断升级，避战边民大量涌入云南，以及近几年新冠疫情的影响，云南边境地区社会治理面临的问题和挑战更加凸显。因此，加强云南边境地区社会治理研究，促进边境地区社会事业健康发展，事关我国边疆安全、稳定。本书对云南边境地区社会治理进行研究，所提出的云南边境地区社会治理机制创新的路径及措施，既可以为云南边境地区社会治理机制创新提供指导，又能够为我国其他省份边境地区社会治理机制创新提供参考。

四、研究的主要内容、重点和难点

（一）研究的主要内容

第一部分 云南边境地区社会治理实践探索

---

① 数据来源：参见《对十三届全国人大三次会议第1479号建议的协办意见》，国家民委门户网站，2020年12月9日。

第二部分　云南边境地区社会治理面临的挑战

第三部分　云南边境地区社会治理存在的问题

第四部分　云南边境地区社会治理机制创新路径

（二）研究重点和难点

本书的重点是分析云南边境地区社会治理面临的挑战、存在的问题。既要分析云南边境地区在社会治安治理、禁毒防艾、疾病预防控制、接待来信来访、突发事件治理、脱贫攻坚等方面面临的挑战，又要剖析云南边境地区在社会治安治理、禁毒防艾、疾病预防控制、接待来信来访、突发事件治理、脱贫攻坚中存在的问题。

本书的难点是将云南边境地区社会治理机制的创新路径具体化，使所提出的云南边境地区社会治理机制的创新路径，既要符合云南边境地区实际，又要具有针对性和可操作性。

五、研究思路和方法

（一）研究思路

本书以云南边境地区社会治理为研究对象，阐明云南边境地区社会治理实践状况，剖析云南边境地区社会治理面临的挑战与存在的问题，提出云南边境地区社会治理机制创新的路径及措施。

（二）研究方法

1. 运用实地调查和个案分析相结合的方法，对所选取的云南边境地区9个典型边境县（市）社会治理进行个案调查研究。

2. 运用事实描述与理论抽象相结合的方法，对云南边境地区社会治理实践状况进行描述，并对社会治理实践状况进行理论归纳和理论总结。

3. 运用理论分析和实例验证相结合的方法，对云南边境地区社会治理面临的挑战与存在的问题进行系统梳理和理论剖析，并加以实例验证。

4. 运用逻辑分析方法，针对挑战与问题，系统建构云南边境地区社会治理机制创新的理论框架。

六、核心概念界定

（一）社会治理

1. 社会

何谓社会？《辞海》作了两种定义。第一种定义：社会是旧时乡村学塾逢春、秋祀社之日或其他节日举行的集会。第二种定义：社会是以一定的物质生产活动为基础而相互联系的人类生活共同体。[1] 马克思认为"社会——不管其形式如何——究竟是什么呢？是人们交互作用的产物"[2]。生产关系的总和构成了社会关系，而社会关系又构成了社会。[3] 学界一般认为，社会是指拥有共同文化的、以物资生产活动为基础而相互联系并发生交互作用的、相对独立的人类生活共同体。

英国社会学家吉登斯曾经指出，"社会"其实是一个含义很模糊的词语。它可以是一般意义上的"社会交往"或"社会活动"，也可以是一个对特定社会体系的精确界定。我国学者邓伟志指出，社会管理中的"社会"是指相对经济系统、政治系统、文化系统而言的狭义的社会系统，其内容主要包括相对独立于政府和市场的社会生活、社会事业和社会组织，以及各项事业、组织、群体之间的社会关系、社会结构与社会制度等。[4]

就公共管理学视角的界定而言，我国公共管理学专家陈振明先生认为，社会是人们依据一定的关系彼此结合而成的生活共同体，是人们相互交往的产物，是各种社会关系的总和。从理论上讲，公共管理视野中的"社会"就是与国家相对应的市民社会。在西方，人们习惯于将国家行政关系之外的那部分社会生活称为"市民社会"。[5]

综上所述，社会是一个极其复杂的系统，是人类生活共同体，是各种社会关系的总和，是与国家相对应的市民社会，主要包括社会关系、社会结构与社会制度等方面的内容。

2. 治理

何谓治理？《辞海》中对此尚无定义，甚至对"管理"一词也未做出定义。但《辞海》对"治"和"理"作了多种诠释。《辞海》对"治"作了七种诠释，其中第二种解释与"治理"一词相关，认为"治"就是"有秩序，安定"。[6]《辞海》对"理"作了十二种解释，其中第一种与"治理"一词有关，指出"理"原意是"治玉"，引申为"整治、治平"之意。[7] 综合以上

---

[1] 辞海编辑委员会. 辞海 [M]. 上海：上海辞书出版社，1999：1910.
[2] 马克思恩格斯选集：第4卷 [M]. 北京：人民出版社，1972：320.
[3] 马克思恩格斯选集：第1卷 [M]. 北京：人民出版社，1972：363.
[4] 邓伟志. 创新社会管理体制 [M]. 上海：上海社会科学院出版社，2008：10.
[5] 陈振明. 社会管理：理论、实践与案例 [M]. 北京：中国人民大学出版社，2012：1.
[6] 辞海编辑委员会. 辞海 [M]. 上海：上海辞书出版社，1999：1101.
[7] 辞海编辑委员会. 辞海 [M]. 上海：上海辞书出版社，1999：1467.

《辞海》对"治"和"理"的解释,可以这样对"治理"做出定义:治理就是为了实现社会有序、安定而采取的一系列整治、治平行动。

从现代意义上考察"治理"这一概念,治理理论的主要创始人之一詹姆斯·N. 罗西瑙将"治理"定义为一种由共同目标支持的活动,这些管理活动的主体未必是政府,也无须依靠国家的强制力来实现。它们虽然未得到正式授权,却能有效发挥作用。①

关于治理的定义,全球治理委员会的界定具有很强的代表性和权威性。该委员会 1995 年在《我们的全球之家》的研究报告中对治理作了如下定义:治理是各种公共的或私人的个人和机构管理其共同事务的诸多方式的总和。它是使相互冲突的或不同的利益得以调和并且采取联合行动的持续过程。它既包括有权迫使人们服从的正式制度和规则,也包括各种人们同意或以为符合其利益的非正式的制度安排。②

我国政治学专家俞可平先生认为,"治理"一词的基本含义是指官方的或民间的组织在一个既定的范围内运用公共权威维持社会秩序、满足公众的需要。治理的目的是在各种不同的制度关系中运用权力去引导、控制和规范公民的各种活动,以最大限度地增进公共利益。所以,治理是一种公共管理活动和公共管理过程,它包括必要的公共权威、管理规则、治理机制和治理方式。③

综上所述,治理是一个内涵丰富、包容性很强的概念。简言之,治理就是在一定范围内的多元主体基于多元目标,运用多样化的合作手段,对公共事务进行协同管理的互动过程和活动。④

3. 社会治理

在对"社会治理"这一概念进行界定之前,有必要先对"社会管理"作出界定。《辞海》如是界定:社会管理是对社会系统的组成部分和社会生活各个领域有目的、有计划地进行规划、组织、指导、调节和控制,以保证社会正常运转和全面发展。广义的社会管理包括经济、政治、文化、教育等各个领域的综合管理;狭义的社会管理专指社会学意义上的控制人们的社会行为、

---

① 罗西瑙. 没有政府的治理:世界政治中的秩序与变革 [M]. 张胜军,刘小林,等译. 南昌:江西人民出版社,2001:5.
② 俞可平. 论国家治理现代化 [M]. 北京:社会科学文献出版社,2015:23.
③ 俞可平. 论国家治理现代化 [M]. 北京:社会科学文献出版社,2015:23.
④ 罗维,等. 地方政府社会治理能力建设研究:基于宁波实践的分析 [M]. 北京:法律出版社,2015:21.

调节社会关系和规划社会生活的行为。①

对社会治理的概念界定就国内学界研究而言，由于涉及社会学、公共管理学等不同学科，不同学科的不同专家学者对此都会得出不同的界定，目前尚无一个统一的定义。

就社会学视野中的社会治理而言，社会治理是一种超越社会管理的全新治理理念。殷昭举在《社会治理学》一书中将社会治理视为基于一定社会基础之上的、国家与社会之间特定秩序的合作关系，这种合作关系的最佳状态即是善治。可以理解为善治就是使社会资源和社会机会最优配置的合作管理过程；而反过来讲，这种合作管理的不良状态，则称不善治。但无论善治与否，它都是政府与公民对公共生活合作管理的特定结合状态。②

就公共管理视野中的社会治理而言，陈振明教授认为，它是政府通过制定专门的、系统的、规范的社会政策和法规，管理和规范社会组织，培育合理的现代社会结构，调整社会利益关系、回应社会诉求、化解社会矛盾，维护社会公正、社会秩序和社会稳定，孕育理性、宽容、和谐、文明的社会氛围，建设经济、社会、自然协调发展的社会环境。③

本课题认为，社会治理是在党的领导下，政府、企事业单位、社会组织、社区、公民个人等治理主体，通过结成平等的合作伙伴关系，依法对社会事务、社会生活、社会矛盾、社会问题等进行规范和管理的行为和过程。社会治理与社会管理的不同表现在："社会管理"强调政府、企事业单位等公共权威组织依法对社会事务、社会生活、社会矛盾、社会问题等进行规范和管理；而"社会治理"既强调政府、企事业单位等公共权威组织依法对社会事务、社会生活、社会矛盾、社会问题等进行规范和管理，也强调社会组织、社区、公民个人依法对社会事务、社会生活、社会矛盾、社会问题等进行自我规范和管理。

总之，社会治理取代社会管理，意味着社会秩序的维护和达成不再是政府单方面的事务，而是政府、公民和社会共同的事务；政府不再是单一的管理主体，公民社会不再是被管理的客体；治理过程不再是自上而下的单向度管控，而是多元主体的平等协商与合作。④

---

① 辞海编辑委员会. 辞海 [M]. 上海: 上海辞书出版社, 1999: 1912.
② 殷昭举. 社会治理学 [M]. 广州: 广东教育出版社, 2014: 115-116.
③ 陈振明. 社会管理: 理论、实践与案例 [M]. 北京: 中国人民大学出版社, 2012: 4-5.
④ 周红云. 从社会管理走向社会治理: 概念、逻辑、原则与路径 [J]. 团结, 2014 (1): 29.

（二）机制创新

1. 机制

何谓机制，《辞海》对此概念作了如下定义："机制原指机器的构造和动作原理，生物学和医学在研究一种生物的功能时（例如光合作用或肌肉收缩）常借指其内在工作方式，包括有关生物结构组成部分的相互关系，及其间发生的各种变化过程的物理、化学性质和相互联系。"[①] 一般而言，机制是指一个系统内的组织或部分相互作用的过程或方式。机制在社会科学领域可被定义为由多个制度体系、制度规范和方法组成的，遵循特定的方式对行为对象施加影响，并随着时间发生变化的相互联动的内在逻辑过程及其运行体系。[②]

2. 创新

何谓创新，《辞海》中对此尚无定义，但《辞海》对"创"和"新"作了多种诠释。《辞海》对"创"作了二种诠释，其中第一种解释与"创新"一词相关，认为"创"就是"创始；首创"。[③]《辞海》对"新"作了五种解释，其中第二种与"创新"一词有关，指出"新"就是"改旧；更新"之意。[④] 综合以上《辞海》对"创"和"新"的解释，可以这样对"创新"作出定义：创新就是在改造旧事物的基础上实现新事物的首创。

除《辞海》对"创新"这一概念作出相关界定外，人们一般认为，创新就是一定的主体为了实现某一目标，对现有的思想或者活动进行否定或者突破的前提下，创造出了一种新颖、独特、有价值的思想、产品、方法、体制、机制等的活动过程。再者，倘若从社会治理的视角对"创新"的意蕴进行解读，也可以这样理解：创新是以现有的社会治理为基础，依据内外情势的发展和变化，针对社会治理面临的挑战以及存在的各种问题，探索出社会治理的新理念、新思想、新方法、新理路、新举措等的活动过程。

3. 机制创新

机制创新是指一个管理组织或者一个管理系统为提高治理效率而对其各个部分或各个要素及其组合关系进行革新和建构的活动过程。就社会治理中的"机制创新"而言，就是要通过革新，建构利益诉求与社会矛盾冲突化解机制、风险预防与社会保障机制、社会问题的处理与矫正机制、弱势群体的

[①] 辞海编辑委员会. 辞海 [M]. 上海：上海辞书出版社，1999：1511.
[②] 周家明. 乡村治理中村规民约的作用机制研究 [M]. 重庆：重庆大学出版社，2016：138.
[③] 辞海编辑委员会. 辞海 [M]. 上海：上海辞书出版社，1999：220.
[④] 辞海编辑委员会. 辞海 [M]. 上海：上海辞书出版社，1999：1794.

救助与扶助机制、灾害与社会应急机制、流动人口与社会监控机制、网络民意表达与采集管理机制、社会治安与社区治理机制、社会组织与社会自我管理机制。①

(三) 云南边境地区社会治理机制创新

1. 社会治理机制

社会治理机制是指社会治理系统各个组成部分或各个要素之间相互作用的过程和方式，是社会治理系统运行的过程、程序、制度、手段、方式方法，是保证社会治理目标得以实现的这些基本要素以及要素之间的相互关系状态。由于社会治理机制涉及社会学和公共管理学等学科，因此从不同的学科进行归纳，就会对社会治理机制有不同的划分。譬如，我国社会学专家李培林先生从社会学的视角，在总结世界各国的相关经验的基础上，将社会治理的主要机制归纳和划分为以下四种：一是以广泛社会参与为主要形式的社会合作机制；二是以社会治理投入为导向的社会资源动员机制；三是以满足最真实、最迫切的社会治理需要为优先考虑的社会需求响应机制；四是以资源配置的成本效益和社会效益最大化为目标的社会竞争和监督机制。② 又譬如，公共管理学专家徐顽强教授把社会治理机制归纳为群众信息汇集机制、群众诉求表达机制、社会矛盾调处机制、合法权益维护机制、社会风险评估机制。③ 本书将依据云南边境地区面临的挑战及问题对社会治理机制作出具体归纳和划分。

2. 云南边境地区社会治理机制

云南边境地区社会治理机制是云南边境地区社会治理系统各个组成部分和各个要素之间相互作用的过程和方式。云南边境地区社会治理系统各个组成部分主要包括社会治安治理机制、禁毒防艾机制、疾病预防控制机制、接待来信来访机制、突发事件治理机制、巩固和拓展脱贫攻坚成果机制等。云南边境地区社会治理系统的各个要素主要包括社会治理理念、社会治理制度、社会治理技术、社会治理手段、社会治理方式方法等。云南边境地区社会治理系统的各个组成部分和各个要素之间相互联结、相互作用，能否有效创新云南边境地区社会治理系统各个组成部分和各个要素，直接关系到云南边境地区社会治理的成败。

---

① 王宁. 社会管理十讲 [M]. 广州：南方日报出版社，2011：1-5.
② 李培林. 中国社会巨变和治理 [M]. 北京：中国社会科学出版社，2014：20.
③ 徐顽强. 社会管理创新：理论与实践 [M]. 北京：科学出版社，2012：222-225.

3. 云南边境地区社会治理机制创新

从基本意蕴的维度进行界定，可以认为，云南边境地区社会治理机制创新是云南边境地区为了提高社会治理效能，而对社会治理机制系统中的各个组成部分和各个要素及其组合关系进行改造和建构，这是对云南边境地区社会治理机制所包含的各个要素组合关系进行革新、创立的活动过程。

从实践操作的维度进行界定，可以认为，云南边境地区社会治理机制创新就是依据云南边境地区社会治理面临的挑战及存在的问题，本着实事求是的原则，通过探索有效路径，对云南边境地区社会治安治理机制、禁毒防艾机制、疾病预防控制机制、接待来信来访机制、突发事件治理机制、巩固和拓展脱贫攻坚成果机制等进行系统建构的活动过程。

第一章

云南边境地区社会治理实践探索

云南边境地区社会治理实践探索的根本目的,是为了维护边境地区社会秩序、促进边境地区社会和谐、保障边境地区各民族群众安居乐业,为党和国家事业发展、边疆繁荣稳定营造良好的社会环境。云南边境地区社会治理实践探索的基本任务是协调社会关系、规范社会行为、解决社会问题、化解社会矛盾、促进社会公正、应对社会风险、保持社会稳定。围绕以上目的和任务,结合当地实际,云南边境地区县(含县级市)在社会治安治理、禁毒防艾、外籍务工人员治理、疾病预防控制、接待来信来访、突发事件治理、脱贫攻坚等领域进行了社会治理实践探索。

一、社会治安治理实践探索

社会治安治理是在党委、政府统一领导下,在充分发挥政法部门特别是公安机关骨干作用的同时,组织和依靠各部门、各单位和人民群众的力量,综合运用政治的、经济的、行政的、法律的、文化的、教育的等多种手段,通过加强打击、防范、教育、管理、建设、改造等方面的工作,实现从根本上预防和治理违法犯罪,化解不安定因素,维护社会治安持续稳定的一项系统工程。几年来,作为社会治理的重要方面,云南边境地区社会治安治理实践探索主要体现在以下方面:

(一)严厉打击盗窃涉枪涉爆违法犯罪

云南边境地区在打击盗窃、涉枪涉爆违法犯罪方面,当地公安机关主要突出了严厉打击边境盗窃违法犯罪、边境缉枪治爆及枪爆物品大排查专项行动。

1. 运用先进技术打击盗窃违法行为

以 R 市为例，2018 年 8 月在该市公安局的调查中了解到，该市公安机关通过运用"北斗安防"行车卫士系统，有效打击盗窃摩托车、电动车等违法犯罪行为，充分显示了 R 市公安机关社会治理的科技化手段。在 R 市的日常社会生活中，常会发生外籍人员盗窃市内摩托车和电动车事件，为了有效打击这一违法犯罪行为，公安机关积极动员群众为摩托车或电动车安装北斗定位智能安防系统。2018 年，"北斗安防"在防范和打处摩托车、电动车盗窃案件中发挥了重要作用，其中安装北斗定位智能系统的被盗车辆实现了 100% 追回。几年来，R 市摩托车、电动车的"北斗安防"行车卫士系统安装量正在逐步上升，群众接受程度也逐步增强，这为公安机关打击此类违法犯罪、保障人民群众财产安全提供了坚实的保障。

2. 严厉打击边境枪爆违法犯罪活动

以 J 县为例，2019 年 1 月在该县公安局的调查中了解到，2018 年，该县为了严厉打击边境枪爆违法犯罪活动，采取了以下措施：一是实行责任制管理。该县公安部门成立了专项行动指挥部，制订下发《J 县打击整治枪爆违法犯罪专项行动工作方案》。为明确主体责任，强化监管力度，专项行动指挥部与全县各相关单位、乡镇、农场签订了责任书。二是形成合力，主动出击。该县公安机关不仅增强各相关单位、乡镇、农场整治枪爆违法犯罪的主体责任意识，主动开展自查自纠，积极配合公安部门检查，而且与县法院、县检察院、边防等相关部门实现情报共享、信息互通，共同研判和打击涉枪犯罪。通过严厉查缉贩运枪支和爆炸物的渠道，全面清缴掩藏在社会上和各个行业中的枪爆物品，使枪爆违法犯罪的源头得到了管控。三是加强宣传。通过阵地宣传、网络宣传和入户宣传，多角度、全方位地提高群众对打击整治枪爆违法犯罪工作的知晓度，自觉做到不涉枪涉爆，并积极举报揭发违法犯罪行为，在全社会形成强大的打击声势，最大限度地消除社会安全隐患。

3. 开展缉枪治爆和枪爆物品大排查专项行动

以 R 市为例，2018 年 8 月在该市公安局的调查中了解到，2018 年在市委、市政府的领导下，该市治安大队积极开展缉枪治爆和枪爆物品大排查专项行动。一是加强缉枪治爆专项行动和枪爆物品大排查行动的宣传力度，R 市各乡镇、成员单位共同开展宣传工作，确保缉枪治爆宣传进村入户、人人知晓，营造良好的专项行动氛围。二是加大对涉枪涉爆单位、物流寄递业的管理力度，严格落实审批登记备案制度，不定期对涉枪涉爆单位及物流企业开展安全检查，要求涉枪涉爆单位内部定期开展自查自纠。三是加强境外涉枪涉爆情报调研，强化对物流寄递行业实名制登记制度落实情况的监管，要求物流寄递业发现可疑情况立即上报，严防枪支弹药和危爆物品流入R市并进而进入内地。四是加大对社会面涉枪涉爆物品的收缴力度，从源头上消除安全隐患。

从严厉打击盗窃、涉枪涉爆违法犯罪的实践逻辑来看，云南边境地区盗窃物品犯罪活动，主要涉及在云南边境县市居住、流动的毗邻国人员。贩卖枪支爆炸物品犯罪活动，主要涉及物流寄递行业或者当地涉枪涉爆物品单位。鉴于此种情况，当地公安机关加大了对外籍偷盗违法犯罪人员的打击力度，加强了对涉枪涉爆单位、物流寄递业的排查和监管。在打击外籍人员偷盗犯罪活动中，开始运用科技手段帮助公安机关破案，发挥了社会治理中的科技支撑作用，有效维护了人民群众的利益和财产安全。在开展缉枪治爆专项活动中，当地公安机关注重隐患问题的排查，注重发挥涉枪涉爆单位和物流寄递行业的自查自纠作用，凸显了源头治理的重要性。

（二）持续打击参与境外赌博违法犯罪

我国法律明确规定严禁赌博，而云南边境地区境外赌博活动却在公开进行。几年来，由于受参与境外赌博活动的犯罪分子的诱骗，一些中国公民通过各种非法渠道甚至采取偷越国境线的方式前往缅北参赌。有的输光了随身携带的财物无法脱身回国，有的被境外赌场人员拘禁绑架，有的被暴力殴打，有的甚至被杀害。这不仅增加了云南边境地区对于偷渡犯罪行为的管控难度，而且加大了云南边境地区警方解救参与境外赌博的中国公民的难度，严重影响了云南边境地区的安全和稳定。作为云南边境地区的公安机关，持续深化边境禁赌工作，开展打击跨境赌博活动，对于云南边境地区的和谐健康发展、对于国家"一带一路"倡议的顺利实施，都具有积极作用。

以R市为例，R市是典型的云南边境地区，2018年8月在该市公安局的调查中了解到，该市公安机关一直保持着对跨境赌博的严打高压态势，持续深化边境禁赌工作，多措并举，重拳出击，持续打击云南边境地区参与境外赌博的违法犯罪活动。

1. 精细组织部署

先后出台R市公安机关打击跨境赌博"扎篱笆"专项整治行动工作方案、R市公安机关打击跨境赌博"利剑"行动工作方案，由R市委、市政府领导担任全市打击整治跨境赌博工作领导小组总指挥，组织全市相关单位、乡镇等，明确工作职责，细化工作措施，举全市之力投入打击跨境赌博整治工作。同时，进一步明确公安机关各警种职责任务，细化工作指标，全警动员，开展打击整治行动。

2. 加强边境管控

R市组织公安机关、边防武警、边防驻军、民兵组织联合加强边境治理，严格出入境人员的办证和检查工作。同时，以境外赌场较多的某边境贸易区为中心，投入大量资金，加固边境拦阻设施，实现全封闭管理。R市整合该区域的工管委、边防驻军、公安分局、保安公司等力量，对该区域沿边一线实行24小时蹲点查缉工作，封堵跨境赌博人员出入通道。针对该区域边境沿线封闭后，境外赌场出入通道转为该区域两翼沿江渡口便道的实际，R市又组织沿江渡口区域的乡镇、边防大队、沿边村寨民兵组织等力量，对边境沿线渡口、便道实施全面封控，进一步压缩赌场客源，逐步萎缩赌场。

3. 强化专案打击

按照R市公安机关打击跨境赌博"利剑"行动工作方案的要求，该市公安局抽调优势警力，组成打击跨境赌博"利剑"行动专案组，摸清境外赌场的经营者、组织者和获利者，在毗邻国警方配合下，严厉打击跨境开设赌场、非法拘禁、组织偷越国（边）境等违法犯罪行为，找准打击的目标和重点，确保出拳准确，打击有力。

4. 主动与毗邻国地方组织举行会谈会晤

一是由R市委、市政府出面与毗邻国某边境地区政府组织举行会晤，表明中方的禁赌立场和决心，并请求毗邻国协助中方开展打击整治跨境赌博活动。二是由R市公安机关牵头组织边防、治安、刑侦等警种与毗邻国某边境地区警察局进行会谈会晤，通报相关案件线索，探索建立双方警务合作机制。三是R市成立工作组，与毗邻国民族地方武装组织进行交涉，请求配合中方打击中国公民越境参与境外赌博活动。

从以上云南边境地区严厉打击中国公民参与境外赌博活动的实践逻辑可以看出，为了营造安全稳定的边境社会环境，云南边境县市公安机关对于打击中国公民参与境外赌博的违法犯罪活动极为重视，既重视加强对边境沿线的管控，制订打击境外赌场的周密工作方案和专项行动方案，又重视与毗邻国地方组织的接触、开展警务协作。几年来，云南边境地区在打击中国公民参与境外赌博违法犯罪活动中，封堵参与境外赌博人员出入的边境通道，一定程度上减少了赌客的偷渡行为，压缩了境外赌场的赌客源头。同时，打击中国公民参与境外赌博专项行动，解救了一些参与境外赌博的中国公民回国，维护了他们的人身安全，减少了境外赌场对我国公民的诱骗及犯罪行为。

(三) 开展扫黑除恶专项斗争

2018年1月,中共中央、国务院发出《关于开展扫黑除恶专项斗争的通知》,中央政法委召开全国扫黑除恶专项斗争电视电话会议,掀开了全国为期三年的扫黑除恶专项斗争行动。2018年3月21日,云南省发布《关于在全省开展扫黑除恶专项斗争的通告》,随后,云南边境地区按照上级组织的布置和要求,开始了扫黑除恶的专项斗争行动。

以R市为例,2018年8月在该市公安局的调查中了解到,2018年3月以来,该市在开展扫黑除恶专项斗争中做了如下实践探索。

1. 全力做好扫黑除恶专项斗争宣传工作

为全力做好扫黑除恶专项斗争宣传工作,力促扫黑除恶专项斗争家喻户晓、深入人心。R市辖区各派出所结合实际加大对于扫黑除恶专项斗争的宣传。一是在全市宾馆旅店、娱乐场所、桑拿洗浴场所、广场、集贸市场、车站、社区委员会、村委会等人群聚集、人流量大的区域张贴宣传海报、发放宣传册;同时,在全市容易滋生违法犯罪行为以及违法犯罪人员易停留、聚集、居住的歌舞娱乐场所、车站或流动人口较多的宾馆旅店、出租房、夜市小吃店、街道张贴自首通告。二是在全市宾馆旅店各房间内摆放扫黑除恶宣传折页小册子。三是在各乡镇政府的协助下,深入村寨、村委会,在显眼处张贴海报,向村民发放宣传册。四是依托系列活动,如"2018年云南省青年普法志愿者法治文化"活动,向市民开展扫黑除恶宣传工作,营造坚决打击黑恶势力的社会氛围。

2. 通过奖励调动群众参与扫黑除恶的积极性

根据相关法律规定,R市所在的民族自治州制定了《群众举报涉黑涉恶犯罪线索奖励办法》。该奖励办法对奖励的内容、奖励条件、奖励原则、奖励标准、奖励程序以及法律责任等相关内容作了详细规定和说明。R市在加大宣传力度的同时,认真贯彻落实《群众举报涉黑涉恶犯罪线索奖励办法》,充分调动了广大人民群众参与扫黑除恶专项斗争的积极性,发挥了人民群众参与扫黑除恶专项斗争的作用,为拓展涉黑涉恶犯罪线索来源创造了条件。

3. 加强涉黑涉恶线索排查和部门间协同配合

一方面,R市加大线索排查力度,竭力寻找涉黑涉恶线索。建立市、乡、村涉黑涉恶线索排查机制,深入开展地毯式、兜底式、滚动式排查,让涉黑涉恶犯罪分子难以遁形,确保涉黑涉恶线索排查不留死角。另一方面,R市强化部门间的协同配合,形成扫黑除恶的强大合力。建立扫黑除恶专项斗争联席会议制度,确保相关部门各负其责、各司其职,统一行动、相互协作。

同时，加强政法机关与各区、各乡镇、农场以及各成员单位之间的沟通，实现信息互通互享，提高相关部门的凝聚力和战斗力。

从以上云南边境地区开展扫黑除恶专项斗争的实践逻辑来看，一方面，云南边境地区高度重视扫黑除恶专项斗争的群众宣传工作。通过广泛深入的宣传，提高人民群众参与打击黑恶势力的主动性和自觉性。另一方面，高度重视发动群众参与扫黑除恶工作。通过制定群众举报涉黑涉恶犯罪线索奖励办法，调动广大人民群众参与扫黑除恶专项斗争的积极性。

截至2020年12月，为期三年的扫黑除恶专项斗争已经结束。在开展扫黑除恶专项斗争期间，云南边境地区政法机关以及各族群众积极响应党和政府的号召，展开了声势浩大的扫黑除恶专项行动，打掉了一些黑恶势力，摧毁了一批中国公民境外涉黑涉恶犯罪团伙，铲除了一批中国公民境外非法拘禁窝点，抓获了一批犯罪嫌疑人，为云南边境地区创造了安宁的社会环境，深受各民族边民的拥护和赞誉。

云南边境地区开展扫黑除恶专项斗争是注重群众参与的实践过程，充分体现了中国特色的社会治理体系中公众参与的极端重要性。云南边境地区各族群众积极配合协助政法机关扫黑除恶的过程，也体现了具有中国特色的共建共治共享的社会治理制度的优越性，验证了"坚持和完善共建共治共享的社会治理制度"①是实践的逻辑要求，也是现实的必然选择。

（四）加强边境流动人口管理

随着云南边境地区对外开放的不断扩大，从国内其他地方进入云南边境地区经商办企业的人员、劳动务工的人员、旅游观光的人员、流散待业的人员明显增多，这些人员身份各异，情况复杂，这就增加了云南边境地区流动人口管理的难度，容易引发社会治安问题。因此，能否有效地加强边境流动人口管理，直接影响着云南边境地区的和谐发展。

1. 实施"一查二控三回头"的工作方法

以Z县为例，2018年8月在该县公安局的调查中了解到，该县为加强和规范流动人口的管理，公安部门认真总结以往工作经验，在辖区外来人口不断增多的情况下，实践探索了人口流动治理新方式——"一查二控三回头"工作法。所谓"一查"，即对流动人口进行及时排查登记，组织民警深入外来人员聚集区域，进行细致缜密拉网式排查登记工作，截至2018年8月，Z县

---

① 本书编写组.中共中央关于坚持和完善中国特色社会主义制度、推进国家治理体系和治理能力现代化若干重大问题的决定：辅导读本［M］.北京：人民出版社，2019：30.

走访排查了23820余人次。① 所谓"二控",即对人口活动规律和经济状况的及时掌控,重点关注支出远远大于实际收入的外来人口,定期进行访查,以及时发现可疑人员和其他治安隐患,确保问题和隐患出现之时就得到有效控制。所谓"三回头",即对已登记办证的流动人口、某些有前科的流动人口进行回访,主动加深对流动人口的了解,及时关注其生活上、工作中的困境,帮助他们解决难点问题,避免可能出现的反社会情绪。同时,对于以往发生的案件进行回顾与分析,探索其中规律,避免或减少同类案件的再次发生。

2. 加强对流动人口进行常态化的监控

以L县为例,2019年1月在该县公安局的调查中了解到,针对流动人口逐年增多的形势,该县把流动人口纳入实有人口进行治理,加强对流动人口进行常态化的监控。主要是借助流动人口信息管理系统和出租房屋信息管理系统,全面实行出租房屋登记备案和流动人口租住登记制度,并提供社区民警主动上门办理居住证的无偿服务,实现流动人口治理由控制型管理向服务型管理的转变。同时,认真落实公安部及云南省、L市便民利民措施,全面推动户籍制度和居住证制度改革政策"双落地",积极落实回流边民、无户口人员户口问题。

以C县为例,2018年8月在该县公安局的调查中了解到,该县由于其特殊的地理位置,复杂的民族地区环境,社会治安一直是其重点关注的问题。多年来,C县保持社会治安稳定的一个有效手段就是加强对流动人口的监控治理。因为社会治安问题的引发,往往与流动人口有关。特别是吸毒、偷盗等社会治安问题常常产生于流动人口之中。做好了对流动人口的监管,社会治安问题也就减少了一半。C县监管的主要办法,就是对外来人口进行"村不漏房、房不漏户、户不漏人、人不漏项"的拉网式排查,切实做好了流动人口的核查登记工作。

从以上流动人口管理的实践逻辑来看,云南边境地区各边境县都注重做好对外来流动人口的排查、登记和监控工作。在排查、登记、监控中,有的边境县特别关注有前科的外来流动人员在生活上和工作中的困难,并给予力所能及的帮助;有的边境县重点关注从境外返回的回流边民、无户口人员,并积极帮助他们解决生活困难和落户问题;有的边境县注重对外来人口进行排查登记,做到一人不漏。这些各有特色的实践工作,减少了社会治安问题

---

① 数据来源:《Z县公安机关边境地区社会治安治理工作措施及成效》,2018年8月15日,Z县公安局提供。

及隐患的产生，促进了云南边境地区社会的安全稳定。

（五）建设社会治安防控体系

社会治安防控体系是公安机关从维护社会稳定需要出发，充分发挥职能作用，运用各种手段，科学整合现有警力和社会资源，将打击、防范、管理、控制、建设等多种措施有机结合，对社会治安实施全方位动态防控的一项系统工程。建设社会治安防控体系，是维护云南边境地区良好的治安秩序与各民族群众安全的需要，也是推进平安边境建设的重要举措。几年来，云南边境地区公安机关在推动社会治安防控体系建设方面进行了积极探索。

1. 织密社会面巡逻防控网络

以R市为例，2018年8月在该市公安局的调查中了解到，该市公安局牵头制订《R市公安机关立体化治安防控体系建设方案》，在片区联动的基础上，由公安局治安大队牵头制订《R市公安机关社会面巡逻防控工作方案》，开展社会面巡逻防控工作。以社会治安立体化防控体系建设为依托，把开展网格化巡逻防控作为R市控制社会面治安的主要手段，按照"整体防控、精确制导、屯警街面、以动制动"的总体思路，织密社会面巡逻防控网络，进一步提高街面见警率、控制街面发案率，提高预防和打击违法犯罪的能力。R市的派出所机关、消防、边防大队站所力量参与到一线巡逻防控工作，每天20时至23时加强重点点位和片区的巡防工作。

2. 建设社区智慧安防体系和"三级封控圈"

以L县为例，2019年1月在该公安局的调查中了解到，2018年，该县公安局建成由视频监控网、广播站等组成的社区智慧安防体系，在暂住人口、出租房屋和公共场所、特种行业的治理方面发挥了积极作用，发现、制止和打击犯罪的能力不断提高，以小警务改善大民生、以小警务推动大平安，辖区群众安全感、满意度大幅度提升。同时，L县公安局聚焦科技强警战略，克服资金不足等困难，在全县重点通道、重点区域、重点点位建成车辆卡口抓拍系统、电子围栏、人脸识别摄像头、车辆违章抓拍摄像头、高清视频监控摄像头、"智慧公安"等多套治理技术设施，形成环县、环乡、环中心城区视频监控"三级封控圈"大联网格局，做到了"人过留影，车过留牌"，以震慑各类违法犯罪，实现及时快速破案。

3. 建设立体化边境防控体系

以H县为例，2019年2月在该县公安局的调查中了解到，该县为了建设立体化边境防控体系，一是开展边境治安整治行动，组织相关力量对边境交通主干道、周边通道、乡村公路以及边境一线、便道、渡口进行严密管控，并加强检查力度，严厉打击和严密防范跨境违法犯罪活动。二是加快推进立体化边境防控体系建设，在边境口岸建成了防护网，安装了视频监控等设备，加强边境安防巡逻，初步形成了立体化、数字化防控的管边控边的现代化格局。三是开展联合执法，由当地党、政、军、警、民组成的"五位一体"边境管控网，定期开展行动，"枪、恐、毒、赌"、走私、偷渡及云南边境地区境外绑架拘禁中国公民等案件得以减少。

从以上建设社会治安防控体系实践逻辑来看，在注重传统的人防体系建设，建成党、政、军、警、民组成的"五位一体"的边境管控网的同时，云南边境地区各边境县市都凸显了社会治安立体化、数字化防控的建设现状。有的边境县市已经建成了社区智慧安防体系以及环县、环乡、环中心城区视频监控"三级封控圈"；有的在边境口岸建成了物理防护网，安装了视频监控。云南边境地区社会治安防控体系这一系列的建设实践，进一步验证了中国特色社会治理体系中"科技支撑"的地位和作用。

（六）抓好行业场所监督管理

有关社会治安的行业场所，是滋生犯罪的温床，是社会治安问题频出之地。云南边境地区抓好有关社会治安的行业场所管理，有助于打击违法犯罪活动，减少社会治安案件的发生。几年来，云南边境地区在抓好行业场所监督管理方面做了以下实践探索。

1. 规范治安部门的行业场所管理责任

以R市为例，2018年8月在该市公安局的调查中了解到，2017年以来，该市公安局治安大队牵头开展对全市行业场所的督促、指导和专案打击工作，并且对辖区派出所工作开展情况进行考核。所有派出所作为辖区行业场所（包括宾馆旅店业、歌舞娱乐场所、足浴按摩场所）第一责任人，担负监管辖区行业场所规范经营的主体责任。各派出所明确一位领导负责相关行业场所管理，派出所内设中队由治安或者社区中队负责。对宾馆旅店业、歌舞娱乐场所、洗浴按摩场所，通过明确责任派出所、责任中队、责任民警的形式，开展日常管理工作和场所内违法犯罪案件的打击处置工作。在此基础上，R市公安局治安大队与辖区各派出所签订责任状，严格落实各自工作职责，若辖区派出所所管辖行业场所发生黄赌毒行为，则按照责任书追究责任。各派出所与辖区宾馆旅店、歌舞娱乐场所、足浴按摩场所负责人签订治安责任书，层层落实治安责任，并定期向他们通报市公安局查处行业场所的违规情况。

2. 建立重点行业场所临检制度

以R市为例，2018年8月在该市公安局的调查中了解到，该市公安局治安大队树立"重管理、轻整治"的工作理念，牵头组织各派出所加强日常管理工作，建立重点场所临检制度，每周对辖区所有歌舞娱乐场所进行临检一次，每月对所有旅店业、足浴按摩场所临检一次，临检实行"双向"台账登记，派出所和被临检场所各存查一份，检查记录录入警务信息综合应用平台社区警务系统，治安大队根据系统记录情况，对场所进行抽查核实，统计后通报。

3. 建立重点行业场所约谈警示制度

以R市为例，2018年8月在该市公安局的调查中了解到，一方面，该市对一些重点监控的行业场所进行不定期约谈，治安大队负责全市辖区有隐患苗头的场所和被辖区派出所查处的违规行业场所进行重点约谈，形成书面材料存档，并督促整改和规范经营。另一方面，治安大队统一警示牌样式，组织各派出所督促辖区歌舞娱乐场所在大厅出入口显眼位置摆放"严禁黄赌毒和营利性陪侍"的标牌，并公布举报电话。

从以上抓好行业场所监督管理的实践逻辑来看，一方面，云南边境地区明确了县市治安大队、辖区派出所以及行业场所负责人的各自管理责任，做到了公安机关层层落实责任、层层考核责任、层层追究责任。另一方面，云南边境地区明确了行业场所的临检、约谈、警示制度，突出了日常的行业场所管理工作，将行业场所社会治安隐患苗头解决在萌芽状态。

（七）实施"四式堵截"边境管控措施

加强云南边境管控是严防国内外不法分子偷越国境线、打击跨境违法犯罪活动、扎牢传染性疾病输入"口子"的重要抓手。几年来，云南边境地区在边境管控方面做了很多实践探索，一些管控措施在加强云南边境地区社会治安治理、维护边境和谐稳定方面发挥了重要作用。以X县为例，2018年8月在X县公安局的调查中了解到，为了加强云南边境地区社会治安治理，该县大胆探索实施了"四式堵截"边境管控措施。

1. "联控式"堵截，完善管控网络

X县公安机关为了实施"联控式"堵截，完善管控网络，一是整合相关管控力量。公安机关、边防武警、边防驻军共同开展"情""巡""堵""查"四个层面堵截工作，形成点、线、面相互配合的边境社会治安管控网络。"情"就是情报获取和共享，"巡"就是巡逻，"堵"就是堵截，"查"就是盘查。二是组建"三队"警民联控。秉承"警力有限，民力无穷"的理念，在沿边一线村、组、寨子建立"群众护边队、堵截队、巡逻队"三支队伍积极协助公安机关开展情报信息收集、边境巡逻，全面扎牢边境警民共建防控网。

三是建站设卡，全境联控。在全县乡镇通道设立多处边防检查站，建立警务室，设立流动卡点、治安堵截点，实现公安机关执法执勤机构的网络化布局、全境式覆盖。

2."三线式"堵截，织密管控防线

X县公安机关为了实施"三线式"堵截，织密管控防线，一是抵边一线堵。在抵边村寨重要出境通道设立一线分控查缉圈，对合法边境通道出入人员、车辆、物品进行常态化查缉。二是县内二线查。在抵边乡镇必经通道、重点区域设立二线分控查缉圈，对企图借抵边乡镇通道非法出入境人员进行高密度查缉。三是出县三线截。在出县主要道路设立三线防控圈，采取警种协同、平战结合的方式，不定时、不定点地进行公开查缉。

3."阵地式"堵截，强化管控实效

X县公安机关为了实施"阵地式"堵截，强化管控实效，一是以群众喜闻乐见的"法制走边关"为平台，以广播电视、手机短信、宣传画册、警示标牌等为传播载体，向边民普及边境治理的法律法规，营造全民管边、控边的良好氛围。二是结合农村安居房建设、施工队、境外人员入境务工实际，对建筑工地、茶厂胶林、出租房屋等场所进行清理排查，摸清流动人员、"三非人员"[①]底数，规范管理和服务，堵塞违法犯罪漏洞。三是对全县边境便道进行全面梳理排查，采集便道地理坐标、图片信息，登记造册，通过堆砌巨石、勤务前移、拉铁丝网、切断滑桥、查扣运送船只等措施，对容易发生偷渡的便道进行物理隔离，有效遏制非法出入境行为。四是加强与毗邻国第二特区的国际警务协作，建立边境会晤、禁毒除源、追逃追赃、侦查办案、反恐维稳等警务合作机制，推动警务交流合作常态化。

4."预警式堵截"，提升管控精度

X县公安机关为了实施"预警式堵截"，提升管控精度，一是实施平台预警。依托视频监控、卡口系统、"大情报"平台等信息化技术，对各类人员、车辆实行动态管理，确保第一时间预警，第一时间处理，提高打击成效。二是实施举报预警。利用边境一线群众人熟地熟优势，建立群众举报奖励制度，激励群众检举揭发涉边违法犯罪活动，扩大情报线索来源。三是实施研判预警。建立各警种、各部门对涉边违法犯罪情报信息进行"日收集、周分析、月研判"制度，采取提前预警、主动出击、先发制敌措施，快速、精准、常

[①] 本研究中的"三非人员"是指云南边境地区非法入境、非法就业、非法居留的毗邻国人员或其他国籍人员。

态化打击堵截涉边违法犯罪。

从以上实施"四式堵截"边境管控措施的实践逻辑来看，在云南边境地区社会治安治理中，特别值得指出的是，抵边村寨建立的"群众护边队、堵截队、巡逻队"是一支任何组织都不可替代的民间力量。他们谙熟当地情况，掌握不法分子的活动规律，在边境管控的过程中，曾在协助当地公安机关收集情报、开展边境巡逻方面发挥了重要作用。这也验证了中国特色社会治理体系中的"社会协同"的重要价值和意义。

（八）探索"四式"社会治安管控模式

云南边境地区社会治安如何治理，对这个问题的回答可能有多种，但需要注意的是，云南边境地区社会治安情况与内地有所不同，需要依据当地实际状况探索适合云南边境地区实际的社会治安治理模式。

以 X 县为例，2018 年 8 月在该县公安局的调查中了解到，当地公安机关针对外出务工人员年末岁初集中返乡后部分人员扰乱公共秩序、聚众斗殴、寻衅滋事等案件高发、频发的规律，该县加强了对外出务工返乡人员的治理，探索"四式"社会治安管控模式，全面加强社会治安治理。

1. 探索"分级式"动态管理

X 县各派出所将务工返乡人员分为"红色人群、橙色人群、绿色人群"三个等级，采取分级管理。"红色人群"为有犯罪前科和违法犯罪嫌疑人员。对于该人群，实行重点管理、监控和帮教，消除违法犯罪诱发因素。"橙色人群"为性情暴烈、易从事违法犯罪活动人员。对于该人群，重在进行思想引导，并通过物建治安情报信息员等形式，牢牢掌握其思想动态。"绿色人群"为威望高、奉公守法、有一定经济基础的人员。对于该人群，实行一般管理，并通过他们的良好表现带动和影响"红色人群""橙色人群"。通过"分级式"管理，增强了管理的针对性、采集信息的鲜活性，保证了对辖区实施动态管理控制。

2. 探索"分责式"协同管理

X 县探索"分责式"协同管理，一是实行公安机关"分片管"。将辖区划分为 363 个责任区，明确责任区民警，负责片内人口管理、信息采集、安全保障、群众服务等工作。二是实行社区（村）委员会"包保管"。全县各派出所分别与 39 个社区（村）委员会签订治安责任状、治安协议书，把务工返乡人员日常监管责任明确到村组干部。三是实行政府部门"联合管"。定期将涉稳人员名单提交乡镇党委政府及综治部门，推动基层组织常态化管控。

3. 探索"动态式"打防管理

X县探索"动态式"打防管理，一是采取"动静结合"的巡逻方式。一方面，将警力广泛布置在街面、广场、集市，震慑违法犯罪分子。另一方面，将警车布置在辖区中心区域，在承担巡逻、设卡任务的同时，确保接警后能够迅速到达现场快速处置。二是提前预警研判。通过深入走访辖区社区、村居、企业等重点部位场所，全面排查各类矛盾隐患和症结，掌握可能引发恶性事件和群体性事件的不稳定因素，及时化解矛盾纠纷，不能及时调解的，逐一分析研判，划分预警等级，制订切实可行的应急处置预案。三是重拳打击整治。对群众反映强烈、上级交办、网络问政提出的违法犯罪活动进行精准打击。对参与涉稳群体性事件的违法犯罪人员，通报给相关部门按照有关规定降低或取消其享受国家惠农政策的标准甚至资格。

4. 探索"爱心式"帮扶管理

X县坚持社会治安从管理型向服务型转变的理念，将务工返乡人员中的贫困人员纳入帮扶对象，实现管理与服务的统一。主要通过民警一对一帮扶、公安局领导挂钩帮扶、相关部门联合帮扶等形式，共同为返乡务工人员办实事、办好事、解难题、出实招，以赢得各族边民群众对公安工作的理解和支持。

从以上探索"四式"社会治安管控模式的实践逻辑来看，云南边境地区社会治安治理将有关治理对象进行科学分类，然后根据每类人员的特点提出有针对性的治理措施。这样进行的分类治理，避免了社会治安治理简单化和"一刀切"现象的出现，彰显了当地公安机关实践和探索精细化社会治理模式的能力和勇气，说明在云南边境地区社会治理实践工作中，某些方面已经开始步入社会治理能力现代化的轨道。

二、禁毒防艾实践探索

云南边境地区毗邻毒品集散地"金三角"，深入持久地开展禁毒防艾工作，坚决防止毒品泛滥和艾滋病疫情蔓延，已经成为云南边境地区社会治理的重要任务。几年来，作为社会治理的重要方面，云南边境地区围绕禁毒防艾的任务和要求，主要从以下几个方面展开了艰苦卓绝的实践探索：

（一）狠抓禁毒防艾教育

1. 通过宣传教育，增强群众远离毒品、关爱生命的意识

以H县为例，2019年2月在该县公安局和卫计局的调查中了解到，H县为了多渠道开展宣传教育，增强群众远离毒品、关爱生命的意识，一是全县

从上到下，从城镇到乡村，从团体到个人，从村落到村民，从渡口到口岸，从商场到集市，各级各部门积极履行禁毒防艾职责，对县城、集镇、村委会、社区、人流量较大区域开展禁毒防艾宣传，形成了全覆盖的禁毒防艾宣传网络。二是结合国际禁毒日，开展"禁毒"宣传活动，工作人员在现场用通俗易懂的当地少数民族语言为过往群众讲解新型毒品的知识及危害、禁毒法律法规。三是在世界艾滋病日，H县防艾办成员单位及志愿者、医务人员走上街头，向过往的市民发放防艾宣传资料，开展义诊检测，讲解艾滋病的概念、现状、危害、传播途径、预防方法。四是打造禁毒宣传示范村。在村民小组道路两旁的围墙上，一幅幅内容鲜明、生动活泼、寓意深刻的禁毒警示文化墙，引来许多村民驻足观看，赞不绝口。村民小组禁毒警示文化墙以宣传社会主义核心价值观为主线，以禁毒宣传示范村创建工作为重点，以当地少数民族语言和汉语的双语形式，画身边人、说身边事，既体现当地少数民族壁画文化特色，又使过往群众在潜移默化中接受禁毒警示教育，谨记毒品曾经给村民带来的毒祸。五是利用身边的实例展示毒品、艾滋病对个人、家庭、社会的危害，引导广大群众"学法、知法、懂法、守法"，倡导"关爱生命，远离毒品"。

2. 通过宣传教育，提高群众识毒、防毒、拒毒的能力

以R市为例，2018年8月在该市政法委的调查中了解到，为提高广大群众的识毒防毒拒毒能力，积极营造绿色无毒、安全出行、和谐稳定的社会氛围，该市禁毒办联合多部门通过各种形式进行禁毒教育宣传。一是利用春节这一节日为契机，R市禁毒办联合道路运输管理局、辖区派出所等单位在R市客运站通过播放禁毒宣传片、发放禁毒宣传品、讲解毒品预防相关知识等，增强人民群众对于毒品危害性的认识。二是借助"三下乡"活动，结合"助力精准脱贫，携手圆梦小康"的宣传主题，通过毒品样本展示、禁毒展板讲解、现场解答毒品预防知识、发放禁毒宣传品等形式，大力开展农村禁毒宣传，切实提高群众对于毒品基本知识的认知。三是加强对青少年的毒品预防宣传教育，全面落实禁毒宣传进校园工作，提高在校师生识毒、拒毒、远离毒品的能力。R市禁毒办借助"校园安全周活动"和R市公安局"警营开放日"活动平台，深入校园开展禁毒宣传。四是立足于R市多民族、多宗教的实情，市民宗局积极引导各宗教团体结合自身实际，积极开展禁毒防艾宣传教育工作，充分发挥宗教团体在禁毒防艾宣传教育方面的积极作用。

3. 通过宣传教育，提高全民防范毒品和艾滋病的意识

以 Y 县为例，2019 年 1 月在该县公安局的调查中了解到，该县为了强化禁毒防艾宣传教育，提高全民防范意识，一是加大重点人群和重点区域的禁毒防艾宣传，特别是强化流动人口、入境边民、学生、老年人、出国务工人员等的自我防范意识和道德观念。二是针对农村地区群众文化水平低、禁毒防艾意识淡薄的实际，制作符合不同层次人群的宣传材料和视频，并将其翻译成少数民族语言。三是多部门联合，创新宣传形式，开展群众喜闻乐见的活动，如节日期间、学校和单位活动期间，植入禁毒防艾宣传要素，潜移默化地将禁毒防艾知识传播出去。四是坚持"关口前移、预防为主、重心下沉"，多措并举宣传禁毒知识，特别是充分利用"6·26"国际禁毒日、警营开放日等开展形式多样的宣传教育活动。五是采取悬挂禁毒宣传横幅、开设禁毒宣传专栏、展出禁毒宣传图片、发放禁毒宣传资料、举办禁毒知识咨询、禁毒知识答题等形式进行宣传。

4. 通过宣传教育，营造浓厚的禁毒防艾社会氛围

以 S 市为例，2019 年 2 月在该市公安局的调查中了解到，该市为了营造浓厚的禁毒防艾社会氛围，开展了一系列丰富多彩的宣传教育活动。一是设立户外防治艾滋病和无偿献血知识公益广告牌，在市、乡、村设置宣传栏，刷写宣传标语，制作发放宣传材料。同时，在 S 市电视台增加播出与艾滋病相关的知识公益广告频次，广播使用当地少数民族语言、汉语播放，重点新闻网站开设预防艾滋病健康教育栏目。二是以农村为重点，大力开展宣传教育活动。各乡镇和成员单位结合部门工作，利用科技、卫生、文化"三下乡"等活动，在乡镇（街道）所在地、村委会（居委会）及中小学校张贴宣传海报，进行禁毒防艾宣传。三是加强青少年的宣传教育，倡导健康生活方式。S 市教育部门将艾滋病防治知识纳入学校教学计划，中学必须开设艾滋病预防教育课程，小学高年级段的课程必须增加艾滋病预防教育方面的知识。四是充分发挥妇联、团委的作用，通过妇女小组、青年志愿者，面对面将艾滋病防治知识宣传给群众。五是以世界献血者日、国际禁毒日举办的各种活动为契机，大力宣传艾滋病防治知识。六是在科级领导干部、村两委干部、大学生村官的理论学习培训中，增加禁毒防艾知识和内容。

5. 加强禁毒防艾警示教育基地和阵地建设

（1）加强禁毒警示教育基地建设

以 M 县为例，2018 年 8 月在该县公安局的调查中了解到，该县为了深入贯彻落实市委市政府工作部署，顺应禁毒工作新形势新要求，满足人民群众

对禁毒宣传教育的新需要，实现禁毒教育常态化，县公安局注重加强禁毒警示教育基地的建设。M县禁毒警示教育基地的建设，丰富了禁毒宣传教育形式，增强了广大群众尤其是青少年防毒、禁毒意识，充分发挥了禁毒警示教育基地的教育功能，让青少年远离毒品、珍爱生命、健康成长。

（2）加强禁毒防艾教育阵地建设

以X县为例，2018年8月在该县公安局的调查中了解到，为了倡导"以人为本"的理念，X县加强禁毒防艾教育阵地建设，特别是学校教育阵地建设。几年来，在总结经验的基础上，X县在全县中小学全面推广校园禁毒"十个一"做法。校园禁毒"十个一"做法，就是所有学校都必须成立一个禁毒防艾工作领导机构、组建一支禁毒防艾青少年志愿者服务队、开辟一个禁毒防艾警示教育场所、编写一套禁毒防艾教案、开设一堂禁毒防艾主题互动班会、编排一套校园毒品预防教育拍手操、制作一套禁毒防艾知识小游戏、组织一次法制大讲座、写好一封致家长书、整理一套预防教育工作台账。

从以上开展禁毒防艾宣传教育的实践逻辑可以看出，云南边境地区各边境县市都高度重视禁毒防艾的宣传教育工作。为了提高各民族群众远离毒品、关爱生命的意识，增强各民族群众识毒、防毒、拒毒的能力，营造边境民族地区禁毒防艾的社会氛围，当地有关部门不断探索、创新，丰富禁毒防艾宣传教育形式、渠道、载体及内容表现方式，抓住了学校学生、入境边民、出国务工人员等重点人群以及所在区域，为云南边境地区遏制毒品的蔓延和艾滋病的传染打下了良好的基础。特别值得一提的是，有的边境县在实践探索中形成的禁毒防艾"十个一"的做法，有效破解了长期困扰边境地区青少年禁毒防艾教育辐射面窄、教育形式单一、效果不明显等难题，值得其他边境民族地区学习。

（二）深入开展禁毒专项治理工作

深入开展禁毒专项治理工作，是加大毒品犯罪打击力度、有效遏制毒品犯罪猖獗势头、最大限度萎缩毒品市场、减轻毒品社会危害的重要抓手。几年来，云南边境地区面对严峻的禁毒形势，各有关单位和部门不畏艰险、排除万难，进行了深入开展禁毒专项工作的实践和探索。

1. 整合并发挥各种禁毒力量，严打毒品犯罪

以Y县为例，2019年1月在该县公安局的调查中了解到，该县为了整合并发挥各种禁毒力量，严打毒品犯罪进行了如下探索：一是着力打造禁毒亮点工作名片，充分发挥多部门多警种参战的优势和作用，始终保持对零星贩毒活动的严打高压态势。二是坚持打击和收戒相结合，整合公安、边防、武

警、民兵、禁防队伍等力量,对毒品危害严重的村寨进行围剿,分波次强势展开对毒品违法犯罪的歼灭战役。三是强化毒情研判,强化专案侦查。四是严格制毒物品管理,强化制毒物品案件侦查。

2. 与毗邻国特区展开合作,共同打击毒品犯罪

以H县为例,2019年2月在该县公安局的调查中了解到,为推动禁毒国际警务执法合作向纵深发展,H县公安局与毗邻国某特区定期召开双方警务合作交流会议。通过交流座谈,H县警方和毗邻国某特区警方在共同打击、全力挤压边境毒品违法犯罪活动空间上达成了合作共识,并在共同打击毒品犯罪实践过程中,加大了情报交流、信息共享、边境查缉管控、联合扫毒等警务执法合作力度。

3. 狠抓各项责任措施的落实,打赢禁毒人民战争

以H县为例,2019年2月在该县公安局的调查中了解到,该县坚持以深化禁毒人民战争为主线,以落实禁毒工作责任为纽带,深入开展第四轮禁毒防艾人民战争,严厉打击毒品犯罪行为。2018年,该县全年共破获各类毒品刑事案件344起,抓获涉毒犯罪嫌疑人222人,缴获各类毒品1633.73公斤,同比,破案数下降16.91%、抓获人数下降21%、缴获毒品数上升23.71%;查破零星贩毒刑事案件88起89人,同比分别上升7.31%、8.54%;查获吸毒人员1870人,同比下降4%;收戒吸毒人员1257人,同比下降5.63%。全年共收治病残吸毒人员169人。①

4. 坚持"四禁"工作方针,稳步推进缉毒工作

以Z县为例,2018年8月在该县公安局的调查中了解到,该县公安部门在县委、县政府、县禁毒委员会和上级公安机关的领导和指导下,坚持禁种、禁制、禁贩、禁吸"四禁"并举的禁毒工作方针,认真分析毒情形势,预防为主,综合治理,严格执法。根据Z县所在市公安禁毒工作考核办法的具体要求,细化各项目标任务,从强化专案侦查、提升宣传能力、加强阵地管控、稳固队伍管理等方面稳步推进各项禁毒业务工作。在各相关职能部门协同配合下,严厉打击零包贩毒、以贩养吸等犯罪活动,坚决遏制边境毒品问题的发展蔓延,净化边境地区社会环境。

5. 开展毒品整治试点工作,为全面推广积累经验

以X县为例,2018年月在该县公安局的调查中了解到,禁毒防艾工作开

---

① 数据来源:《2018年H县公安局工作总结及2019年工作计划》,2019年2月,H县公安局提供。

展得如何，直接关系着边境民族地区能否实现又快又好发展，关系着边境民族地区能否和其他地区一起驶入发展的快车道。2017年开始，X县开展了以某乡为重点的毒品问题整治试点工作。毒品问题整治乡镇试点工作的开展，是全县加强禁毒防艾工作的重要举措，为后来在全县辖区范围内加强禁毒防艾工作，为预防和减少毒品违法犯罪、维护社会稳定，探索了有效做法，积累了可资借鉴的宝贵经验。

6. 成立民间联合禁毒中心，构筑民间联合禁毒防火墙

以R市为例，2018年8月在该市政法委的调查中了解到，几年来，随着云南桥头堡建设的深入推进，边境贸易红火，边民交往增多，在边境线上的吸贩毒情况也随之增多，使得R市某乡镇边境禁毒形势十分严峻。2014年11月18日，该乡镇在R市政府、市委政法委的关心下，在禁毒办、禁防办的专业指导下，以建设平安边境为目标，通过创建"中国和毗邻国民间联合禁毒中心"的形式，构筑中国和毗邻国民间联合禁毒防火墙，全面遏制毒品来源，打击边境跳跃式吸毒活动，确保该乡镇民族团结、边境和谐。

中国和毗邻国民间联合禁毒中心的主要工作可概括为"122348"，即搭建一个中心（即中国和毗邻国民间联合禁毒中心），依靠两国边民共同参与，以"综治信息化""网格化"两化为支撑，筑牢三道防线（一是筑牢境外打击第一道防线，二是筑牢境内群防群治第二道防线，三是筑牢派出所、边境检查站严厉打击第三道防线），突出四个工作重点（一是加强信息互通、二是两国边民开展联合禁毒、三是通过中心对吸毒人员进行遣送、四是对毗邻国给予国际援助），健全八项工作制度（包括禁毒合作例会制度、禁毒信息互通制度、联合开展吸毒人员收戒行动制度、遣送制度、联合禁毒宣传制度、奖励制度、基础台账制度、培训制度）。

7. 成立村民边境联防队，协助开展禁毒禁赌防恐活动

以R市为例，2018年8月在该市公安局的调查中了解到，R市的某寨子距离R市主城区8公里，是一个边境线上的边陲小寨。长期以来，村民生活水平、文化程度普遍较低。由于教育发展滞后，村民个人素养良莠不一，存在着各种不良风气和陈规陋习，违法犯罪现象时有发生。2013年2月，该寨子成立了由党员为骨干成员的村民边境联防队，充分发挥联防队员群众基础好、地理环境熟悉、人员交流广的优势，积极协助当地驻地军警，深入开展维稳、防恐、禁毒、禁赌、打私协查等活动。自该寨子边境联防队成立以来，截止到2018年3月，共协助驻地军警抓获吸毒人员30名，赌博人员81名，

劝阻非法越境人员702人次,有效净化了边境村寨环境。①

从以上深入开展禁毒专项工作的实践逻辑可以看出,云南边境地区的禁毒工作具有以下特点:一是各边境县市始终保持着对毒品犯罪活动的高压态势,善于整合公安、边防、武警、民兵、禁防队伍等力量,对毒品危害严重的地区进行围剿。二是有的边境县市善于与毗邻国地方组织展开合作,共同打击毒品犯罪。三是有的边境县市善于运用民间的禁毒力量,即善于发挥中国和毗邻国民间联合禁毒中心的作用,构筑中国和毗邻国民间联合禁毒防火墙;善于发挥村民边境联防队的作用,协助开展禁毒活动。四是有的边境县市善于开展毒品问题整治试点工作,为全面推广禁毒工作积累宝贵经验。这些云南边境地区禁毒工作的实践探索,为后面禁毒工作持续深入开展提供了可资借鉴的做法,为预防和减少毒品违法犯罪、维护边境地区社会稳定做出了重要贡献。

(三)建立吸毒人员救治康复机构及服务机制

建立吸毒人员救治康复机构及服务机制,对于教育挽救吸毒人员、治理毒品滥用问题、巩固毒品治理成果、净化社会环境、提升群众安全感、促进社会和谐稳定具有重要意义。几年来,云南边境地区相关单位和部门在建立吸毒人员救治康复机构及服务机制方面进行了实践探索。

1. 设立强制隔离戒毒所和吸毒人员救治中心

以R市为例,2018年8月在该市卫计局的调查中了解到,以前,该市受场所条件限制、医疗能力不足等因素的影响,部分患有严重疾病的吸毒人员特别是病残吸毒人员未能进入戒毒场所执行强制隔离戒毒。这些人员流散在社会不同层面,给R市的社会治安带来了危害,影响了人民群众的安全感。为了解决这些问题,2018年4月,R市建立强制隔离戒毒所、病残吸毒人员救治中心,全面解决了R市辖区内病残吸毒人员收戒难、收治难的问题。

以M县为例,2018年8月在该县卫计局的调查中了解到,该县已经建立了吸毒人员救治中心,吸毒人员救治中心配有良好的办公设施、宽敞的活动锻炼场所、舒适的戒毒治疗环境、必要的学习劳动场地,能够很好地帮助吸毒人员进行康复治疗。吸毒人员救治中心的建立,让吸毒人员有了很好的戒毒康复治疗场所,为他们重新做人打下了良好的基础。同时,吸毒人员救治中心的建立,让大批流散在社会上的吸毒人员有了归宿,从而使社会面的吸

---

① 数据来源:《边境稳定·民族团结·共建美好家园——某民族团结示范村单行材料》,2018年8月,R市某乡政府提供。

毒人员大量减少，有效遏制了毒品的蔓延，降低了毒品案件的发生率减轻了社会压力。

2. 成立社区戒毒康复关爱中心并投入使用

以Y县为例，2019年1月在该县卫计局的调查中了解到，该县在收治戒吸毒人员方面走在了所在的整个民族自治州前面。2008年7月3日，Y县某镇某村委会、某街道办事处、某社区等12个毒情不同的村社成为全州首批"社区戒毒"试点单位，标志着该自治州"社区戒毒和社区康复"工作正式启动。2013年8月，Y县建成社区戒毒康复关爱中心并投入使用，成立了特殊吸毒人员群体戒毒康复关爱工作领导小组和应急处置小组，分别负责指导特殊吸贩毒群体戒毒（康复）关爱工作及处理突发事件，特别是老弱病残吸贩毒人员收治后的自然死亡事件。戒毒康复关爱中心设办公室、医务室、管理科二室一科，机构健全，确保各项工作正常运行。

3. 建立社会力量参与戒毒（康复）的服务机制

以H县为例，2019年2月在该县卫计局的调查中了解到，该县为建立社会力量参与戒毒（康复）服务机制做了以下努力：一是建立某社区戒毒（康复）中心，对康复学员进行心理、生活、药物、就业等全方位社会矫正。二是鼓励非政府组织参与社区矫正工作。例如，2018年中国狮子联会云南代表处禁毒防艾委员会的秦风服务队、七彩服务队、先锋服务队等7支服务队来到某社区戒毒（康复）中心开展"关爱生命·传递爱心"活动。三是开展志愿者服务活动。例如，某镇某社区组织巾帼志愿者到某社区戒毒康复中心开展志愿者服务活动。这些活动，充分发挥了志愿者服务社会的积极作用，帮助吸毒人员戒掉毒品，重新树立生活信心，早日回归社会。

从以上建立吸毒人员救治康复机构及服务机制的实践逻辑可以看出，云南边境地区的禁毒工作具有以下特点：一是既重视严厉打击毒品犯罪活动，也重视吸毒人员的戒毒、康复救治，说明禁毒工作是一项系统工程，涉及方方面面，必须多管齐下，开展综合治理。二是在建立戒毒、康复、关爱机构的服务机制中，注重非政府组织等社会力量的积极参与。三是不同形式的戒毒、康复、关爱机构的建立及其服务，挽救了一大批失足的吸毒人员，有效遏制了毒品的蔓延，降低了毒品案件的发生率。

(四) 加强防艾知识、政策和业务培训

加强防艾政策、知识、业务培训，有助于防艾部门及相关人员深入了解艾滋病流行态势、防艾知识、防治政策、艾滋病的检测、预防、治疗以及相关部门职责权限，它是提高防艾部门及相关人员防艾能力和水平的重要路径。

几年来，云南边境地区根据工作需要，在开展防艾政策、知识和业务培训方面做了许多实践和探索。

以 S 市为例，2019 年 2 月在该市卫计局的调查中了解到，为了不断提高防艾业务工作水平，该市高度重视业务培训工作，将市级专业性机构业务人员送到省级、州级进行专业培训，各级医疗卫生机构内部采取集中统一业务培训，不断规范内部业务。同时，对全市所有医务人员进行艾滋病可防可治反歧视教育、职业暴露防护、规范处理流程培训，组织职工关注云南卫生计生法治在线栏目及内容。

以 L 县为例，2019 年 1 月在该县卫计局的调查中了解到，该县为了加深相关人员对防艾知识、防艾政策的了解，将防艾知识、防艾政策纳入了县委党校的培训课程，对全县党政干部、新闻从业人员进行了培训。同时，抓住举办各种会议、培训班的机会，分别对入党积极分子、职校新生、创业农民、农村妇女、机动车驾驶员等进行防艾知识、防艾政策的培训。2018 年，全年共举办县级培训 7 期，培训人数为 10245 人，党政干部培训率达 98.36%。[①]

从以上开展防艾知识、政策和业务培训的实践逻辑可以看出，云南边境地区不仅加强了对防艾专业性机构业务人员的培训，而且还将培训对象扩展到党政干部以及部分与防艾相关的人员。通过培训，既提高了防艾专业人员的业务素质，又增强了党政干部及部分与防艾相关的人员的防艾意识，提升了他们对防艾工作重要性的认识程度。

（五）加大艾滋病检测和行为干预力度

艾滋病检测是运用医学方法对高危人群是否感染艾滋病毒进行检验的过程。艾滋病行为干预是针对个体或群体与 HIV 感染有关的危险行为及其影响因素而采取的一系列促使干预对象改变、减少和避免危险行为，使其保持低危或者安全行为的活动过程。几年来，云南边境地区在加大艾滋病检测和行为干预力度方面做了如下实践和探索。

1. 加大艾滋病检测范围，提高咨询检测覆盖率

以 Y 县为例，2019 年 1 月在该县卫计局的调查中了解到，该县共建立 1 个艾滋病初筛实验室和 1 个确证实验室，设置 2 个监测哨点（国家级），Y 县 CDC 即疾控中心可开展 CD4 细胞（人体免疫系统中的一种重要免疫细胞）检测工作。全县有标准咨询室 2 个，HIV 快速检测点 97 个，覆盖了 100% 的乡

[①] 数据来源：《L 县防艾、疾病预防控制工作开展情况报告》，2019 年 1 月，L 县卫计局提供。

镇卫生院和90%以上的村卫生室，提高了咨询检测的覆盖面和可及性。乡镇卫生院以上医疗机构百分之百地开展PITC工作（医务人员主动为就诊者或者患者提供HIV检测和针对性的咨询服务）。截至2019年1月，Y县已经实现了联合国艾滋病规划署提出的"三个90%"的目标，即90%的艾滋病病毒感染者通过检测知道自己的感染状况，90%已经诊断的艾滋病病毒感染者接受抗病毒治疗，90%接受抗病毒治疗的艾滋病病毒感染者的病毒得到抑制。①

2. 加强行为干预工作，降低艾滋病的发病率

以S市为例，2019年2月在该市卫计局的调查中了解到，该市为了加强行为干预工作，降低艾滋病的发病率，做了以下努力：一是开展吸毒人群行为干预。S市始终将美沙酮维持治疗作为吸毒人员干预工作的重要内容来抓，制订并下发了《S市美沙酮维持治疗费纳入新型农村合作医疗补偿实施方案》，每年召开卫生、公安、药监等部门及相关工作人员参加的美沙酮维持治疗工作协调会两次以上。二是加强预防艾滋病清洁针具交换工作。S市于2011年10月启动清洁针具交换工作，招募1名工作人员对该市某镇某社区吸毒人群进行行为干预。通过为注射人群提供清洁针具交换服务，减少了该人群中艾滋病和其他疾病的传播。三是开展暗娼人群行为干预。S市以中英项目为契机，市疾控中心招募5名同伴教育员每月对某城区娱乐场所进行行为干预工作。S市男性行为人群干预从2010年9月开始实施，招募1名同伴教育员，每月开展男性行为人群干预工作，成立了"木格子健康"小组，开始了外展服务、性病转介、HIV检测的动员等工作。②

从以上加大艾滋病检测和行为干预力度的实践逻辑可以看出，云南边境地区不仅加大艾滋病的检测范围，实现了联合国艾滋病规划署提出的目标，而且对不同人群的艾滋病行为进行了全面干预，降低了艾滋病的发病率。这也证明加大艾滋病检测力度，有助于发现被检测人员是否感染艾滋病毒，有助于被感染者早发现、早治疗，延缓病情发展或感染他人。加大艾滋病行为干预力度，是有效遏制和减少艾滋病在人群中传播、扩散的重要措施，有助于减少高危人群的高危行为。

（六）实行防艾工作责任目标管理制度

自从美国管理学大师彼得·德鲁克于1954年在其名著《管理实践》中最

---

① 数据来源：《Y县2018年防治艾滋病工作总结及2019年工作计划》，2019年1月，Y县卫计局提供。

② 数据来源：《S市卫生和计划生育局近3年禁毒防艾工作总结》，2019年2月，S市卫计局提供。

先提出了"目标管理"的概念以后,目标管理逐渐形成理论体系,并在不同的管理领域得到广泛运用。目标管理亦称"成果管理",俗称责任制管理。目标管理以目标为导向、以成果为标准,是自上而下地确定工作目标,并在工作中实行"自我控制",自下而上地保证目标实现的一种管理办法。几年来,云南边境地区在实行防艾工作责任目标管理制度方面做了很多实践探索。

以L县为例,2019年1月在该县卫计局的调查中了解到,该县防艾工作责任目标管理制度规定:一是县卫计局必须与10个乡镇签订目标责任书、与21个县直成员单位签订责任目标分解书;二是为了强化防艾工作目标任务和责任的落实,必须定期召开部门联席会议,统筹协调防艾工作;三是县政府必须将防艾工作经费纳入财政预算,积极支持防艾工作的全面开展。

以S市为例,2019年2月在该市卫计局的调查中了解到,该市防艾工作责任目标管理制度规定:一是该市人民政府必须与29家主要成员单位签订防治艾滋病工作责任目标书,各乡(镇)人民政府均必须与村委会和乡(镇)主要成员单位签订年度防艾责任目标书;二是为了及时解决工作中遇到的困难和问题,市政府必须每年召开1次专题会议,市防治艾滋病工作委员会办公室必须定期开展业务技术督导工作。

从以上实行防艾工作责任目标管理制度的实践逻辑可以看出,云南边境地区为了保证艾滋病防治目标的如期实现,县市级政府已经与乡镇级政府及县直成员单位、乡镇级政府与主要成员单位以及村民委员会进行了目标责任书的层层签订。在此基础上,为了解决防艾工作中的困难和问题,还就定期召开防艾专题会、业务经费保障等方面作出了具体规定。

(七)制定并落实艾滋病患者关怀救助政策

艾滋病病毒感染者和病人家庭是疾病的受害者,为加强艾滋病防治工作,维护正常的社会秩序,遏制艾滋病流行蔓延,我国政府出台了针对艾滋病病毒感染者和病人家庭的"四免一关怀"政策。"四免"是指提供免费的抗病毒药物;实施免费艾滋病病毒抗体初筛检测和咨询;对已感染艾滋病病毒的孕妇免费提供母婴阻断药物和婴儿检测试剂和艾滋病遗孤免费义务教育。"一关怀"指的是国家对艾滋病病毒感染者和患者家庭提供关怀救助,各级政府将经济困难的艾滋病患者及其家属纳入政府补助范围,按有关社会救济政策的规定给予生活补助,扶助有生产能力的艾滋病病毒感染者和患者从事力所能及的生产活动,增加其收入。几年来,云南边境地区结合当地实际,在制定并落实艾滋病患者关怀救助政策方面进行了如下实践探索。

1. 出台具体实施方案落实关怀救助政策

以S市为例，2019年2月在该市卫计局的调查中了解到，为进一步做好生活困难艾滋病病毒感染者和病人家庭最低生活保障工作，2016年，S市人民政府出台了《S市生活困难艾滋病病毒感染者和病人家庭最低生活救助方案》，要求将户籍在本市的生活困难的艾滋病病毒感染者和病人全部纳入农村低保和城镇低保范围。

2. 发放救助资金落实艾滋患者关怀政策

以L县为例，2019年1月在该县卫计局的调查中了解到，2018年，该县将艾滋病患者纳入低保范畴，其中农村低保每人每月300元，城市低保每人每月417元，支付艾滋病患者困难家庭救助资金17万元，救助HIV阳性孕产妇0.55万元，救助艾滋致孤儿童21.86万元，发放城乡艾滋病患者临时困难救助金5.55万元，对住院及家庭困难的感染者/病人家庭实施救助，发放救助金8.24万元，两免一补金额4.0768万元。[①]

3. 将艾滋患者纳入建档立卡户救助范围

以Y县为例，2019年1月在该县卫计局的调查中了解到，该县将贫困艾滋病患者纳入低保救助范围，符合救助条件的HIV感染者/AIDS病人百分之百享受低保。同时也将受艾滋病影响的未成年人纳入救助范围，保证其能够上学。尤其在脱贫攻坚中，艾滋病患者也被纳入建档立卡扶贫户加以关怀。

从以上制定并落实艾滋病患者关怀救助政策的实践逻辑可以看出，云南边境地区较之内地，其经济发展水平落后、关怀救助能力有限，但云南边境地区各级政府并没有放弃对艾滋病患者及其家属的关怀救助。各边境县市不仅将患者及其家属纳入了低保救助范畴，让他们享受"四免一关怀"待遇，而且在脱贫攻坚中将他们纳入建档立卡户的范围加以救助，充分体现了党和政府对他们的关爱。

（八）建立禁毒防艾与扶贫工作挂钩机制

在云南边境地区，涉"毒"涉"艾"家庭，一般都是贫困家庭。因此，建立禁毒防艾与扶贫工作挂钩机制，既有利于解决禁毒防艾问题，同时也有利于解决涉"毒"涉"艾"家庭的贫困问题。

以X县为例，2018年8月在该县公安局的调查中了解到，X县是一个集"国家扶贫开发工作重点县、少数民族自治县、典型的民族直过县、地处边境一线的边疆县、民族跨界而居的特殊县"为一体的边境少数民族贫困县。X

---

① 数据来源：《L县防艾、疾病预防控制工作情况报告》，2019年1月，L县卫计局提供。

县艾滋病患者主要居住在农村，由于地理位置特殊和生活卫生条件差，该县农村艾滋病患病率高，不易跟踪掌控，艾滋患者不易发现、统计、治疗。受艾滋病的影响，很多贫困家庭脱贫又返贫。为了解决该问题，在过去的脱贫攻坚中，X县实行禁毒防艾与扶贫工作挂钩机制，扶贫干部既要解决贫困家庭的脱贫问题，还要帮助涉毒贫困家庭解决禁毒防艾问题。为了落实禁毒防艾与扶贫工作挂钩机制，X县将禁毒防艾工作纳入了政府扶贫综合绩效考核之中。

从以上建立禁毒防艾与扶贫工作挂钩机制的实践逻辑可以看出，云南边境地区禁毒防艾不只是当地公安机关、卫计部门的事，所有党政机关、企事业单位及社会组织都应该关注、关心、支持禁毒防艾工作，并在自己职责和能力范围之内发挥应有的作用，帮助涉"毒"涉"艾"家庭走出困境，过上与正常人和健康家庭一样的生活。

（九）建立中国与毗邻国艾滋病联防联控机制

艾滋病是世界性的传染性疾病，防治艾滋病是全人类共同责任，需要国际社会互帮互助、同舟共济、联防联控。几年来，云南边境地区在建立中国与毗邻国联防联控艾滋病机制方面做了一些实践探索。

以Y县为例，2019年1月在该县卫计局的调查中了解到，一方面，该县依托澜沧江—湄公河艾滋病跨境联防联控项目、云南边境项目和自治州外籍HIV/AIDS管理项目，开展中国与毗邻国会晤合作、疫情互通、跨境互访、经验交流等工作，在项目合作中逐渐建立中国与毗邻国联防联控艾滋病防治机制，做到云南边境县境内外籍人员同样可以享受艾滋病的预防、检测和治疗。另一方面，在联防联控过程中，Y县为毗邻国边境地区地方组织提供艾滋病防治物资和防治技术，帮助他们提高艾滋病的防控能力。

从以上依托艾滋病防控项目建立中国与毗邻国艾滋病联防联控机制的实践逻辑可以看出，单靠一国之力难以解决好艾滋病的防治问题，尤其云南边境地区与毗邻国山水相依、村寨相连，甚至共饮一江水，双方边民交往密切，毗邻国一侧艾滋病防治问题解决不好，那么云南边境一线也难以解决好这个问题。因此，探索建立中国与毗邻国艾滋病联防联控机制非常必要。

三、外籍务工人员治理实践探索

几年来，随着云南边境地区对外开放力度的加大，特别是"一带一路"倡议实施步伐的加快，进入云南边境县市务工的外籍人员也逐年增多，其中夹杂着部分"三非人员"。为了维护好云南边境地区正常的社会秩序及边疆社会安全，作为社会治理的重要方面，当地政府在外籍务工人员治理方面做了以下实践探索：

（一）加强对外籍务工人员的规范化管理

云南边境地区外籍务工人员人数多、流动性强，加强对外籍务工人员的规范化管理，有助于外籍务工人员获得合法身份，有助于边境地区稳定发展，也有利于压缩"三非人员"的生存空间，遏制"三非人员"进入云南边境地区的势头。

1. 建立外籍人员服务管理机构

以R市为例，2018年8月在该市公安局、人力资源和社会保障局的调查中了解到，在R市就业的境外边民，除少部分来自毗邻国边境特区外，大部分人来自毗邻国的其他地区，他们大都持有身份证。在R市就业的境外人群中男性比例远远高于女性，占总人数的78.2%，已婚人士居多，境外务工人员年龄大部分在31~45岁之间，主要从事商贸、珠宝销售、珠宝加工、木材加工、建筑、餐饮、娱乐、按摩、装卸、洗车、家政等行业的工作。大多数境外务工人员受教育程度低，基本没有经过技术培训，市场竞争力很弱，多数为低端劳动力，只能从事技能要求不高的重体力劳动或服务类行业的工作。为了更好地做好境外边民入境人员服务管理工作，2012年1月7日，R市先行先试研究出台了《R市境外入境人员服务管理暂行办法（试行）》，2013年6月15日，R市挂牌成立了"外籍人员服务管理中心"。同年，外籍人员服务管理中心共抽调R市公安局5人，R市检疫局6人，R市人力资源和社会保障局3人，共14人组建了服务管理队伍。[①] 这是我国首个外籍人员服务管理中心，建立了卫生、人社、公安、边防等部门联合办公的"一站式"外籍入境人员服务管理模式，很多外籍人员主动前往中心办证，取得暂住证，合法权益得到了保证，极大地规范了对外籍人员的管理。

以M县为例，2018年8月在该县公安局、卫计局、人力资源和社会保障局的调查中了解到，该县为加强对外籍务工人员进行规范化管理，建立了外籍人员管理服务中心，为外籍人员提供一站式的便捷服务。M县外籍人员管理服务中心对外籍人员进行健康体检，体检合格后再分期分批进行语言、法律、卫生、技能等岗前培训。外籍务工人员被派遣至用工单位或个人后，用工单位或个人24小时内必须到辖区派出所备案，按要求提供外籍务工人员信

---

① 数据来源：R市创建综合平台，便利外籍人员，R市门户网，2019年5月17日。

息资料，用工单位或个人必须严格遵守"谁用工、谁负责、谁管理"的原则，实行同工同酬，为外籍务工人员购买商业保险，保障其合法权益。外籍务工人员聘用期满、继续聘用或解聘的，必须提前7个工作日向M县外籍人员服务管理中心申请和报备。M县外籍人员管理服务中心的建立，保障了外籍人员的合法权益，增强了外籍人员在M县生活和发展的信心，进一步完善了M县对外开放格局，为M县营造了更加和谐稳定、与毗邻国睦邻友好、互利共赢的发展环境。

以Y县为例，2019年1月在该县公安局、卫计局、人力资源和社会保障局的调查中了解到，该县为加强对外籍务工人员的规范化管理，建立了境外边民入境管理服务中心。境外边民入境管理服务中心整合公安部门出入境管理、人社部门用工就业管理、出入境检验检疫部门的职能，为入境外籍人员提供一站式服务。一是推行出入境业务咨询栏进入乡镇服务。二是推行急事急办、特事特办、"绿色通道"服务。三是推行境外边民入境管理服务窗口"延时服务"。四是推行临时居留证"送证上门"服务。五是推行外籍人员办理临时居留证免费业务。自2014年1月开始，Y县人社部门认真贯彻《自治州境外边民入境务工管理暂行办法》，以属地管理为原则，负责境外边民在县境内务工的管理，在境外边民入境管理服务中心开设办理聘用境外边民用工登记证和境外边民务工登记证，出入境卫生检疫部门为入境边民办理健康证，形成一站式解决健康证、临时居留证、务工证的服务。

2. 构建"一馆二站三中心"工作体系

以R市为例，2018年8月在该市公安局、民政局、卫计局、人力资源和社会保障局的调查中了解到，为提高对于外籍人员的服务管理工作，R市公安、民政、人社等部门建立了"一馆二站三中心"工作体系。"一馆二站三中心"工作体系的有效服务促进了外籍人员的规范化管理。

（1）"一馆"，即在R市外国人居住相对集中的社区、村（居）委会和村民小组全面建立"家庭旅馆"管理模式，推行"以房管人"的做法。境外人员进行实名登记，才能住进"家庭旅馆"，房屋主人将外籍入住人员情况进行造册，并提供公安机关备案。

（2）"二站"，即建立"外籍流动人员服务管理站"和"外籍三非人员管理中转站"。R市创新推出的"两个站"，是为了全面强化外籍"三非人员"的管理而设立的工作机构。其中，外籍流动人员服务管理站注重管理，借助家庭旅馆服务管理模式，在外籍人员居住相对集中的某镇、某村和外籍人员务工密集的工业园区设立外籍人员服务管理站，实行集中服务管理。同时，各派出所将辖区内的外籍人员纳入实有人口管理，采集比对人员身份信息，提供服务咨询，调处矛盾纠纷，清理清查"三非人员"，依法打击违法犯罪，有效减少社会治安隐患，维护外籍人员在R市的合法权益。"三非人员"管理中转站主要抽调公安、民政、卫生等部门工作人员集中办公，对滞留的外籍"三非人员"开展临时身份审查、生活救助、医疗救助，对其中携带传染性疾病、有犯罪前科、吸毒、形迹可疑人员等进行集中收治和中转，并适时开展对外籍乞讨人员的临时性救助和集中遣送。

（3）"三中心"，即由民政、公安等部门对口成立"跨境婚姻登记备案管理中心""涉外矛盾纠纷调处中心"和"外籍流动人员劳动就业服务中心"，为在R市生活的外国人提供各项服务。

3. 积极做好外籍务工人员登记工作

以X县为例，2018年8月在该县人力资源和社会保障局的调查中了解到，X县人力资源和社会保障局联合某运输公司某分公司在县客运站设立了1个外籍务工人员信息登记站，县公共就业和人才服务中心安排1名工作人员（公益性岗位）专门负责外籍务工人员的信息登记工作，准确掌握外籍务工人员的信息。外籍务工人员信息登记内容包括外籍务工人员家庭基本信息、个人基本信息、务工地点、务工时间、务工企业、工资收入等情况。该项工作由县人力资源和社会保障局组织落实，县某运输公司某分公司提供登记站场地，并根据工作需要积极配合登记工作。

4. 强化外籍人员聘用单位管理工作

以S市为例。2019年2月在该市公安局、人力资源和社会保障局的调查中了解到，该市严格登记外籍务工人员国籍、姓名、性别、通行证号、出生日期、学历、工作单位、现居住地址，全面掌握外籍务工人员情况。外籍人员聘用单位是外籍人员聘用服务和管理的主体，S市在严格管理好外籍人员用工单位的基础上，要求外籍人员聘用单位依法进行外籍员工的招聘和管理，定期检查外籍人员的有效证件，依法保障外籍务工人员利益。

5. 定期开展外籍务工人员健康检测

以C县为例，2018年8月在该县卫计局、人力资源和社会保障局的调查中了解到，我国西南边境地区通常为疫情、艾滋病等多发地区，做好疫情的防控就显得非常重要。与C县接壤的毗邻国边境地区，由于经济发展水平低、医疗卫生条件差，经常有各种疫情发生，来自毗邻国的在C县工作的外籍务工人员也是携带疫情病毒的高危人群，因此，C县政府定期对登记在案的外籍务工人员进行免费体检，这对防止外籍务工人员身上携带的疾病传染源的扩散起到了积极作用。

从以上加强对外籍务工人员的规范化管理的实践逻辑可以看出，云南边境地区外籍务工人员治理具有以下特点：一是各边境县市建立了专门为外籍务工人员提供各种服务的管理机构，保障了外籍务工人员的合法权益，促进了对外籍务工人员的规范化管理。二是各边境县市在外籍务工人员的治理中，将管理寓于服务之中，在服务中实现了管理，充分体现了服务型政府的现代治理模式。三是在外籍务工人员治理中，强化了用工单位、组织或者个人依法聘用外籍务工人员的责任意识，明确了用工单位、组织或者个人对外籍务工人员应该负有的管理责任。

（二）加大对"三非人员"的排查遣返力度

外籍"三非人员"的进入，给云南边境地区带来了一系列的非传统安全问题。从查获的偷盗、贩毒、贩卖枪支弹药、走私等案件来看，大都涉及"三非人员"，严重影响了边境地区的社会安全。几年来，云南边境地区加大了对"三非人员"的排查遣返力度。

以 Z 县为例，2018 年 8 月在该县公安局的调查中了解到，该县外籍"三非人员"多数持有《边界通行证》，大都从 Z 县的某口岸入境，然后非法进入外县务工，只有少数从便道非法进入 Z 县，然后非法就业、非法居留。外籍"三非人员"在 Z 县 7 个乡镇均有分布，但主要集中在三个抵边乡镇。"三非人员"在 Z 县的滞留时间一般在 1 至 3 个月，而进入外县非法就业的"三非人员"，一般在当地的滞留时间为 1 至 12 个月。结合边境地区重点整治专项工作，Z 县织密"一线堵、二线查、三线截"的"三非人员"查缉网络，最大限度将来自毗邻国的"三非人员"堵在抵边乡镇、查在县内，防止内流形成危害。Z 县加大对"三非人员"的清查遣返力度，对"三非人员"的处理均按"发现一个、清理遣送一个"的原则进行，每年都安排部署专项清理行动，及时清查"三非人员"，做到及时发现、及时清理遣送，不留死角，有效维护边境出入境秩序。仅 2015 年 1 月至 2018 年 8 月，滞留 Z 县境内的外籍人员 4818 人，遣送回国"三非人员"3836 人，协助外县遣送回国"三非人员"194 人，均系毗邻国人员。[①]

以 X 县为例，2018 年 8 月在该县公安局的调查中了解到，该县加强了对外籍务工人员的管理，严格限制"三非人员"进入境内。一是在各个入境关

---

① 数据来源：《Z 县公安机关边境地区社会治安治理工作措施及成效》，2018 年 8 月 15 日，Z 县公安局提供。

口设置查岗点，清查"三非人员"，遣返外籍无证件人员；二是设立警务室，对"三非人员"进行排查，减少"三非人员"给社会治理带来的压力；三是为合法入境人员办理相关手续，为合法进入云南边境地区的毗邻国人群提供权益保障。

以 H 县为例，2019 年 2 月在该县公安局的调查中了解到，该县每年都开展大清查、大排查、除隐患的专项行动，以城乡接合部、大型集贸市场、租赁屋集中区及治安混乱地区为重点，滚动式开展流动人口清理整顿，切实掌握流动人口的基本情况，做到情况明、底数清，严厉打击混迹其中的各类违法犯罪分子，并对夹杂在其中的"三非人员"进行清查并遣返。

以 R 市为例，2018 年 2 月在该市公安局的调查中了解到，该市公安局紧密结合辖区出入境管理工作实际，找准突破口和切入点，制订了《R 市公安机关外籍"三非人员"清理整治行动工作方案》，建立了常态化的清理遣送机制，借助外籍"三非人员"管理中转站，每周开展常态化清遣行动，对外籍"三非人员"和无国籍人员实施收容审查和集中遣返。

从以上加强"三非人员"治理的实践逻辑可以看出，针对外籍务工人员中夹杂了一部分"三非人员"以及一些"三非人员"从事违法犯罪活动的现实情况，云南边境地区各县市开展了一系列依法打击活动，尤其在依法清查、遣返"三非人员"方面做了大量工作，建立了常态化的清理、遣送机制。这些"三非人员"治理工作的有序开展，为外籍劳务人员有序进入云南边境一带务工营造了良好的法治环境，也为云南边境地区边民创造了安全的生产生活环境。

四、疾病预防控制实践探索

受特殊的地理位置、气候环境等因素影响，云南边境地区是多种传染病高发的地区，特别是与云南接壤的毗邻国北部也是疟疾、登革热、鼠疫、肺结核、艾滋病等各种传染性疾病的高发区。几年来，随着云南边境地区与毗邻国双边贸易活动不断增加，人员流动日趋频繁，跨境传染性疾病和地方病暴发与传播的风险不断升高，作为社会治理的重要方面，云南边境地区疾病预防控制实践探索显得日益重要。

（一）加强疾病预防控制的组织领导

组织领导是组织机构的建立、组织职能的配置、组织资源的调配等系列管理活动的总称。加强疾病预防控制的组织领导，是推动疾病预防控制各项措施落到实处，确保疾病预防控制取得实效的重要保证。云南边境地区加强疾病预防控制的组织领导，主要表现如下：

1. 建立突发公共卫生事件应急指挥机构

以 C 县为例，2018 年 8 月在该县卫计局的调查中了解到，该县政府成立的突发公共卫生事件应急指挥部有一套完整的应对突发公共卫生事件的预案，一旦有突发疫情，则立即指挥协调疫情的处置，争取做到一旦有疫情发生则迅速作出反应。指挥部下设综合协调组、宣传教育组、预防保健组、医疗救治组以及后勤保障组。

2. 建立健康扶贫领导机构及专题会议制度

以 M 县为例，2018 年 8 月在该县卫计局的调查中了解到，根据省市健康扶贫工作要求和部署，M 县于 2016 年年底成立了以分管扶贫工作的副县长为组长的健康扶贫领导小组，下设健康扶贫工作领导小组办公室，指定或抽调六名工作人员具体负责健康扶贫工作日常事务。健康扶贫领导小组建立健康扶贫联席会议制度，及时研究协调健康扶贫重点问题。各乡镇分别成立了健康扶贫工作机构，县委政府主要领导亲自主持健康扶贫专题会议，研究制订方案，保障资金投入，确保了各项工作顺利开展。同时，M 县结合实际制订下发了《M 县贯彻落实云南省健康扶贫 30 条措施实施方案》《M 县健康扶贫宣传工作方案》《M 县县域内先诊疗后付费实施方案》《M 县农村贫困人口大病专项救治工作方案》《M 县健康扶贫工作考核办法的通知》等系列文件，切实将《云南省健康扶贫 30 条措施》落到实处。

3. 组建疾病预防控制领导小组并明确责任

以 Z 县为例，2018 年 8 月在该县卫计局的调查中了解到，为完善疾病预防控制工作机构，该县组建了疾病预防控制领导小组，并明确第一责任人。为有效开展疾病预防控制工作，领导小组下设五个技术小组，分别履行疫情监测、流行病学调查、实验室检测、卫生消杀、后勤保障职能。五个技术小组在国家、省、市各级专家的指导下，在 Z 县疾病预防控制领导小组指挥下，加强与各相关部门的联动，明晰各方主体责任，有序开展疾病预防控制工作。

4. 建立县、乡、村三级传染病监测网络组织

以 Y 县为例，2019 年 1 月在该县卫计局的调查中了解到，为建立传染病防控上报机制，该县建立了县、乡、村三级传染性疾病监测网，传染病监测工作覆盖临床就诊病人、社区和学校。一旦发现疫情，分别由县、乡、村三级疫情报告员负责在 24 小时之内上报。此外，全县所有学校单独指定疫情报告员，一旦发现疫情，由学校立即上报教育主管部门，并协助卫生部门开展防治工作。Y 县疾控中心负责监测全县疫情情况，每日审核 2 次，并做相关

报告和处置。

从以上加强疾病预防控制的组织领导的实践逻辑可以看出，一方面，云南边境地区在应对突发公共卫生事件方面，不仅有预案，而且建立了应对突发疫情的指挥机构，组建了疾病预防控制领导小组。另一方面，云南边境地区借助脱贫攻坚机会，县乡两级政府建立了健康扶贫领导机构及专题会议制度，着重帮助建档立卡户解决疾病预防控制问题。再一方面，云南边境地区还建立了县、乡、村三级传染病监测网络组织，加强对传染性疾病的监测和及时上报。

（二）强化健康咨询教育和健康管理

健康教育是通过信息传播和行为干预，帮助个人和群体掌握卫生保健知识，树立健康观念，自愿采纳有力的健康行为和生活方式的教育活动与过程，其目的是消除或减少影响健康的危险因素，预防疾病的发生，促进人的身体健康和提高人的生活质量。健康管理是对个人或人群的健康危险因素进行全面管理的过程。其宗旨是调动个人及集体的积极性，有效地利用有限的资源达到最大的健康效果。云南边境地区强化健康教育和健康管理，是疾病预防控制的现实需要，也是建设"健康中国"的客观要求。

以 M 县为例，2018 年 8 月在该县卫计局的调查中了解到，健康教育和健康管理，是有效预防疾病特别是传染性疾病的重要手段。M 县强化健康教育和健康管理的做法：一是通过播放音像资料、开展公众健康咨询活动、举办健康知识讲座等进行个体化健康教育。二是通过提供老年人健康管理项目进行健康管理。根据国家基本公共卫生服务项目要求，M 县卫计局组织的对行动不便的老人进行入户检查、对患慢性病的老人进行个体化健康知识普及等一系列活动，进一步提高老年人的防病知识和生活质量。三是加强慢性病患者健康管理。按照《国家基本公共卫生服务》（第三版）的要求，坚持为辖区内 35 岁常住居民首诊患者测量血压一次，对高血压、糖尿病患者每年进行一次体检，并免费测量血糖一次。四是按实施方案要求建立专病档案及台账，并开展干预工作，定期召开例会进行相关慢性病管理和老年人管理知识培训。

以 L 县为例，2019 年 1 月在该县卫计局的调查中了解到，L 县为了强化健康咨询教育和健康管理，L 县进行了以下探索：一是在县电视台播放公益广告。二是围绕"科学健身"巡讲主题开展年度健康巡讲活动。三是制作、摆放"科学健身，共享健康"展板，发放健康宣传材料。四是县人民医院通过电子屏幕播放宣传资料、定期更新健康教育宣传栏、出入院宣传教育等形式普及健康知识，提供健康指导。对 65 岁以上老年人进行建档、自理能力评估、体检和健康管理，规范高血压患者、糖尿病患者的管理。五是2018年邀请精神病院的专家到各乡镇对精神卫生综合管理小组成员和严重精神障碍患者监护人开展管理知识和护理知识培训，共培训精神卫生综合管理小组成员370人次，监护人903人次。此外，精神病院专家评估患者1346人，排查线索81条，新纳入管理34人，到敬老院和3户困难家庭开展上门评估服务、送药、看望和慰问活动。①

从以上强化健康教育和健康管理的实践逻辑可以看出，云南边境地区开始将疾病预防控制的关口前移，凸显了疾病预防控制重在"预防"的理念。通过开展不同形式的健康教育，帮助人们树立健康意识，提高自我保健能力，启示人们加强科学健身，降低身患疾病概率。通过开展健康管理活动，帮助人们掌握自己的健康状况，指导人们管理影响自己身心健康的危险因素，尽可能维持自己最佳的健康状况。同时，通过对健康管理人员、患者监护人的培训，不断增强健康管理人员和患者监护人的能力和水平。

（三）抓好重点服务对象的疾病预防控制

疾病预防控制是一项惠及全体民众的社会服务事业，在具体工作中，要抓好重点服务对象的疾病预防控制。可以说，抓住了关键少数，也就抓住了疾病预防控制的关键。在此方面，云南边境地区做了如下探索。

1. 抓好针对跨境重点人群的医疗服务

以R市为例，2018年8月在该市卫计局的调查中了解到，该市疾病预防控制中心在广泛开展艾滋病、登革热的宣传教育的基础上，不断扩大艾滋病监测检测面，建立艾滋病血清学监测体系、指纹数据库以加强识别和管理，加强针对跨境重点人群的监测—预防—治疗—管理的一体化服务工作。重点加强高危人群综合防控、高危行为的综合干预，特别是对吸毒者、性工作者、婚检人群、孕产妇、长卡司机、男同性行为者等重点人群进行严密监测和随访管理。这项服务工作打破了国界限制，为外籍吸毒者提供美沙酮维持治疗，为女性性工作者提供免费性病诊疗，为HIV感染者提供抗病毒治疗，为长卡司机提供免费梅毒检测和转介服务，有效预防和控制了疾病的传播。

2. 购买社会组织服务项目防治艾滋病

以X县为例，2018年8月在该县卫计局的调查中了解到，该县社会组织是防治艾滋病的一支重要力量。在防治艾滋病工作中，社会组织具有灵活性、

---

① 数据来源：《L县防艾、疾病预防控制工作开展情况报告》，2019年1月，L县卫计局提供。

便于进入社区对目标人群直接开展干预活动等优势。该县社会组织在高危人群的宣传教育、行为干预、促进 HIV 抗体检测、提高艾滋病抗病毒治疗依从性、为艾滋病病毒感染者提供关怀和支持等服务工作中发挥着政府机构不易替代的独特作用。在上级卫健部门和财政部门相关科室确定服务项目工作领域和方向、科室领导具体负责服务项目的组织实施、统筹协调的前提下，X县积极购买社会组织防治艾滋病的服务项目，广泛动员社会组织参与防治艾滋病的服务工作。

3. 提高适龄儿童疫苗接种质量和接种率

以 L 县为例，2019 年 1 月在该县卫计局的调查中了解到，该县为了做好适龄儿童的疾病预防控制的服务工作，几年来努力提高适龄儿童疫苗接种质量和接种率。2018 年，该县实现了 0 至 6 岁适龄儿童建证率达 100%，建卡率达 98%以上。全县 97.76%预防接种单位实现儿童预防接种信息系统安装和录入，出生儿童预防接种信息系统录入上传率 82.06%，乙肝疫苗首针接种率达 91.45%，其余国家扩大免疫规划疫苗单苗接种率、报告率均大于 95%[①]。

从以上抓好重点服务对象的疾病预防控制的实践逻辑可以看出，跨境重点人群、艾滋病患者、适龄儿童成了云南边境地区疾病预防控制的重点服务对象。云南边境地区疾病预防控制突出这三个重点服务对象，符合当地实际，有利于疾病预防控制取得实效。

（四）狠抓重大疫情及重点传染病的防控

抓好重大疫情及重点传染病的防控，事关全体人民的身体健康和生命安全，事关经济发展和社会稳定。云南边境地区在此方面做了一些实践探索。

以 H 县为例，2019 年 2 月在该县卫计局的调查中了解到，为狠抓重大疫情及重点传染病的防控，H 县进行了如下探索：一是提前部署，增强做好登革热防控工作的责任感和紧迫感，加强疫情研判，制订防控方案，严格落实防控责任分工，提前开展重点区域、场所防控工作，防患于未然。二是高度重视传染病监测工作，加强对鼠疫、登革热、寨卡病毒病、艾滋病、结核病等重点传染性病毒的检测和发热门诊病例的排查。2018 年，H 县人民医院、H 县中医院、D 镇中心卫生院等单位和部门的发热病人就诊达 2536 人次。通过使用登革热 NS1 快速测试卡（免疫层析法）检测血清样本，对疑似登革热病例进行临床诊断，对毗邻国入境疑似病毒携带者进行隔离处理，截至 2018

---

① 数据来源：《L 县防艾、疾病预防控制工作开展情况报告》，2019 年 1 月，L 县卫计局提供。

年11月13日，全县无甲类传染病报告。① 三是强化对重点地区、重点疾病、重点人群的登革热病例和蚊媒的监测与报告，加强疫情信息的收集分析和利用，及时发出传染病疫情预警。四是落实责任，强化督促检查，发现问题和隐患当场指出，立即整改，确保及时解决问题。五是群策群力开展登革热防控知识的宣传教育，全面深入开展爱国卫生运动。

以Y县为例，2019年1月在该县卫计局的调查中了解到，该县为抓好重点传染性疾病的防控，Y县开展了如下工作：一是按照"重点疾病重点防控，重点地区重点预防，重点人群重点保护"的原则，坚持"预防为主"的方针，认真开展鼠疫疫情"三报"［发现病（死）鼠或其他病（死）动物要立即报告；发现鼠疫病人或疑似鼠疫病人应立即报告；发现不明原因的高热病人或突然死亡病人立即报告］、自死鼠"专报"和"零报告"制度。二是重点开展疟疾、登革热监测与规范化治疗工作。疟疾曾在Y县零星发生，但2017年，登革热传染病曾在Y县暴发。此次疫情暴发，与毗邻国息息相关。为了做好登革热的重点防控工作，2018年以来，该县实施了与毗邻国部分边境地区疟疾和登革热联防联控试点合作项目。在项目实施过程中，Y县为毗邻国的部分边境地区提供技术支持和物资援助。

从以上狠抓重大疫情及重点传染病防控的实践逻辑可以看出，云南边境地区对于重大疫情及重点传染病的防控极为重视，强调对于重大疫情及传染病发展形势的研判及防控方案的制订，强调重大疫情及传染病防控的责任分工及监督检查，强调重大疫情及传染病的监测、预警以及与毗邻国边境地区的联防联控。

（五）探索疫情防控的跨境合作治理机制

疫情一旦出现，单靠云南边境地区或者单靠毗邻国采取行动，都难以彻底解决问题，它需要云南边境地区与毗邻国密切合作，共同应对。在这方面，几年来云南边境地区做了如下实践和探索。

1. 与毗邻国特区建立疾病防控合作机制

以X县为例，2018年8月在该县卫计局的调查中了解到，该县国境线长89.33公里，有4镇2乡13个村委会和1个社区、1个农场与毗邻国第二特区接壤，是边防、禁毒和防艾的前沿阵地。由于X县众多村寨与毗邻国的边境相连，生活上你来我往，居民相互出入境十分频繁，疾病防控单靠X县难度

---

① 数据来源：《H县卫生和计划生育局2018年工作总结及2019年工作计划》，2019年2月，H县卫计局提供。

较大。为此，X县与毗邻国第二特区建立疾病防控合作机制，通过与毗邻国第二特区签订合作协议，共同开展疾病预防控制。

2. 与毗邻国城市建立疫情防控合作机制

以R市为例，2018年8月在该市卫计局的调查中了解到，R市地处云南省西部，西北、西南、东南三面与毗邻国接壤，国境线长169.8千米，总人口20.1万人，有国家级口岸2个，边民出入境通道30多条。由于R市地处云南边境地区特殊地带，R市与毗邻国山水相连，村寨交错，无天然屏障。双方边民风俗相同、通婚互市，生产生活交往频繁，口岸往来人员日均5万人次左右，疾病跨境传染极为常见。R市通过监测发现，外籍人员艾滋病感染率占全市检测阳性的80%以上。2013—2018年，R市连续5年发生登革热疫情，始发病例均为输入性病例。2013—2018年，R市累计报告登革热确诊病例2910例，其中本地感染1200例，输入1710例，输入性病例占比58.76%。① 可见，R市疾病预防控制工作涉及毗邻国，需要与毗邻国实现跨境合作，建立双边边境合作机制。为此，R市政府与毗邻国边境城市政府签署友好城市关系协议，达成合作伙伴关系，在疫情信息共享、能力建设、技术合作、跨境转介等方面深入开展交流与合作。双边卫生部门定期召开联席会、项目管理座谈会、年度总结会暨经验交流会，建立定期会晤机制、定期疫情信息互通机制，有力促进双边艾滋病、疟疾、鼠疫等传染病的联防联控。

3. 开展"一带一路""国门医院"建设帮扶活动

以H县为例，2019年2月在该县卫计局的调查中了解到，几年来，云南边境沿线登革热疫情呈现高流行态势，外防输入形势不容乐观。"国门医院"作为专业的医疗机构，是防治境外传染病疫情传播的第一道防线。为了保障云南边境地区与毗邻国双方边民的生命安全，维护边境稳定，云南某民族自治州邀请河北医科大学医疗专家团，到该州H县与毗邻国接壤的D镇开展"一带一路""国门医院"建设帮扶活动，特别就"一带一路"云南边境地区与毗邻国卫生健康研究项目合作室建设、医疗技术合作、远程询诊平台建立等工作进行商议，并与该民族自治州友谊医院建立帮扶合作关系。

4. 与毗邻国边境政府搭建跨境防控合作工作平台

以R市为例。为与毗邻国边境地区政府搭建跨境防控合作工作平台，该市进行了如下探索：一是与毗邻国边境地区政府深入推进艾滋病、疟疾、登

---

① 数据来源：《R市疾病预防控制中心关于"社会治理创新"主题调研材料》，2018年8月，R市卫计局提供。

革热等传染病的联防联控、交流与合作,在境外设置了疟疾、登革热等传染病检测哨点,并对境外哨点工作人员定期开展技术培训;二是成立 R 市与毗邻国边境政府双边艾滋病医疗服务小组,与相关工作机构和 NGO 共同开展形式多样的防控工作;三是加强与毗邻国边境政府的沟通和协调,力所能及地给予对方技术、物资方面的帮助和支持,为毗邻国边境政府提供必要的办公设备和交通工具,提高毗邻国艾滋病、登革热防控的技术和能力;四是积极与出入境检验检疫部门密切合作,联合毗邻国边境政府开展边境传染病防控工作。

从以上探索疫情防控跨境合作治理机制的实践逻辑来看,云南边境县市和毗邻国边境政府之间已经在疫情防控的相互合作方面开展了一些尝试性的工作,也取得了一些实效。但要看到,不管云南边境地区与毗邻国边境特区的合作,还是与毗邻国边境政府的合作,这些合作仍停留于云南边境县市和毗邻国地方政府层面,尚未上升到中国和毗邻国的国家层面,因此,中国与毗邻国疫情防控合作的空间有待拓展、质量有待提升。

五、接待来信来访实践探索

群众来信来访是人民群众通过写信、访问等形式向党和政府相关部门反映个人或集体诉求的一种社会政治交往形式。群众来信来访受国家法律的保护,是送上门的群众工作,是党和政府接受人民监督、传承党的优良传统和践行党的群众路线的有效方式,同时也是了解民情、解决问题的重要手段。随着云南边境地区各项事业的不断推进,各种利益矛盾不断涌现,群众来信来访也在逐年增加。能做好群众来信来访工作,直接关系着党和政府的形象,关系云南边境地区的稳定和发展。几年来,就接待来信来访工作,云南边境地区做了如下实践探索:

(一) *规范信访部门受理信访事项行为*

信访群众找到信访部门,信访部门秉持什么样的态度、如何妥当受理,直接关系着信访事项的后续处置质量以及党和政府在群众心中的形象。为此,云南边境地区采取如下措施规范信访部门受理信访事项行为:

1. 强化信访部门服务意识

以 R 市为例,2018 年 8 月在该市信访局的调查中了解到,该市信访局为了做好相关工作,不断强化服务意识,认真履行公仆职责。一是树立人人都是接访员的理念。凡是群众来访,第一个接待来访群众的工作人员负责把来访者引领到解决办事的部门。二是强调文明接待意识。在接待来访群众时，一起立、二让座、三倒水、四办事、五送客。这"一二三四五部曲"工作法，使来访群众从心底感受到党和政府的温暖。三是提倡换位思考。四是认真登记受理。听取来访群众诉求之后，判定是不是信访部门的受理范围，并进行认真登记，如果不符合受理范围，就开具不受理告知书，并耐心告知其应到哪个部门反映，真正做到服务群众。

2. 妥当受理初信初访事项

以 M 县为例，2018 年 8 月在该县信访局的调查中了解到，该县对来访群众提出的诉求不推诿，该答复的立刻答复，该协调的及时协调，该交办的及时交办。信访局把来访群众当成自己的家人，及时了解来访群众的所思所想，有针对性地解决来访群众关心的问题，切实为群众排忧解难。信访局在坚持开门接访的同时，还通过电话、手机短信、书记县长信箱、地方领导留言、微信等受理形式，扩宽初信初访受理渠道，然后再转给相关部门办理，并督促限时解决信访问题，以提高初信初访事项办结率。

3. 坚持信访"六零"工作法

以 C 县为例，2018 年 8 月在该县信访局的调查中了解到，C 县信访办坚持信访"六零"工作法，做到首问负责零推辞、真情接待零距离、政策宣传零保留、清理排查零遗漏、解决问题零隔阂、跟踪问效零反复，切实做好信访维稳工作，确保边境地区的和谐稳定。

4. 规范信访案件查处及上报

以 Z 县为例，2018 年 8 月在该县信访局的调查中了解到，Z 县信访局加大对重大信访事项的查处力度，提高信访事项查处效率，对于提交的信访事项及时处理，做到公平公正、平稳扎实，并严格按照《信访条例》有关规定，规范信访事项查处情况的上报程序。

以上规范信访部门受理信访事项行为的实践逻辑显示，云南边境地区信访部门及其公务员具有强烈的公仆意识，对待群众的来信来访高度负责、认真对待、热情服务。信访部门受理信访事项后，能够依据信访事项具体情况作出妥当回复和查处安排，发挥了信访部门在维稳中的地位和作用，确保了云南边境地区的社会和谐。

（二）主动进行矛盾纠纷的排查和化解

社会治理重在源头治理。作为社会治理的重要方面，接待群众来信来访，重在对容易产生信访事项的矛盾纠纷进行排查和化解，尽力将信访事项解决在萌芽或者初始状态。为此，云南边境地区的信访及相关部门深入基层、了解实际，积极主动地对群众中矛盾纠纷进行排查和化解。

以 L 县为例，2019 年 1 月在该县信访局的调查中了解到，该县在矛盾纠纷排查工作中，实行县、乡、村、组"四级联动"，积极采取人民调解、司法调解、行政调解、仲裁调解、行业调解、民间调解等方式进行矛盾纠纷的调处，竭力把矛盾纠纷化解在基层、处理在萌芽状态，做到小事不出村、大事不出乡、难事不出县、矛盾不上交。

以 H 县为例，2019 年 2 月在该县信访局的调查中了解到，该县信访局领导坚持亲力亲为，每月进行一次影响社会稳定的矛盾纠纷综合排查分析，并建立台账。同时完善信访工作机制，实行动态、网络化管理。2018 年，全年一共排查出 10 件影响社会稳定的信访事项，其中被列为"四大重点"（重点领域、重点群体、重点问题、重点人员）的信访事项 5 件。通过努力，已全部办结，办结率为 100%。①

以 R 市为例，2018 年 8 月在该市信访局的调查中了解到，几年来，该市群众信访诉求内容主要涉及经济管理、城乡建设、国土资源、劳动保障等方面的矛盾纠纷。为深入贯彻落实全国、全省、全州信访工作会议精神，全面排查化解关系群众切身利益的突出矛盾纠纷及社会稳定隐患，着力预防和减少新的矛盾和问题，有效维护信访秩序，R 市委信访工作联席办印发了《关于认真开展矛盾纠纷排查化解专项工作的通知》等文件，在全市范围内开展了矛盾纠纷排查化解工作。2018 年 1 月至 6 月，通过多次全面排查和梳理，共排查出信访矛盾纠纷 80 余件，重点人员 14 名。②

以上主动进行矛盾纠纷排查和化解的实践逻辑显示，云南边境地区一些县市建立了县、乡、村、组"四级联动"矛盾纠纷排查机制，采用人民调解、司法调解、行政调解、仲裁调解、行业调解、民间调解等多元化的矛盾纠纷化解方法，使可能引发信访事项或案件的问题在基层就得到解决，极大地减轻了上级政府信访及相关职能部门接待来信来访的压力。

（三）建立并落实领导干部包案接访制度

建立并落实领导干部包案接访制度，要求领导干部定期接待群众来访和牵头包案处理信访问题，这是领导干部坚持党的群众路线，密切联系群众，改进群众工作方法的一项责任制度。它有助于及时就地解决信访群众反映的

---

① 数据来源：《H 县信访局 2018 年信访工作总结》，2019 年 2 月，H 县信访局提供。
② 数据来源：《R 市委群众工作局、市信访局 2018 年上半年工作总结暨下半年工作计划》，2018 年 8 月，R 市信访局提供。

重点难点问题，有助于维护群众的合法权益，保障社会的和谐稳定。

以Y县为例，2019年1月在该县信访局的调查中了解到，为做好信访工作，该县制定并实施领导包案制度和"三访"制度。领导包案制度规定，领导必须亲自负责社会矛盾纠纷的调处。领导包案制度是指领导包掌握情况、包思想教育、包矛盾化解、包息诉息访。全县的重点上访人员和重点事项或非正常上访事项经信访局进行全面摸排以后由领导包案和分解。分包案件的有关部门领导必须身体力行投入案件的调查、问题的解决之中，用法律、用政策、用情感耐心疏导群众，帮助化解信访诉求。为了进一步落实好领导包案制度，Y县围绕让群众满意的信访工作目标，开展了领导大接访大下访活动，变"群众上访"为"直沉下访"，实现领导干部"三访"（坐访、下访、约访）常态化、制度化，每月安排1名领导班子成员坐班接访，面对面倾听民声，化解矛盾。为提高接访率，拓宽接访渠道，进一步拉近与群众的距离，Y县于2018年在全国率先开通州—县—乡—村四级联动视频接访系统，增加百余个村级视频接访系统网点，在同一时间、不同地点，可以实现领导干部远程同步接访、现场交办、现场调处信访事项。全县形成了"信、访、网、电、视频"五位一体的群众诉求表达体系。

以X县为例，2018年8月在该县信访局的调查中了解到，该县在接待处理群众来信来访的工作中，对涉及群体利益的信访问题和群众反映强烈的热点难点问题，主要领导亲自接待、亲自包办、亲自协调处理，真正在解决问题上取得实效。一是坚持领导干部开门接访。X县委、县政府领导全面听取信访部门的意见建议，认真分析上访群众的思想动态，对提出的合理要求限时解决；对需要一定时间才能解决的，通过落实责任、落实包案领导限期整改；对疑难信访问题，通过召开专题会、协调会、督办会提出分析研判解决的办法和措施，使初信初访和疑难信访问题得到及时妥善处理。二是领导干部带案下访。根据信访工作责任提出的要求，加大对群众诉求的处置力度，在完善领导干部接待群众来访和视频接访的基础上，对分管辖区内发生的信访问题，采取"固定切换、重点约访、带案下访"等方式，把问题解决在基层，化解在萌芽状态。三是结合精准扶贫"领导挂点、部门包村、干部帮户"工作，信访局派出干部职工开展"结对子、真帮扶"活动，进一步加深与基层群众的沟通和联系，为全面开展信访工作打下坚实基础。

以C县为例，2020年10月15日，据某市纪委监察委网站报道，为了走出机关，深入群众，深入基层，努力为群众办实事、解难事、做好事，进一步密切党和政府同人民群众的血肉联系，C县纪委监委制定领导接访工作制度，规定每月 15 日为"领导接访日"（如遇节假日顺延）。接访中，要求耐心倾听群众诉求，仔细阅读来访者的书面材料，详细询问信访问题的疑点和细节，并认真做好记录。针对群众的不同诉求，属于业务范围内的，当场提出处理意见，移送纪委监委相关室或转办派驻机构和乡镇纪委，由信访室负责跟踪督办，并按"谁承办、谁答复"的原则，由承办单位答复上访人；对业务范围外的信访问题，耐心细致地解释，告知不予受理，并建议向有权处理单位反映。同时，根据受理信访举报件的办理情况，定期或不定期开展回访，重点采取当面回访、个别回访、集体回访等形式。

以 L 县为例，2019 年 1 月在该县信访局的调查中了解到，L 县委、县政府高度重视党政干部接待群众来信来访工作，特别是主要领导接访、调查、研究信访工作。在重要节点和敏感时期，增加领导干部接访频次，每天都安排领导值班接访。县级领导干部、乡镇（县直单位）领导班子成员每周至少安排 1 天时间亲临信访接待场所，按照属地管理、分级负责的原则公开接待群众来访。在认真落实定点接访的同时，采取领导定点约访、专题接访、带案下访、包案查访等方式，全面解决群众合理诉求，提高工作实效。同时，L县对排查出现的信访积案和突出矛盾纠纷进行责任分解，严格落实领导干部"三个亲自"（亲自研判、亲自接访、亲自处访）和"五包五保责任制"（包矛盾排查、保源头治理；包纠纷化解、保社会和谐；包诉求引导、保案件终结；包民生解决、保政策兑现；包教育稳控、保依法处理），集中时间和力量有效地开展矛盾纠纷化解工作。

以 R 市为例，2018 年 8 月在该市信访局的调查中了解到，该市为进一步密切党和人民群众的联系，夯实党的群众基础，提高党的执政能力，巩固党的执政地位，促进社会和谐稳定，为经济健康发展营造良好的环境，特印发了《R 市深入开展领导干部接待群众来访工作实施方案》，严格执行党政领导到信访局值班接待群众工作制度。2018 年 1 月至 6 月，市级领导接访群众 10批 531 人次。[①]

以上建立和落实领导干部包案接访制度的实践逻辑显示，云南边境地区各边境县市各级领导干部在解决信访问题当中亲自挂帅，极大地提高了解决信访问题的效率，进一步体现了领导干部是人民的公仆、更要做好践行全心全意为人民服务的表率。其实，建立和落实领导干部包案接访制度，就是建

---

① 数据来源：《R 市委群众工作局、市信访局 2018 年上半年工作总结暨下半年工作计划》，2018 年 8 月，R 市信访局提供。

立和落实"一岗双责"领导责任制。这种信访责任制度要求领导干部，既要抓好自己分管范围内的业务工作，又要抓好涉及自己分管范围内的信访问题的查处；既要解决好已经发生的信访问题事项，又要从源头上预防信访问题的发生，把属于本级本部门职责范围内的信访问题事项，解决在本层级、解决在部门、单位，这有助于夯实党的群众基础，提高党的执政能力，巩固党的执政地位。

（四）运用网络技术开辟网上信访新渠道

随着互联网技术的发展，网络已经成为群众生活工作的一部分。近年来，全国各地越来越重视运用网络技术开辟网上信访新渠道，纷纷开通网络信访平台，老百姓有了什么烦心事、不平事，足不出户就能把问题反映给各级政府部门。云南边境地区网络信访的开通，是对传统信访的探索性补充，为边民群众增加了一个新的信访渠道。

以 X 县为例，2018 年 8 月在该县信访局的调查中了解到，该县在健全和完善信访工作责任制的同时，拓宽群众信访诉求渠道。在加强领导干部接访下访的基础上，加快了信访信息系统建设。为与中央、省市的信访模式同步，X 县全面推行了网上信访、视频接访和书记县长热线，引导群众通过网络平台向上级反映诉求，让群众有更多机会提出合理化意见建议，使之成为群众反映诉求的主渠道。在建立完善信访信息系统建设过程中，全面推行县乡两级联动视频接访，打通联系服务群众"最后一公里"，让基层群众在乡镇一级就能向县级领导反映问题，实现领导与群众的零距离接触。

以 L 县为例，2019 年 1 月在该县信访局的调查中了解到，2018 年度，该县各乡镇、各部门全面推进云南信访信息系统线上运行，10 个乡镇和 30 多家县直单位同步进行。全县信访事项已能够规范地在云南信访信息系统上进行流转办理，逐步实现了从"走访"到"网访"的转变，充分发挥了网上信访"便捷、经济、高效"的优势，有效减轻了群众的信访成本，减少了走访、越级上访的发生。2018 年，L 县在云南信访信息系统上办理信访案件的及时受理率达 100%，群众满意率 98.44%①。

以 H 县为例，2019 年 2 月在该县信访局的调查中了解到，根据信息化的发展要求，H 县信访局积极引导群众依法逐级走访，以书信、电话、传真、视频、电子邮件、人民网书记信箱、互联网信访、微信信访等形式表达诉求。此外，定期举办《信访条例》专题法治讲座。通过专题法治讲座，增强工作

---

① 数据来源：《L 县 2018 年度信访工作情况汇报》，2019 年 1 月，L 县信访局提供。

人员信访工作技巧，提高信访工作质量，进一步提高领导干部的信访工作能力和水平，使之适应新时代新形势下的信访工作要求。

以 R 市为例，2018 年 8 月在该市信访局的调查中了解到，为更好地服务群众，提高政府办事效率，该市大力推进网上信访，已开通了 72 个网上信访渠道，群众可直接借助网络进行相关诉求和建议的表达。网上信访平台的建设让数据多跑路，群众少跑腿、少走访、多网访，最大限度地方便了人民群众。

以 Y 县为例，2019 年 1 月在该县信访局的调查中了解到，该县 77 家单位启用了信访信息系统，通过书记县长的网上信箱、网站、APP、视频、微信等途径上访的案件，可以及时流转到相关部门进行调查核实，实现了信访工作的属地管理，缩短了办理时限，提高了办理效率，信访群众满意度得到较大提升。

以上运用网络技术开辟网上信访渠道的实践逻辑显示，近年来，云南边境地区网络信访发展较快，形式多样，已经覆盖各乡镇、各部门，全面提高了信访效率，节约了信访成本，方便了交通不便的少数民族边民。作为全新的信访渠道，毋庸置疑，网络信访符合社会治理现代化的发展趋向，但须看到，由于少数民族地区信访群众沟通能力有限，一些信访群众仍然习惯亲自跑到信访部门表达诉求，云南边境地区的网络信访发展，仍然不能完全替代群众亲自登门的传统信访形式。

六、突发事件治理实践探索

突发事件是指突然发生，造成或者可能造成严重社会危害，需要采取应急处置措施予以应对的自然灾害、事故灾难、公共卫生事件和社会安全事件。[①] 云南边境地区有着特殊的自然地理环境，不同民族的社会发展程度不同，决定了该区域的突发事件具有多发性、复杂性和民族性等特征。近年来，就社会治理重要方面的突发事件治理，云南边境地区做了如下实践探索：

（一）加大突发事件治理知识培训和宣传

为全面提升各部门各单位领导干部处置突发事件的应急管理能力，增强社会公众防灾减灾和自救互救的意识，近年来，云南边境地区加大了突发事件治理知识的培训和宣传。

以 C 县为例，2018 年 8 月在该县应急办的调查中了解到，该县坚持强化

---

① 资料来源：《中华人民共和国突发事件应对法》，第三条。

应急管理知识学习宣传，不断完善应急预案和突发事件处置流程，全面提升应对突发事件能力。通过网络、电视、广播、展板、墙报、横幅等多种形式，深入宣传应急管理工作宗旨和应急救援工作内容、目的、意义。2013年至2018年，累计发放防灾减灾宣传手册49500份，宣传单96000张①。

以M县为例，2018年8月在该县应急办的调查中了解到，该县加强应急管理知识的宣传力度，要求各单位结合工作实际，通过标语、展牌、宣传册等形式进行防灾减灾科普宣传活动。组织多部门开展集中宣传教育活动，通过新媒体宣传森林防火、防震、消防安全、食品安全等防灾减灾知识，提高公众防灾减灾意识。针对各个时期可能发生的突发事件，对有关领导、干部、应急管理专业人员开展相应的应急管理知识培训，培训内容包括食品安全、消防、道路安全、疾病预防控制等方面。

以H县为例，2019年2月在该县应急办的调查中了解到，2018年，该县以"3·23"气象日、"5·12"防灾减灾日、"安全生产月""12·2"全国交通安全日等宣传活动日为契机，开展突发事件法律法规和应急管理知识宣传。组织县应急委成员单位认真开展防灾减灾救灾活动，采用布置展板、发放宣传手册、发传单、接受现场咨询等形式，向社会公众、社区居民、务工人员等宣传各种灾害风险知识、自救互救知识、避险逃生技能。全县各级各类学校充分利用板报、挂图、标语以及开展主题班会活动等形式，向学生宣传应急知识，增强防范意识。围绕"生命至上，安全发展"这一主题，采取悬挂横幅、张贴标语、现场咨询、发放宣传资料等形式，强化《云南省安全生产条例》的宣传教育，增加人们安全生产知识，强化人们安全防范意识。

以L县为例，2019年1月在该县应急办的调查中了解到，该县主要针对社会公众和管理人员进行宣传教育。一是利用"3·15"国际消费者权益日、"5·12"防灾减灾日、"安全生产月"等宣传日，在人员密集场所和乡镇集市组织多部门对群众集中开展宣传教育活动，发放各类应急知识宣传资料。通过新媒体宣传防灾减灾知识，增强公众对预防、避险、自救、互救、减灾等知识的了解，提高公众防灾减灾的意识。二是针对各个时期可能发生的突发事件，对各主管职能部门、特别是对有关领导干部和应急专业人员进行相应的应急管理知识培训，使应急管理知识进培训常态化。

以Y县为例，2019年1月在该县应急办的调查中了解到，该县通过整合

---

① 数据来源：《C县人民政府办公室关于"十二五"期间应急体系建设及"十三五"期间主要目标任务的情况报告》，2018年8月，C县政府应急办提供。

线上媒体，开展应急管理知识科普宣传。线下以"5·12"防灾减灾日等宣传日为契机，联合各成员单位，为群众宣讲和发放宣传材料。定期开展各成员单位和乡镇负责人和业务人员的应急管理知识和操作方法的培训。

以R市为例，2018年8月在该市应急办的调查中了解到，随着R市经济社会发展，各种新型灾害事故不断出现，应急救援范围越来越广，应急处置难度也不断增大。对此，R市消防救援大队健全教育培训制度，每年积极参加州消防救援大队组织的不少于15天的基层指挥培训和攻坚组培训，选调部分精干人员参加云南省消防总队、州消防支队组织的山岳、水域、地震等典型事故灾害的应急培训，有针对性地开展应急救援业务和理论知识学习，掌握各类灾害事故处置程序。与此同时，利用社会资源建立应急救援专家队伍，充分发挥专家学者的专业特长和技术优势，为应急救援决策、指挥和行动提供智力支持。

以上加大突发事件治理知识的培训和宣传的实践逻辑显示，云南边境地区各级各部门高度重视突发事件治理知识的培训和宣传。既重视对领导干部进行应急管理等知识的培训，也重视对社会公众进行防灾减灾、自救互救等知识的宣传。为确保学习、宣传、培训取得实效，针对各部门领导干部，采取举办专题培训班的形式进行培训，提高他们保障公共安全和科学应对突发事件的能力。针对社会公众，坚持以人为本、预防为主的原则，抓住"3·23"气象日、"5·12"防灾减灾日、"安全生产月"、"12·2"全国交通安全日，开展丰富多彩的学习宣传活动，增强社会公众公共安全意识和社会责任感，帮助他们提高在灾害面前作出正确选择的应急能力。

（二）完善突发事件应急预案及模拟演练

完善突发事件应急预案及模拟演练，有助于提高突发事件治理的规范性、科学性，有助于积累突发事件治理的实践经验，有助于突发事件真正发生时，能够快速有序地进行处置，最大限度地减少或者控制突发事件带来的损失和伤害。几年来，云南边境地区在完善突发事件应急预案及模拟演练方面做了许多实践探索。

以X县为例，2018年8月在该应急办的调查中了解到，该县针对《突发公共事件总体应急预案》以及《重大动物疫情控制应急预案》《特大洪涝灾害救灾应急预案》《危险化学物品事故应急预案》《地震应急预案》《地质灾害应急预案》《自然灾害应急预案》等专项应急预案进行了修订完善、梳理汇总。每项应急预案在机构与职责、预测与预警、信息报送、应急机制、应急保障、宣传培训、模拟演练及奖惩、应急委组成人员名单等方面都作出了详细的修订，并明确了每项工作的具体行动方案，详细修订了县级政府及县直有关部门、乡镇政府的具体工作方法。应急预案对基层单位的应急工作和组织发动群众等具体事宜也作了详细的安排，增强了应急预案的针对性和可操作性。

以 S 市为例，2019 年 2 月在该市应急办的调查中了解到，为了加强对应急预案的动态管理，增强应急预案的针对性和实效性，该市根据社会形势发展变化情况，对《S 市汛期山洪灾害防灾减灾应急预案》《S 市处置森林火灾应急预案》《S 市突发性地质灾害应急预案》等专项应急预案进行了修订完善，进一步明确了各类突发事件的防范措施和处置流程，增强了应急预案的科学性和可操作性。针对常发突发事件，建立了以公安、卫生、消防以及民兵队伍为骨干的应急救援力量，加强了森林、卫生、交通等专业救援队伍建设，为有效处置突发事件奠定了基础。

以 L 县为例，2019 年 1 月在该县应急办的调查中了解到，一方面，该县应急管理部门制定了应急预案管理办法，对应急预案进行有效管理。根据应急预案管理办法，2018 年，L 县对全县总体应急预案和部分专项应急预案进行了梳理、修订。各乡镇、各部门在原有预案基础上，根据各自实际情况也修订了各类应急预案。另一方面，积极整合资源，组建各类应急救援队伍和应急志愿者队伍，并对这些应急队伍进行应急知识培训，指导他们有计划、有组织、分层次地组织开展各类应急模拟演练活动。通过模拟演练，应急救援队伍的快速反应处置能力得到了锻炼和提高，群众参与应急工作的意识得到了增强。

以 Y 县为例，2019 年 1 月在该县应急办的调查中了解到，该县学习和参照国家、省级和州级层面的突发事件应急预案，结合当地实际制订了符合自己县情的总体应急预案和专项应急预案。全县的应急预案按照图标式方式编制，显得应急处置流程清晰，非常便于组织实施。在制订应急总预案和专项预案的基础上，全县各单位各部门根据自己业务范围开展了地质灾害、地震、消防等方面的应急预案模拟演练。

以 C 县为例，2018 年在该县应急办的调查中了解到，该县针对常发突发事件，建立了以公安、卫生、消防以及民兵预备役为主的应急救援骨干力量，加强地震、卫生、交通等专业救援队伍建设。在各种场所多次组织应急预案模拟演练，包括学校突发公共卫生事件、高危行业生产安全事故、交通事故、食品安全、自然灾害等方面的应急演练，不断锤炼应急队伍的应急能力和实战经验，提高应急联动和救援队伍应急处置能力。

以 R 市为例，2018 年 8 月在该市应急办的调查中了解到，该市消防救援大队针对当地社会经济发展状况，在深入调查研究基础上，准确掌握本辖区典型灾害事故的特点，及时制订了格式统一、内容充实、实用性强、效果良好的应急救援预案。并在重点分析力量调集、协同作战、指挥程序、战斗保障等方面可能存在的问题的基础上，有针对性地组织模拟演练，在模拟演练中修订应急救援预案，确保应急预案科学合理、贴近实战。

以上完善突发事件应急预案及模拟演练的实践逻辑显示，近年来，一方面，云南边境地区县市乡政府、县市辖区内各行业、各部门，在县市应急管理部门的指导下，不仅制订了各自的突发事件应急管理总预案，而且分别结合各自的具体情况，针对曾经发生或可能发生的突发事件，制定了系列突发事件应急管理专项预案，保证了一旦突发事件发生，能够科学、规范地加以应对。另一方面，为了保证突发事件应急预案符合不断发展变化的客观实际，增强应急预案的针对性、可行性、科学性，各行业、各单位、各部门对突发事件应急总预案和专项预案实行动态管理，不断对应急预案进行修订和完善。再一方面，各行业、各单位、各部门加强了各项突发事件应急预案的模拟演练，提高了应急管理人员应对突发事件的实战能力，为真正应对突发事件积累了实践经验。

（三）加强突发事件监测预警和应急处置

突发事件的监测与预警，是应急管理主体根据有关突发事件过去和现在的数据、情报和资料，运用逻辑推理和科学预测的方法技术，对某些突发事件出现的约束条件、未来发展趋势和演变规律等作出科学的估计与推断，对突发事件发生的可能性及其危害程度进行估量和发布，随时提醒公众做好准备，改进工作，规避危险，减少损失的过程。突发事件的应急处置，是当突发事件发生以后，应急管理主体启动应急预案，对突发险情、事故、事件等采取紧急措施和行动加以应对和处理的过程。近年来，云南边境地区加强了突发事件监测预警和应急处置工作。

以 L 县为例，2019 年 1 月在该县应急办的调查中了解到，该县为了加强突发事件监测预警和应急处置工作，进行了如下探索：一是组织各部门开展各类安全隐患的排查，建立监测、预测、预报、预警体系，加强对易发生安全事故的时间、区域的日常监管和突击监测，对存在安全隐患的，采取政府通报、警示督办、联合执法等措施加以整改，以控制事态发展，努力把灾害和危机消除在萌芽状态，做到"早发现、早报告、早处置"，最大限度地减少突发事件带来的危害和影响。二是完善县气象局预警信息发布，提高预警信息发布的及时性、准确性和权威性。特别是在主汛期来临之前，召开专题会议研判气候形势，提前发布天气预警信息，综合协调全县防汛抗洪抢险救灾工作，为科学应对自然灾害奠定基础。三是强化突发事件应对处置服务意识，全力做好先期处置、信息报告、事故调查处理、恢复重建等工作，防止次生、衍生灾害事件发生。

以 S 市为例，2019 年 2 月在该市应急办的调查中了解到，该市为了加强突发事件监测预警和应急处置工作，进行了如下探索：一是建立风险隐患排查责任制，要求各乡（镇）、各有关部门定期组织力量开展风险隐患排查，强化信息报送，全面掌握本行政区域、本行业领域各类风险隐患，建立分级、分类管理制度，层层落实责任制。二是及时开展应急处置。多年来，针对 S 市发生的泥石流、滚石、塌方等突发事件，市委、市政府高度重视，组织民政、农业等部门深入灾区查灾、核灾、报灾，及时安排资金救助灾民，解决灾民的生产生活困难。灾情过后，市政府采取"农户自筹为主，政府补助为辅"的方式，积极开展生产自救和恢复重建。三是突发事件发生以后第一时间启动部门联动机制，各负其责、协作配合开展相关救援和处置工作，并组织和发动群众，形成群防群治的突发事件应对机制，及时防范、发现、化解、处理各种灾害和各类事件造成的社会不稳定风险。

以 H 县为例，2019 年 2 月在该县应急办的调查中了解到，为了加强突发事件监测预警和应急处置工作，该县开展了以下工作：一是狠抓消防安全工作。全面细致开展消防安全检查，加大人员密集型场所检查力度，狠抓烟花爆竹销售、燃放检查，扎实开展隐患排查整治行动，深入推进消防安全网格化管理，强化消防安全宣教培训，认真做好执勤备战，杜绝重特大火灾事故发生。二是对厂矿、木材、建筑等生产企业进行定期安全生产大检查，防止安全生产隐患发生。

以上加强突发事件监测预警和应急处置的实践逻辑显示，云南边境地区层层落实责任制，加大了对各种安全隐患的排查力度，将突发事件消灭在萌芽状态。同时，各应急管理主体加大了对易发生安全事故的时间段、地点区域的监测力度，提高预警信息发布的及时性、准确性、权威性。当突发事件发生以后，能够第一时间启动部门联动机制，组织群众形成群防群治应对机制，及时处理各种灾害和各类事件。

（四）注重应急物资储备及应急场所建设

应急物资储备，是突发事件发生后用于实施应急救援行动的工具、设备、器材、生活用品等物资的储备或者场所的建设，它有助于为应对各类突发事件提供物资保障或者场地,最大限度减少各类灾害事故造成的损失,有效保障人民群众生命财产安全。近年来,云南边境地区格外注重应急物资储备及应急场所建设。

以L县为例,2019年1月在该县应急办的调查中了解到,该县格外注重应急处置工作经费预算、应急物资储备、应急避难场所建设。主要表现在:一是把应急管理工作经费、救灾装备和物资储备经费纳入财政预算,加大对应急管理的资金投入。每年将应急管理工作经费纳入年度财政预算,涉及突发事件处置任务工作经费的,有关乡镇和职能部门从年度办公经费或应急工作经费中列支,切实保障工作有序开展。二是按照属地为主、责任部门为主的原则,抓好应急物资、装备、生活用品等物资设备储备。建立健全应急物资储备信息制度,实行动态管理,确保能够在突发事件发生时物资能够迅速调拨到位。三是为了做好应急管理工作,结合人口密度和分布情况,在广场、公园、体育场馆、学校、医院等地方建设应急避难场所。截至2018年12月,县城可用应急避难场所有9个,各行政村实现应急避难场所全覆盖[①]。

以C县为例,2018年8月在该县应急办的调查中了解到,该县注重应急物资的储备及检查。一方面,重点加强了防汛、道路交通、危化品、电力通信、重大疫情等突发事件必需的防护用品、救援装备、救援器材等应急救灾物资和应急队伍装备的储备,增强了应急保障能力。另一方面,不定期地对各部门应急物资储备情况进行检查,对物资的种类、数量、管理方式及责任人员到位情况进行抽查,确保应急物资在突发事件发生时能够迅速调拨到位,为抢险救灾争取时间。

以上注重应急物资储备及应急场所建设的实践逻辑显示,为了应对可能发生的突发事件,云南边境地区依据各突发事件专项应急预案设计所需,既购买和储备了相应的防护用品、救援装备、救援器材、应急物资和生活用品,又在广场、公园、体育场馆、学校、医院等地建设了相应的应急避难场所,为有效应对各种突发事件的发生做了充分的物资及场所准备。

(五)建立突发事件应急处置的组织机构

建立突发事件应急处置的组织机构,就是为应对突发事件、有效开展应急处置工作而设立相应的组织协调机构,配备相应的工作人员、并明确机构和成员的职责权限及相互关系的过程。建立突发事件应急处置组织机构,有

[①] 数据来源:《L县2018年突发事件应对工作总结评估报告》,2019年1月,L县应急办提供。

助于为应急处置工作提供组织保障。近年来，云南边境地区各边境县市结合自己实际建立了突发事件应急处置组织机构。

以 S 市为例，2019 年 2 月在该市应急办的调查中了解到，为有效开展突发事件应急处置工作，S 市成立了由市长担任主任、分管副市长担任副主任、各乡（镇）一把手及市直各单位主要负责人为成员的突发事件应急管理委员会。应急管理委员会负责研究作出全市应对突发事件的重大决策，部署全市突发事件应急管理工作，组织、指导、协调市内突发事件的预防预警、应急处置、应急保障、应急救援等工作。市应急管理委员会办公室设立在市政府应急办，负责市应急工作的日常事务。

以 X 县为例，2018 年 8 月在该县应急办的调查中了解到，该县建立突发事件应急处置组织机构，主要表现在：一是根据全县应急管理工作需要，建立了突发公共事件应急委员会。突发公共事件应急委员会由县长、县委常委以及县委宣传部、公安局、安监局、民政局、国土局、水务局、农科局、卫计局、住房和城乡建设局、通信公司等单位的主要领导组成，县长兼任应急委员会主任。二是成立了应急办，配备了一名应急办负责人，主持制订公共卫生、重大动物疫情、防洪抗旱、护林防火、食品安全等方面的突发事件应急预案以及其他应急工作的统筹协调。三是应急处置机构认真履行职责，尽可能在第一时间把突发公共事件处理好，最大限度地降低突发事件给群众带来的危害。

以 L 县为例，2019 年 1 月在该县应急办的调查中了解到，该县建立突发事件应急处置组织机构，主要表现在：一是加强突发公共事件应急委员会和各专项机构领导力量，形成主要领导亲自抓、分管领导具体抓、各单位全面落实的应急管理组织体系，确保辖区内的突发公共事件得到依法、及时、有序、妥善处置，消除突发公共事件的影响，保障人民群众生命财产安全。二是应急管理工作由县应急办主要领导负责协调，下设 2 名工作人员，具体负责办理县应急委的日常事务，并配备应急视频系统、卫星电话、短波电台等设施设备，保障工作开展①。三是建立应急管理工作责任制，结合应急管理工作实际明确责任和义务，使工作落实到位、落实到人，确保突发事件发生时，能在第一时间实现应急响应，及时开展应急处置工作。

以上建立突发事件应急处置组织机构的实践逻辑显示，云南边境地区突发事件应急处置组织机构具有如下特点：一是突发事件应急处置机构成员主

---

① 数据来源：《L 县 2018 年突发事件应对工作总结评估报告》，2019 年 1 月，L 县应急办提供。

要由县（市）主要领导、相关职能部门和乡镇主要负责人组成；二是突发事件应急处置机构负责人由县（市）主要领导兼任，负责带领机构成员作出县市应对突发事件的重大决策，部署县（市）突发事件应急管理具体工作；三是突发事件应急处置机构建立工作责任制，清晰划定机构组成人员的职责权限，确保突发事件发生时，能在第一时间实现应急响应，及时进行应急处理。

七、脱贫攻坚实践探索

实现农村贫困人口"两不愁三保障"，即农村贫困人口不愁吃、不愁穿，义务教育、基本医疗、住房安全有保障，是脱贫攻坚的基本要求和核心指标。脱贫攻坚是中国共产党带领全国人民实现第一个百年奋斗目标过程中必须完成的艰巨任务，这一任务已于2021年如期完成。作为社会治理的重要方面，云南边境地区在脱贫攻坚方面做了如下实践探索：

（一）发挥党建在脱贫攻坚中的引领作用

基层党组织是党全部工作和战斗力的基础，承担着推动党的路线方针政策在基层落地生根的重要责任。在脱贫攻坚的关键时期，更加需要充分发挥基层党组织的战斗堡垒作用和党员的先锋模范作用，提升基层党组织的凝聚力、战斗力、公信力、向心力，发挥党组织在脱贫攻坚中的核心领导作用。

以L县为例，2019年1月在该县扶贫办的调查中了解到，在脱贫攻坚中，该县坚持发挥各级党组织总揽全局、协调各方的作用，落实脱贫一把手负责制，做到"脱贫攻坚推进到哪里，党建工作就跟进到哪里，党组织战斗堡垒和党员先锋模范作用就发挥到哪里"的工作要求，为脱贫攻坚提供了坚强的政治保证。具体实践如下：

1. 夯实战斗堡垒，打造脱贫攻坚"火车头"

L县全面深入实施基层党建和脱贫攻坚"双推进"。一是围绕班子建设、队伍建设、基础设施、服务能力、集体经济等重点，制订具体方案，对症下药，破解难题，持续开展软弱涣散党组织整顿工作，切实将党的领导嵌入到扶贫工作之中，确保基层党组织在脱贫攻坚一线直接发力。二是扎实开展村干部能力素质和学历水平提升行动，在乡镇建立青年人才党支部，每个村至少有2名后备干部纳入其中，县乡两级进行跟踪培养，切实解决村级后备干部储备不足的问题。

2. 突出"三个导向"，建强脱贫攻坚"主力军"

第一个导向：突出最优秀的干部担任村（社区）党支部书记的导向，形成"能人当书记、支书当能人"的用人机制。全面开展贫困村党支部建设，通过吸纳"第一书记"充实强化"两委"班子，优化班子结构，提高"两委"干部履职能力和综合素质，切实增强村级组织的战斗堡垒作用。第二个导向：突出在脱贫攻坚一线培养和发展党员的导向，形成"入党在一线，一线能入党"的发展党员机制。将农村种植大户、致富带头人、青年创业者作为党组织的重点发展对象，把工作优秀的扶贫干部发展为党员。第三个导向：突出干部在脱贫攻坚一线锻炼提拔的导向，形成"一线先提拔，提拔到一线"的干部选用机制。鼓励党员干部带头到最贫困的地方去，到需要解决的问题最多的地方去，激发他们化解矛盾、处理复杂问题的智慧，磨砺他们不怕失败、愈挫愈勇的意志，培养他们不怕误解、敢于担当的情怀。

3. 强化学习培训和经费保障，锻造"攻城拔寨"的先锋队

一是注重旨在提升村级（社区）党员干部能力素质的学习培训。县级每年对村（社区）党组织书记、党务干部进行全员轮训，乡镇每年负责对村组干部和其他党员开展全员轮训。通过学习培训，切实引导全体党员在脱贫攻坚中争当先锋。二是增加党建经费投入，建立村（社区）党建经费逐年增长机制。三是统一规范和提高全县村组干部的薪酬待遇。村干部薪酬按照"基础补贴+绩效奖励考核"发放，村干部的岗位补贴每人每月得到增加。

以上发挥党建在脱贫攻坚中的引领作用的实践逻辑显示，云南边境地区党建引领脱贫攻坚主要体现在以下几个方面：一是通过选拔任用农村优秀党员担任村（社区）党支部书记以及优化"两委"班子结构，提升"两委"成员的能力素质，增强农村党组织在脱贫攻坚中的战斗堡垒作用。二是通过在农村种植养殖大户、致富带头人、青年创业者中发展党员，壮大农村党组织队伍的力量，增强农村党组织在脱贫攻坚中的战斗堡垒作用。三是通过组织学习培训，提升农村党员特别是村级党组织主要负责人的政治素质、业务能力，增强农村组织在脱贫攻坚中的战斗堡垒作用。

（二）全面推进脱贫攻坚政策落地生根

脱贫攻坚政策固然好，但重在落到实处，帮助贫困群众脱真贫、真脱贫。为了实现这一目标，扶贫部门既要做好顶层设计，又要拿出有力举措。扶贫干部既要沉得下去、动真格、真抓实干，又要善于开动脑筋，想方设法帮助贫困群众脱贫致富。云南边境地区的实践探索如下：

1. 强化顶层设计，做实扶贫政策

以L县为例，2019年1月在该县扶贫办的调查中了解到，该县对照精准扶贫要求，强化顶层设计，切实做到扶贫工作务实、脱贫过程扎实、脱贫结果真实，脱贫成效经得起群众、实践和历史的检验。

(1) 设计并落实"五个一批""六个精准"

L县按照"五个一批"（发展生产脱贫一批、易地扶贫搬迁脱贫一批、生态补偿脱贫一批、发展教育脱贫一批、社会保障兜底一批）、"六个精准"（扶贫对象精准、项目安排精准、资金使用精准、措施到户精准、因村派人精准、脱贫成效精准）的部署要求，以解决农村人口"两不愁三保障"为目标，先后研究制订了一系列实施方案，明确了退出贫困县的时间表、任务书、路线图和施工图，确保了各项工作同步规划、同步推进。

(2) 设计并落实"五查五看三评四定"

L县按照"五查五看三评四定"（"五查五看"：查收入、看家庭收入的稳定性，把农户的经营性收入、财产性收入、工资性收入、补贴性收入调查清楚，详细记录；查住房、看居民住房的安全稳固性，把住房面积、结构、安全情况全面掌握；查财产、看贫富程度，掌握农户有没有经营设施、经营实体、外购住房、经营车辆、参与他人经营实体等情况；查家庭成员结构、看家庭负担，看赡养人口、读书人口、劳动力人口从业状况，基本查清家庭的支出结构及年均支出情况；查生产生活条件、看基本生产生活状况，掌握农户的耕畜、耕地及地力状况，摸清种植、养殖规模、品种、水平及生活用车、家电设备和吃穿用情况。"三评"：内部评议、提交村组党员评议、提交村（组）民会评议。"四定"：村委会初定、村民代表议定、乡镇审定、县里确定。确保建档立卡结果客观真实、情况准确、信息全面。）的标准和程序，认真开展精准识别多轮"回头看"，全面摸清贫情，打赢精准扶贫"第一战役"。组建村级动态管理工作队、乡镇动态管理质量控制组、县级工作业务指导组，形成了县委、县人民政府主要领导全程直接调度、县级领导分片包干、各个乡镇和行业部门齐抓共管的动态管理机制，抓实抓细建档立卡，做到"应纳尽纳、应退尽退、应扶尽扶"，精准掌握贫困状况，为精准施策、对症下药奠定基础。

(3) 强化并落实资金整合管理要求

L县认真落实"资金使用精准"的要求，强化并落实资金整合管理。一是制订相应的实施方案和暂行办法，加大资金整合力度，实现"多个水龙头进水，一个水龙头出水"的精准调控。二是成立县级项目资金监管组，严格落实扶贫项目资金公开公示、主管部门专项督查、项目实施责任单位常规检查、聘请第三方审计机构全面清查等举措，实现项目资金全过程监督，确保资金使用安全、精准、高效。

2. 突出四大举措，推动政策落实

以 S 市为例，2019 年 2 月在该市扶贫办的调查中了解到，该市为了突出四大举措，推动政策落实，进行了如下探索：一是突出政策知晓率，强化宣传力。充分发挥报刊、广播、电视、网络等新闻媒体的优势和作用，强化政策解读和宣传力度。二是突出政策措施细化，增强落实力。紧紧围绕精准扶贫、精准脱贫基本要义，制定印发了一系列行业部门政策文件，形成脱贫攻坚政策落实体系，确保各项工作同步规划、同步推进。三是突出干部教育培训，提升战斗力。大力开展"大学习、大培训、大普法"活动，组织脱贫攻坚一线干部教育培训，为推进全市脱贫攻坚工作提供了人才保障；采取"随机抽签""现场提问""领导干部上讲台"等方式，讲政策、找问题、谈工作、想办法，提高主动学习的能力，增强政策解码、工作谋划、抓落实的本领。四是突出扶贫领域整治，强化执行力。制订各项行动和工作方案，实施扶贫领域损害群众利益问题和重大项目违纪违规问题有奖举报机制、脱贫攻坚暗访机制、扶贫领域监督执纪问责工作机制，确保全市上下投身脱贫攻坚主战场的行动更加自觉主动。

3. 狠抓十项重点，推动任务落实

以 S 市为例，2019 年 2 月在该市扶贫办的调查中了解到，该市为了狠抓十项重点，推动任务落实，主要采取以下措施：

一是狠抓易地搬迁保安居。安置点围绕就业有平台、有岗位的目标，通过市内企业安排、外出务工"量身定做"岗位、建设扶贫车间及商铺出租、实现搬迁户"一楼上班，二楼居住"、成立小区党支部管理服务站等保障措施，探索易地扶贫搬迁"安居、就业、产业、保障、管理"一体化模式。

二是狠抓产业就业促增收。坚持因地制宜，突出市场导向，强化边界合作，大力推广以"扶贫公司+股份合作社+农户+基地"的股份合作经营模式，着力选育一批贫困人口参与度高、能带动贫困户长期稳定增收的特色优势产业。

三是狠抓教育扶贫提素质。全面落实义务教育"两免一补"、学生营养改善计划、州 14 年免费教育等惠民政策，在全省率先实现"一村一幼"全覆盖。

四是狠抓医疗卫生保健康。把健康扶贫作为基本防线，深入落实云南省健康扶贫 30 条措施，推行先诊疗后付费"一站式"即时结算服务，落实慢性病、大病报销及门诊减免政策，扎实推进因病致贫筛查和家庭医生签约服务工作。

五是狠抓社会兜底强保障。抓好农村低保制度与扶贫开发政策的有效衔接,实行精准施保、分类施保、应保尽保,结合建档立卡精准识别,同步开展农村低保动态调整。

六是狠抓生态建设增效益。树牢"绿水青山就是金山银山"理念,围绕"调经、强畜、增绿",将生态保护、生态修复、生态产业与脱贫攻坚紧密结合,加快森林建设。认真贯彻落实"一部手机游云南"总体部署,加快推进9个旅游特色示范村规划和培育200户旅游示范户建设。

七是狠抓基础设施强根基。加快推进以交通为主的基础设施建设,加大农村公路安全防护、水毁修复、窄路面加宽力度。

八是狠抓合力帮扶助攻坚。东西协作、社会帮扶、集团帮扶、定点帮扶、挂联帮扶同频共振,合力促攻坚。

九是狠抓内生动力提动能。坚持扶贫和扶志、扶智相结合,开展"乡村能人"培养工程,开展"脱贫攻坚五星村""脱贫能手""光荣脱贫户""文明家庭"等创建评比活动。

十是狠抓问题整改求实效。针对脱贫攻坚专项巡视、督查巡查、专项审计、民主监督、暗访信访、扶贫专线、检查调研等反馈出来的问题,开展脱贫攻坚"找问题、补短板、促攻坚"、脱贫攻坚问题"清零"等专项行动,对标对表、举一反三、抓实整改。

4. 实施扶贫行动计划,实现脱贫攻坚目标

以M县为例,2018年8月在该县扶贫办的调查中了解到,M县委、县政府深入贯彻落实习近平总书记扶贫开发战略思想和考察云南重要讲话精神,坚持以脱贫攻坚工作总揽经济社会发展全局,坚持区域发展与精准扶贫双轮驱动,坚持整乡、整村、整组推进,坚持以边境民族特困地区为主战场,建档立卡贫困群众为主要对象,围绕实现"脱贫、摘帽、增收"三大目标,举全县之力深入实施M县"12356扶贫开发行动计划"。

"1":健全完善一套扶贫开发机制,即制订、修改、完善一批涵盖财政投入增长、领导干部扶贫工作实绩考核、驻村帮扶等领域的脱贫攻坚保障机制。

"2":分两步走,即到2018年,实现脱贫摘帽,贫困人口控制在3%以内,2019—2020年巩固增收,到2020年消除贫困,同步全面建成小康社会。

"3":三项措施,即构建专项扶贫、行业扶贫、社会扶贫"三位一体"的大扶贫工作格局,围绕发挥M县热区资源、沿边口岸、民族文化旅游三大优势谋划精准扶贫,强化思想、组织、制度三大保障,推进精准扶贫。

"5":实现"五个一批"全覆盖,即以贫困乡、贫困村为单元,做到发展产业脱贫一批、易地搬迁脱贫一批、生态补偿脱贫一批、发展教育脱贫一

批、社会保障兜底一批。

"6"：实现"六个到村到户"，即瞄准贫困自然村和贫困户，实现产业扶持到村到户、安居建设到村到户、基础设施建设到村到户、基本公共服务和社会保障到村到户、能力素质提升到村到户、金融扶贫到村到户。

以上全面推进脱贫攻坚政策落地生根的实践逻辑显示，云南边境地区要将脱贫攻坚政策落到实处，一是脱贫思路要因地制宜、因村制宜、因户制宜；二是建档立卡贫困户的识别要精准、帮扶措施要精准；三是脱贫要整体推进，具体措施既要全面，更要突出重点。

（三）着力实施社会民生改善提升工程

社会民生工程是政府以社会弱势群体为重点而采取的有关老百姓生活水平、生活质量提升的一系列政策举措。换言之，社会民生工程就是政府为民办实事、办好事的"民心工程"和"德政工程"，是立党为公、执政为民的具体体现。实施脱贫攻坚政策后，云南边境地区着力实施了社会民生改善提升工程。

1. 抓实民生以提高贫困群众的生活质量

以 H 县为例，2019 年 2 月在 H 县扶贫办的调查中了解到，该县为了抓实民生以提高贫困群众的生活质量，主要采取了以下措施：一是全面落实扶贫政策，助推"两不愁三保障"全覆盖。该县从产业、就业、医疗、住房、教育、社会保障等多方面推动脱贫攻坚工作。二是根据该县"直过民族"素质性贫困程度深、脱贫基础薄弱的实际，政府积极推进教育扶贫，狠抓基础教育，极力阻断代际贫困传递，各项扶贫政策逐步落实。三是全面推进低保线、贫困线"两线合一"，通过农村低保政策与扶贫开发政策的有效衔接，形成政策制度合力，对纳入建档立卡范围的农村低保对象给予政策扶持；将不在建档立卡范围内的农村低保家庭、特困人员、残疾人员等列入卡外重点户，并制定相关帮扶措施。四是对建档立卡贫困人口实施医疗救助政策覆盖，对丧失劳动力无法通过产业扶持、就业帮扶等家庭实行政策性保障兜底。

2. 完善民生保障以落实脱贫政策要义

以 Y 县为例，2019 年 1 月在 Y 县扶贫办的调查中了解到，该县有 44 个贫困村，建档立卡贫困户 11319 户 44712 人。2011 年被列入滇西连片特困地区，2013 年被列为扶贫工作重点县。[①] 该县 32 万各族干部群众主动扛起脱贫

[①] 数据来源：《Y 县精准扶贫和社会力量参与的主要做法、基本经验、困难和办法》，2019 年 1 月，Y 县扶贫办提供。

攻坚责任，规范资金的管理和使用，确保资金使用到位。在教育扶贫、健康扶贫、生态扶贫、社会养老、劳动力就业和社保兜底方面，完善民生保障，落实政策要义，并于2019年成功退出贫困序列。Y县脱贫摘帽得益于全面贯彻精准扶贫、精准脱贫政策。一是Y县严格把关、精准识别贫困户，通过五轮贫困对象动态管理和两轮脱贫攻坚回头看，做到不漏评、不错评和不错退。二是抓实民房建设，坚持安全稳固、遮风避雨的标准，修建民房和修缮危房，保障群众居有所安。三是全面解决易地扶贫搬迁点的安居、就业、生产问题，综合考虑生态环境保护、城镇化建设、资源优化配置等问题，让从山区搬迁出来的群众能够搬得出、住得惯、能发展、可致富。四是为农户创造更多的脱贫机会，开发农村民族特色产业，发展民族特色旅游业。探索与企业合作，形成公司、专业合作社和贫困户有效链接的农产品生产和销售模式，拓展群众增收渠道。五是激发村民的主动性，指导村民自觉参与到农村村容村貌的整治中，政府给予每户一定补助，鼓励每家每户做好各家基础设施改造。六是建立长效管理机制，改变村民不良卫生习惯。完善村规民约，督促村民文明行为的养成。

3. 把改善民生作为工作的出发点和落脚点

2018年8月在R市扶贫办的调查中了解到，几年来，R市着力加大边境贫困地区教育、医疗、社会保障、基本公共服务等社会民生事业的建设力度，努力提高各项民生保障能力，增强群众获得感、幸福感，切实把改善民生作为工作的出发点和落脚点。同时，建设R市澜湄国际职业学院，增强R市面向南亚、东南亚的辐射力。R市积极"走出去"，在中央授权范围内发展地区间双边、多边交流合作，扩大经贸人员往来，加强教育、文化、农业、卫生等技术协作，不断巩固地区间良好互信往来局面，为"一带一路"倡议向着纵深发展探索地方经验。

以上着力实施社会民生改善提升工程的实践逻辑显示，云南边境地区脱贫攻坚具有以下特点：一是为了解决建档立卡户"两不愁，三保障"的问题，云南边境地区主要从产业、就业、医疗、住房、教育、社会保障等方面，全面推动脱贫攻坚工作，突出民生保障工程。二是云南边境地区将不在建档立卡范围内的农村低保家庭、特困人员、残疾人等列入卡外重点户，并制定了相关的帮扶措施，体现了脱贫攻坚工作既重视解决建档立卡户的贫困问题，也兼顾解决建档立卡户以外的贫困家庭、贫困群体的问题。三是云南边境地区在脱贫攻坚中把改善民生作为工作的出发点和落脚点，通过抓实民生工程，完善民生保障，提高贫困群众的生活质量，增强贫困群众的获得感和幸福感。

（四）结合实际发展特色产业助推脱贫攻坚

云南边境地区脱贫攻坚的有效抓手很多，从长远来讲是解决好教育扶贫问题，但就近来说，最主要的是解决好产业扶贫问题。所谓产业扶贫，主要是指在贫困地区或贫困群体中培育可持续发展的产业，通过产业发展让贫困者获得可持续性发展机会的扶贫模式。① 近年来，云南边境地区结合实际，在产业扶贫即发展特色产业、助推脱贫攻坚方面做了积极探索，为如期实现脱贫攻坚目标和任务作出了贡献。

1. 紧紧围绕特色产业发展助力脱贫攻坚

以H县为例，2019年2月在H县扶贫办的调查中了解到，2014年至2018年，H县紧紧围绕特色产业发展助力脱贫攻坚，进行了如下探索：一是大力开展生态茶园建设、品牌创建、市场拓展等工作，扶持贫困户提质增效茶园6.9万亩，新增茶园1.4万亩，人均拥有茶园3亩以上。培训5000余名贫困群众，使其种茶制茶水平显著提高。通过提质增效带动4524户18096人脱贫。二是不断探索完善"企业+合作社（党支部）+农户"模式，组织230家驻县企业、合作社、种养殖大户与7514户贫困家庭签订产销协议，茶企和合作社开发2万个务工岗位，吸纳1600名贫困人口从事长短期务工。②

2. 提升特色农业发展水平助推脱贫攻坚

以C县为例，2018年8月在该县扶贫办的调查中了解到，农业是C县经济发展的本钱，发展农业产业，C县拥有得天独厚的地理条件。C县立足自然气候资源和生态资源优势，推进国家有机产品认证示范区创建，大力发展高原特色农业，以农业产业振兴夯实脱贫基础，促进乡村经济振兴。一是优化传统农业产业。积极完成甘蔗、茶叶、蔬菜等传统产业目标，着力提升传统产业生产力。二是发展新型农业产业。按照"一乡一品，一村一业"的理念，大力推广辣椒、黑木耳、羊肚菌等农产品产业。三是创新农业产业发展模式。利用电子商务大力推广农业特色产品，同时引进一批农产品龙头企业，学习借鉴好的市场经营理念与模式，与实际相结合，形成具有自身特点的农业产业发展模式。

3. 培育壮大特色优势主导产业助推脱贫攻坚

以R市为例，2018年8月在该市扶贫办的调查中了解到，R市处于产业转型升级的关键时期，以汽车、摩托车为代表的先进装备制造业已初见成效，

---

① 宋圭武. 脱贫攻坚要以产业扶贫为抓手［N］. 光明日报，2019-09-03.
② 数据来源：《H县脱贫攻坚工作情况》，2019年2月，H县扶贫办提供。

食品加工、健康医疗、跨境物流等现代新型产业展开布局，为 R 市经济持续健康发展注入了新动力，也为 R 市边境贫困问题的解决奠定了坚实的物质基础。在完成脱贫攻坚任务过程中，R 市把培育壮大特色优势主导产业作为帮扶边疆脱贫的根本抓手，大力支持产业转型升级工作，以新型工业化带动农业现代化，促进了新型城镇化建设，让贫困人口稳定就业、稳定脱贫。

以上结合实际发展特色产业助推脱贫攻坚的实践逻辑显示，云南边境地区通过发展特色产业特别是农业产业以实现脱贫攻坚目标和任务具有自己的独特优势。云南边境地区特殊的地理位置、气候条件，决定了该区域适合发展高原特色生态农业产业，譬如茶叶、甘蔗、林果、蜂蜜、野生菌、蔬菜等绿色食品产业。同时，云南边境地区还可以依托具有漫长的边境线的区位优势，与周边国家发展边境贸易及跨境物流等新型的现代产业，以新型的现代产业带动传统的特色农业产业的发展及转型升级。

（五）争取对口帮扶及社会力量助力脱贫攻坚

云南边境地区很多村寨处于深度贫困状态，是打赢脱贫攻坚战役中最难啃的硬骨头，有的地方甚至可以用脱贫攻坚战役中的"上甘岭"来形容。这样的区域，缺资金、缺人才、缺产业、缺基础设施，单靠地方的力量无法按时完成脱贫攻坚的艰巨任务，不仅需要东部对口帮扶单位的大力扶持，还需要动员全社会的力量参与其中。几年来，云南边境地区积极争取对口帮扶单位及社会力量助力脱贫攻坚，促进当地经济社会发展。

1. 积极与对口帮扶单位建立扶贫协作关系

以 H 县为例，2019 年 2 月在该县扶贫办的调查中了解到，自 2014 年开展精准扶贫以后，H 县积极与上海松江区加强交流沟通，积极争取项目，上海松江区也积极加大支持力度，科学谋划高点定位，双方高频对接，精准发力，高效协作，两地形成了多层次、多形式、全方位的扶贫协作关系。截至 2019 年 2 月，H 县共计接受上海松江区援助资金 4400 多万元，实施项目 62 个，累计辐射受益贫困户 4749 户 18487 人。①

2. 积极争取帮扶单位及社会力量的发展项目

以 Y 县为例，2016 年 6 月 8 日，据德宏统一战线网报道，在对口帮扶及社会力量助推 Y 县的脱贫攻坚实践中，三峡集团启动了景颇族精准脱贫攻坚项目，重点围绕提升能力素质、组织劳务输出、建设安居房、培育特色产业、

---

① 数据来源：《H 县脱贫攻坚工作情况》，2019 年 2 月，H 县扶贫办提供。

改善基础设施、保护生态环境等6大工程，组织实施45个发展项目。① 上海青浦区"两镇一街道"与Y县"两乡一镇"达成结对帮扶关系。其中，上海市青浦区华新镇人民政府与Y县某乡签订了携手奔小康协议书，为某乡提供全方位的重点帮扶。此外，Y县积极争取社会力量助推脱贫攻坚，主要实施万企帮万村工作，组织多家民营企业、异地商会与贫困村签订村企结对帮扶协议，帮助解决就业，提供物资，开展产业合作。

以上积极争取对口帮扶单位及社会力量助力脱贫攻坚的实践逻辑显示，近年来，云南边境地区围绕提升能力素质、组织劳务输出、安居房建设、培育特色产业、改善基础设施、生态环境保护等项目，与东部对口帮扶单位建立了多层次、多形式、全方位的扶贫协作关系，获得很多东部地区对口帮扶单位援助资金，让很多贫困户受益，充分体现了中国特色社会主义的制度优势。

（六）狠抓就业帮扶工程以促贫困户增收

就业是民生之本、脱贫之要。云南边境地区贫困家庭一年到头的生产收成，只能满足自给自足的生活所需，除此之外就没有任何收入来源，家庭经济处于拮据状况。狠抓就业帮扶力度，帮助贫困户找到就业岗位增加收入，是云南边境地区贫困家庭摆脱贫困的最直接的有效路向。近年来，云南边境地区在狠抓就业帮扶工程以促贫困户增收方面做了如下实践探索。

1. 狠抓贫困劳动力的就业培训和转移

以H县为例，2019年2月在该县扶贫办的调查中了解到，该县在狠抓贫困劳动力的就业培训和转移方面，主要采取了以下措施：一是定期召开就业扶贫工作推进会，认真贯彻落实全国、全省、全州就业扶贫工作会议精神，分析形势，明确目标，压实责任，推进全县就业扶贫工作。二是成功举办"就业援助月""春风行动""2018年上海松江区——H县对口援建专场招聘会暨H县2018年民营企业招聘周活动"，共收集省外、州内368家企业15480个用工岗位，达成用工协议531人，转移就业469人，其中贫困劳动力78人。三是培训建档立卡户劳动力3685人次，开发乡村公共服务岗位1018个，新增建档立卡户劳动力转移就业1146人。②

---

① 三峡集团对口帮扶德宏州景颇族精准脱贫攻坚项目启动［EB/OL］. 德宏统一战线网，2016-06-08.

② 数据来源：《H县脱贫攻坚工作情况》，2019年2月，H县扶贫办提供。

2. 建立劳动力转移就业全链条工作机制

以 X 县为例，2018 年 8 月在该县扶贫办的调查中了解到，该县建立了包含培训、输出、管理服务等环节在内的转移就业全链条工作机制，完成村级联络员和务工地联络员的设立。一是全面梳理有劳动能力的贫困群众，摸清楚贫困群众外出务工意愿，推动 X 县与输出地政府签订劳务协作协议。二是广泛收集省外企业用工信息，把就业扶贫政策、外出务工信息送到贫困户家中，组织引导贫困群众以单个出去、报团出去、有组织出去等方式外出务工。三是 X 县乡镇级政府准确掌握劳动力去向，定期做好留守家庭成员回访工作，帮助解决留守家庭成员的困难，确保外出务工人员输得出、稳得住、能挣钱。四是通过政府购买服务的方式，鼓励中介公司、劳动派遣公司积极参与到农村劳动力转移就业工作中，确保每年至少与一个具有一定规模和实力的中介开展供给与需求对接，并通过中介机构加强对输出人员的动态管理，及时掌握输出劳动力的务工情况。

以上狠抓就业帮扶工程以促贫困户增收的实践逻辑显示，就业扶贫是国家通过积极的政策措施和各种就业服务手段，促进贫困家庭劳动力就业，实现贫困家庭增收脱贫的社会政策行动。云南边境地区就业扶贫具有以下特点：一是注重为当地农户特别是贫困户提供就业培训服务，并有组织地将他们输送到东部对口支援单位所在地区就业，或就地安排在当地开发的公益性岗位上就业；二是注重建立集培训、输出、管理为一体的全链条式的转移就业服务机制；三是通过政府购买服务的方式实现农村劳动力转移就业及对转业就业劳动力的动态管理。

（七）加大贫困地区基础设施的建设力度

基础设施是物质生产的重要条件，也是劳动力再生产的重要保障。贫困地区基础设施建设，就是通过建设为贫困地区经济社会发展提供各种硬件条件和硬件服务。云南边境地区农村基础设施大多属于公共产品或者准公共产品，完全依靠市场机制无法实现基础设施在农村的有效配置。因此，在脱贫攻坚过程中，党和政府加大贫困地区基础设施建设力度，有助于改善云南边境地区各民族群众的生产生活条件。近年来，在脱贫攻坚过程中，云南边境地区加大基础设施建设力度的实践如下：

1. 力补基础设施建设方面的短板

以 C 县为例，2018 年 8 月在该县扶贫办的调查中了解到，该县基础设施的不完善也是制约扶贫工作的一大阻碍。2018 年，C 县政府切实解决了贫困村和贫困群众在水、电、路、广播电视等方面存在的短板问题，使得全县饮水得到保障，实现行政村公共服务、活动场所、自然村组动力电全覆盖，广播电视覆盖率达99%以上，行政村到乡（镇）通硬板路率达100%。① 尽管还存在天气原因造成道路损坏等情况，但也会安排专门人员及时抢修。

2. 实施基础设施建设提标加速工程

以R市为例，2018年8月在该市扶贫办的调查中了解到，该市长期以来基础设施建设投入不足，边境贫困地区基础条件较差、发展空间有限，严重制约了边境贫困地区的发展。边疆各族人民渴望边境地区发展，在基础设施建设上提高标准、加快速度，努力在较短时间内缩短与内地发达地区的差距。为此，R市加快推进铁路、城市综合管廊、轨道交通、农村道路、"五小"水利（小水窖、小水池、小泵站、小塘坝、小水渠）、安全饮水、危房改造、电网升级改造等工程建设，切实改善R市基础设施条件，改善贫困群众生产生活条件。

3. 积极做好人居环境设施建设

以H县为例，2019年2月在该县扶贫办的调查中了解到，2014年至2018年，该县解决了25万农村人口饮水问题，村村通自来水、通电、通移动电话、通4G网络，村村通公路里程达973公里，行政村实现路面百分之百硬化。加强人居环境整治，整治庭院9743户，改造畜禽养殖圈舍面积达12.6万平方米，建设粪污处理设施6466立方米，乡、村公厕覆盖率分别为100%、86%。② 此外，爱心企业人士为某乡中学献爱心，全部资金用于某乡中学热水工程项目建设，为学校基础设施的完善提供了帮助。

以上加大贫困地区基础设施建设力度的实践逻辑显示，通过通路、通水、通电、通网解决人居环境较差等问题，云南边境地区的基础设施及人居环境的滞后状况得到明显改善，人们的生活质量得到明显提升。加大贫困地区基础设施建设力度，对于云南边境地区改造传统农业、实现贫困地区产业转型升级、最后打赢脱贫攻坚战，都有着极其重要的意义。

（八）激发并强化贫困户脱贫的内生动力

从短期来看，贫困家庭脱贫，离不开外界力量的帮扶，但从长期来看，贫困家庭持续脱贫而不返贫，依靠的是贫困户内在的持久的脱贫动力，即"内生动力"。近年来，云南边境地区在激发并强化贫困家庭脱贫的内生动力方面做了如下探索。

---

① 数据来源：《C县脱贫攻坚工作情况汇报》，2018年8月，C县扶贫办提供。
② 数据来源：《H县脱贫攻坚工作情况》，2019年2月，H县扶贫办提供。

1. "志智同扶",激发贫困户脱贫的内生动力

以 L 县为例,2019 年 1 月在该县扶贫办的调查中了解到,该县坚持从思想、志气、信心、能力等方面实施"志智同扶",培育贫困群众依靠自力更生实现脱贫致富意识,培养贫困群众发展生产和务工经商技能,用人民群众的内生动力支撑脱贫攻坚。

一是通过"六小课堂"引领群众,即依托 L 县宣讲团,通过书记课堂、流动课堂、指尖课堂(利用手机或者其他智能设备学习的一种教育形式)、文艺课堂、广播课堂、火塘课堂等"六小课堂"① 引领群众。以群众喜闻乐见的形式宣传党的十八大、十九大精神和习近平扶贫开发重要论述、脱贫攻坚政策,开展农村实用技术和技能培训,带动贫困群众学政策、学技术、学文化,增强致富本领和脱贫信心,将扶贫对象变成扶贫力量。

二是通过主题教育凝聚群众。通过召开党员会、户主会、群众会等方式,深入开展"自强、诚信、感恩"教育,引导广大群众感党恩、听党话、跟党走,树立"脱贫致富光荣,争贫守贫可耻"的价值导向。组织开展"小手拉大手,脱贫奔小康"主题活动,引导中小学生争当脱贫攻坚的宣传员。

三是通过氛围营造感染群众。在交通要道、易地扶贫搬迁点、公共活动场所、村寨墙体上宣传党的十九大精神、脱贫攻坚、社会主义核心价值观。制作大中型宣传牌、标语、宣传画等,覆盖全县所有农户。

四是通过选树典型带动群众。深入开展县级"一兵三户四村"评选表彰和"百名脱贫典型宣传活动",评选出"扶贫工作标兵""光荣脱贫户""带头致富户""文明家庭户""脱贫攻坚红旗村""基层党建红旗村""产业发展红旗村""美丽村庄红旗村"等,邀请光荣脱贫户和致富带头人现身说法,以身边事教育身边人,营造学先进、赶先进、争先进的良好氛围。修订完善《村规民约》,弘扬新风正气,实现群众自我管理、自我教育、自我提升。深入推进"巾帼脱贫行动",发出"脱贫攻坚,巾帼同行"倡议书 7 万余份,将全县 14 万妇女力量凝聚到脱贫攻坚中来,充分发挥女性善于治家持家的独特优势,"娘子军"撑起脱贫攻坚半边天②。

五是通过"爱心超市"激发群众。秉承"爱心扶贫、扶贫扶志"理念,采取"以表现换积分,以积分换实物"的形式建设"爱心超市",激发群众内生动力,弘扬群众热心参与公益活动、劳动脱贫的正能量,推动形成组织

---

① 资料来源:《L 县脱贫攻坚工作情况汇报》,2019 年 1 月,L 县扶贫办提供。
② 数据来源:《L 县脱贫攻坚工作情况汇报》,2019 年 1 月,L 县扶贫办提供。

动员有力量、群众参与有意愿、脱贫致富有成效的良好局面。

2. 狠抓素质提高，增强贫困户脱贫的内生动力

以 H 县为例，2019 年 2 月在该县扶贫办的调查中了解到，该县为了狠抓素质提高，增强脱贫的内生动力，主要开展了以下工作：一是"扶贫先扶智"。H 县高度重视教育扶贫工作，认真做好建档立卡贫困学生排查核实工作，目标是不让一个孩子辍学。学前儿童入园率达 81.61%。① 二是大力发展基础教育事业。2018 年，全县已经建成覆盖 953 个村民小组的学前教育点 133 个，其中已经开班的"一村一幼"学前教育教学班共有 159 个，实现了对 40 个贫困村寨的全覆盖。② 三是狠抓"直过民族"素质提升工程。通过建立对建档立卡户和困难家庭户学生实施资助的助学体系，同时通过政府持续推出教育扶贫措施，强化资金落实，推进教育扶贫深入扎实开展，完成让贫困家庭子女都能顺利入学的目标。

3. 做好感恩教育，增强贫困户脱贫的内生动力

以 Y 县为例，2019 年 1 月在该县扶贫办的调查中了解到，该县开展多种形式的感恩教育，将"自强、诚信、感恩"主题实践活动贯穿脱贫攻坚工作始终，注重由内而外"扶"、从里到外"富"，扶贫先扶智，教育引导贫困群众自力更生、吃苦耐劳、感恩思进。同时创新宣传形式，如编撰《九谢共产党》《十感党恩》《感谢中央政策好》等山歌、快板、小品 2000 余首（件），依托讲习所、道德讲堂、微讲堂等宣教平台，组建双语宣讲队、干部双搭配，领导示范讲、干部带头讲、群众自己讲，将自强诚信感恩的思想融入群众的头脑。重点人群重点帮扶，把脉问诊少部分建档立卡贫困户"等靠要"问题，一对一说服、一对一激励，帮助他们改变落后思想，努力提升自身生活水平。

以上激发和增强贫困家庭脱贫内生动力的实践逻辑显示，只有坚持扶贫与扶志（智）同步进行，才是激发和增强贫困家庭脱贫内生动力的长久之计。云南边境地区的实践探索昭示：只有解决贫困家庭的思想、志气、信心、能力等方面的问题，才能激发和增强贫困家庭脱贫的内生动力；只有坚持教育扶贫，提高贫困家庭子女素质，阻断代际传播，才能持续激发和增强贫困家庭脱贫的内生动力；只有针对贫困家庭开展形式多样的"自强、诚信、感恩"主题教育，才能激发和增强贫困家庭脱贫的内生动力。

（九）建立健全扶贫攻坚的责任落实机制

云南边境地区打赢脱贫攻坚战，必须从上至下层层签订责任书、立下军

---

① 数据来源：《H 县脱贫攻坚工作情况》，2019 年 2 月，H 县扶贫办提供。
② 数据来源：《H 县脱贫攻坚工作情况》，2019 年 2 月，H 县扶贫办提供。

令状，层层压实工作责任，层层传导工作压力，建立健全扶贫攻坚责任落实机制，确保脱贫攻坚上下步调一致，同心同向。云南边境地区建立健全扶贫攻坚的责任落实机制的主要实践如下：

1. 强化"六个压实"来推动责任落实

以S市为例，2019年2月在S市扶贫办的调查中了解到，该市为通过强化"六个压实"来推动责任落实，主要从以下几方面进行了探索实践：

一是强化主责，压实各级党委政府责任。S市委、市政府承担主体责任，统筹协调推进扶贫工作，确保脱贫长远规划和年度计划、进度安排、项目落地、资金使用、人力调配等方面工作有序推进。乡（镇）党委和政府承担具体责任，严格按照省、州工作要求，详细列出责任清单，明确时限，确保扶贫规划、措施、项目、资金落地见效。

二是强化担当，压实各级领导干部责任。S市成立了市委书记、市长任"双组长"的扶贫开发领导小组，落实第一责任人的责任，建立市处级领导包保乡镇制度，健全并运行市委、市政府主要领导总调度，分管领导直接调度，处级挂联领导现场督导，领导小组办公室综合统筹，行业扶贫部门抓政策落实，乡（镇）、村和驻村扶贫工作队实施到户到人精准扶贫的调度指挥体系。

三是强化协调，压实行业部门责任。S市扶贫部门牵头，各行业部门密切配合，协调推进行业扶贫工作的落实，强化工作指导，分析研究和协调解决工作中出现的新情况、新问题。

四是强化挂包，压实扶贫工作队责任。S市选派544名干部进村入户助攻脱贫，扶贫"第一书记"和驻村干部围绕推动精准扶贫、建强基层组织、为民办事服务、提升治理水平、加强维稳等方面开展工作，团结村"两委"班子合作共事，使之真正当好科学发展的带头人、贫困群众的贴心人、矛盾纠纷的调解人、文明新风的倡导人、党建工作的引路人。强化对扶贫工作队的管理和激励，严格落实扶贫工作队管理办法，对督查检查不合格的队员实行召回。

五是强化帮扶，压实社会扶贫责任。S市各大集团和单位切实履行政治责任和社会责任，发挥各自优势资源，制订帮扶工作计划，强化资金、人才、劳务等帮扶措施，大力落实减贫援助项目，助推脱贫攻坚。

六是强化党建，压实"双推进"责任。S市将党建工作与脱贫攻坚共同推进、融合互促，落实"两联系一共建"（机关联系农村基层、党员干部联系贫困群众；机关党支部与贫困村党支部结对共建）责任，切实加强基层党建，充分发挥全市各级党组织和全体党员干部战斗堡垒和政治引领作用，使其成为带领群众脱贫致富的坚强战斗堡垒，使全市基层党建和脱贫攻坚稳步向前推进。

2. 建立"四个机制"来推动责任落实

以C县为例，2018年8月在该县扶贫办的调查中了解到，该县为了推动责任的落实，主要采取了以下措施：一是建立指挥协调机制。成立了由县委、县政府主要领导任双组长的脱贫攻坚、实施乡村振兴战略、提升城乡人居环境三个工作领导小组，下设县脱贫攻坚办、县乡村振兴办、县人居环境提升办和县产业发展办四个办公室，抽调专门力量统筹协调推进各项重点工作落实。二是建立责任落实机制。制定下发了《C县2018年度实施乡村振兴战略工作要点》，将实施乡村振兴战略细化为124项具体内容，压实县级领导、县级部门责任，乡镇、村责任。全面梳理了"人的资源"清单、"物的资源"清单、项目清单和问题清单。三是建立挂钩帮扶机制。下派93支驻村扶贫工作队，289名驻村扶贫工作队员，4184名机关干部与贫困户结成帮扶对子，实现了对贫困乡镇、贫困村、贫困户挂钩帮扶全覆盖，负责推进脱贫攻坚、实施乡村振兴战略、提升城乡人居环境工作。四是建立督查推进机制。建立脱贫攻坚"三个一"工作机制，实行"一月一督查、半月一调度、一月一通报"，跟踪问效，强力推进。坚持每季度召开一次驻村扶贫工作队队长（第一书记）联席会议，每月召开一次市派驻乡（镇）督导组长、乡（镇）分管驻村扶贫工作队负责人联席会议。成立11支常态化脱贫攻坚工作督导组，对全县93个行政村（社区）和各行业扶贫部门全覆盖督查指导。认真开展扶贫领域腐败和作风问题专项治理工作，不断强化扶贫领域监督执纪问责。[①]

3. 健全责任追究体系来压实干部责任

以L县为例，2019年1月在该县扶贫办的调查中了解到，该县严格落实《L县脱贫攻坚摘帽军令状》，坚持有责必担当、失责必追究，以问责倒逼责任落实，把纪律挺起来，使规矩严起来。一是健全责任机制。制订《L县脱贫攻坚工作责任追究实施方案（试行）》《L县脱贫摘帽督导考评及专项纪律检查工作方案》，促使各级干部切实转变作风，人人学政策、钻业务，争当脱贫攻坚行家里手和精兵强将，用情怀、用责任、用办法、用纪律，以舍我其谁的勇气、敢于担当的魄力，不折不扣打一场高质量脱贫攻坚战。二是加强责任督查。县级成立了五个脱贫摘帽督导考评及专项纪律检查组，每月驻乡村开展工作20天以上，严格督查乡镇具体责任、村级工作责任、驻村帮扶责

---

① 数据来源：《C县脱贫攻坚工作情况汇报》，2018年8月，C县扶贫办提供。

任、行业部门政策落实责任，以及扶贫干部在岗情况、政策知识掌握情况以及"三个落实"情况（责任落实、政策落实、工作落实），对脱贫摘帽工作进行全面督导考评及督促检查，对在督促检查中发现的问题，实行现场交办、限时结办。三是严肃责任追究。坚持失责必究、惩教结合，对所有挂包领导、帮扶干部、驻村工作队、村（社区）干部等工作人员履职不到位的，严肃追责问责，进一步压实干部责任。

以上建立健全扶贫攻坚责任落实机制的实践逻辑显示，推进脱贫攻坚，关键在于责任落实。事实也证明，哪里有强烈的责任担当，哪里就有生动的脱贫实践。云南边境地区的实践昭示：要想打赢脱贫攻坚战，就必须以严格的追责问责机制倒逼脱贫攻坚责任落实，以铁的纪律保证脱贫攻坚各项任务的落实，以精准监督为精准脱贫保驾护航。

第二章

云南边境地区社会治理面临的挑战

虽然云南边境地区在社会治安治理、禁毒防艾、外籍务工人员治理、疾病预防控制、接待来信来访、突发事件治理、脱贫攻坚等领域进行了丰富的社会治理实践探索，但随着云南边境情势的不断发展变化，作为我国社会治理的重要组成部分，云南边境地区不同领域的社会治理仍然面临着诸多挑战。

一、社会治安治理面临的挑战

（一）边境地区管控维稳形势依然严峻

以H县为例，2019年2月在该县公安局的调查中了解到，某毗邻国的边境特区长期不管边的现象较为突出，我国公民出境参与赌博而被非法拘禁的问题时有发生；境外毒品渗透进我国的态势仍然存在，禁毒形势依然严峻；暴恐分子伺机借道潜入潜出的企图仍然没有改变，"堵通道"的形势依然严峻；境外非法宗教组织潜入潜出、渗透破坏、滋生事端的情况时有发生，尤其是境外部分具有邪教特征的反动会道门组织长期在我边境一线开展渗透活动，社会治安治理形势严峻。

以S市为例，2019年2月在该市公安局的调查中了解到，作为云南边境地区承担着反恐维稳重要任务的S市公安机关，面临的反恐维稳任务艰巨繁重。境外宗教势力针对S市信教群众进行的渗透活动一直没有停止，甚至手法不断翻新，境内的"门徒会""全能神"等邪教组织的破坏活动屡禁不绝，渗透与反渗透、争夺与反争夺任务艰巨，社会治安治理面临严峻考验。

以R市为例，2018年8月在该市公安局的调查中了解到，因特定的地缘因素和民族宗教因素，R市成为我国反恐工作的前沿阵地，反恐压力巨大、任务艰巨。近些年来，随着云南边境地区的全方位开放，在特殊的地理区位和民族宗教环境下，暴恐人员将R市视为潜入潜出的通道，千方百计在R市寻找落脚点或建立中转站。同时，滞留在R市的毗邻国涉恐、涉毒、涉宗教极端组织犯罪活动苗头显现，R市"有边难防"的问题显现。这些问题的出现加之反恐情报共享机制不健全，进一步加大了R市边境管控难度，社会治安治理形势严峻。

从以上实证案例可以看出，云南边境地区边境管控维稳形势严峻，主要表现在以下几个方面：一是我国公民出境参与赌博而被非法拘禁的问题时有发生；二是境外毒品渗透进我国的态势仍然存在；三是暴恐分子伺机借道我边境潜入潜出的企图仍然没有改变；四是境外非法宗教组织利用我边境潜入潜出、渗透破坏、滋生事端的情况时有发生。这些边境管控问题的出现，影响了边境地区社会治安的稳定，对边境地区社会治安治理构成了严峻的挑战。

（二）边境地区违法犯罪活动仍在滋生

以R市为例，2018年8月在该市公安局的调查中了解到，一方面，随着R市国家级重点开发开放试验区重点项目建设的不断推进，经济社会取得了发展，另一方面，R市跨境犯罪案件呈增多趋势。境内外犯罪分子和犯罪组织相互勾结，趁R市对外开放之机，通过各种渠道潜入境内进行走私、贩毒、诈骗、绑架、杀人等犯罪活动，流窜作案、跨境作案突出，重大案件时有发生，"两抢一盗"等侵财案件、珠宝诈骗、集资诈骗等涉众型经济犯罪增多，严重影响人民群众生命财产安全，影响社会稳定发展。

以S市为例，2019年1月，通过公众号"S市警方"了解到，S市刑事案件呈高发低破态势，诱发滋生违法犯罪的因素增多，S市的预警能力、攻坚能力、信息化高端技术应用能力、社会治安整体防御能力有待提高。在毒品犯罪方面，一直采取有力措施，先后开展2018"铁腕Ⅰ号""鹰眼一号"扫毒收网专项行动，共办理毒品刑事案件11起，抓获犯罪嫌疑人13人，缴获毒品11402.93克，但毒品犯罪情况依旧存在，一段时期内禁毒斗争形势依然严峻。[①]

以Y县为例，2019年1月在该县公安局的调查中了解到，全县扫黄禁赌工作面临的形势依然严峻，一些问题还较为突出。主要表现在：一是民间赌博活动频繁，对群众及社会风气危害大，顶风作案赌博现象依然存在；二是电子游戏经营场所违规设置赌博机的问题仍时有发生；三是棋牌室、活动室聚众赌博活动及地下卖淫、嫖娼行为屡禁不止；四是部分村社干部文化水平低，法律意识淡薄，在"扫黄禁赌"工作中未起到带头作用，有的甚至参与其中；五是群众线索举报来源少，主要是群众对涉黄涉赌违法犯罪危害认识

---

① 数据来源：《S市公安的年终总结》，公众号：S市警方，2019年1月5日。

不足，主动举报积极性不高。

从以上实证案例可以看出，近年来，云南边境地区违法犯罪逐渐增加，一是境内外犯罪分子和犯罪组织相互勾结，从事走私、贩毒、诈骗、绑架、杀人等犯罪活动增加；二是流窜作案、跨境作案突出，重大案件时有发生，"两抢一盗"等侵财案件、珠宝诈骗、集资诈骗等涉众型经济犯罪逐渐增加；三是电子游戏经营场所违规设置赌博机的问题仍时有发生；四是民间赌博活动频繁，顶风作案现象依然存在；五是棋牌室、活动室聚众赌博活动及地下卖淫、嫖娼行为屡禁不止。这些违法犯罪活动，影响了云南边境地区社会治安的稳定，对社会治安治理形成了严峻的挑战。

（三）边境地区偷越国境线事件难治

以Z县为例，2018年8月在该县公安局的调查中了解到，云南边境地区Z县段国境线长96.358公里，Z县与毗邻国某地区山水相连，无任何天然屏障。边境线上通往毗邻国的道路46条道路（人行道31条、车行道15条）、山间便道无数条。一些山间便道偏远险峻、人烟稀少、不易监管，毗邻国人员就会通过这些便道偷渡进入我国，有的甚至在我国境内从事贩毒、盗窃等犯罪活动。据介绍，大部分毗邻国人员通过便道偷渡或者跨界偷渡进入我国以后，便在Z县三个边境乡镇打工挣钱，有的直接住在亲戚家里帮助务农，这种情况的偷渡人员在我国境内的滞留时间一般是1~3个月不等，属于典型的"三非人员"。近年来，Z县公安机关一经发现这些毗邻国人员，都会及时将其遣返回国，但过不了多长时间，他们又会偷渡回来。毗邻国人员偷渡进入我国以后，不管是从事打工挣钱工作，还是从事非法犯罪活动，他们的滞留都给Z县社会治安治理带来了极大的安全隐患。

以X县为例，2018年8月在该县公安局的调查中了解到，云南边境地区X县段国境线长89.33公里，有130条便道和4条出境公路与毗邻国相通。同时，X县有些抵边村寨边民与毗邻国边民自古跨境而居，来往频繁，中国与毗邻国之间的边界往往只是一条河、一条沟、一条田埂，毗邻国人员进入中国境内非常容易。一方面，尽管X县采取了堆砌巨石、勤务前移、拉铁丝网、切断滑桥、查扣运送船只等措施，对容易发生偷渡活动的便道、河道进行物理隔离，千方百计阻断偷渡行为，但最终也不能全面控制偷渡行为。另一方面，X县在资金有限的情况下，在一些关键便道出入口设置了警务室，帮助毗邻国人员办理合法入境手续，方便我国边民与毗邻国边民友好往来，但警务室并非在每一个便道都能设立，因此一些偷渡人员就会从没有设置警务室的便道偷渡入境，这些非法进入我国境内的毗邻国人员给X县的社会治安埋下了安全隐患。

从以上实证案例可以看出,云南边境地区毗邻国人员偷渡事件难治,形成原因如下:一是云南边境地区与毗邻国山水相连,无任何天然屏障;二是云南边境地区与毗邻国边境一线山间便道无数,一些山间便道偏远险峻、人烟稀少、不易监管,便于毗邻国人员偷渡进入我国;三是云南边境地区经济发展相对较好、社会稳定,吸引着很多毗邻国边民偷渡入境打工挣钱、养家糊口。云南边境地区毗邻国人员偷渡行为非常严重,影响了云南边境地区社会治安的稳定,对社会治安治理形成了严峻的挑战。

(四)边境"三非人员"问题依然突出

以 H 县为例,2019 年 2 月在该县公安局的调查中了解到,云南边境地区"三非人员"问题突出主要表现在:一是云南边境一线便道很多,没有天然屏障,境外"三非人员"潜入潜出频繁。二是非法入境的"三非人员"被遣返回国以后,不久又会返回到我国境内,并且采取更加隐秘的手段非法入境。"三非人员"非法入境以后隐藏于云南边境地区部分行业场所、出租房内,形成管理盲区。三是"三非人员"非法入境以后引起的打架斗殴、盗窃摩托车出售至毗邻国等案件时有发生,影响了当地社会和谐和稳定发展。

以 R 市为例,2018 年 8 月在该市公安局的调查中了解到,R 市是国家级重点开发开放试验区。近年来,随着经济不断发展,来自毗邻国等国的外籍人员来到 R 市谋求发展,其中以毗邻国人员居多,"三非人员"也占了一部分。R 市流动人口特别是境外人员的快速增长,虽然为当地提供了丰富的劳动资源,促进了当地经济发展,但是夹杂在流动人口中的"三非人员"也给云南边境地区的社会治安治理带来了压力。

以 Y 县为例,2019 年 1 月在该县政法委的调查中了解到,该县从境外流入云南边境地区务工或者通婚的人员当中,虽然合法入境者仍占大部分,但也有一部分属于"三非人员"。由于云南边境地区用工需求大、薪酬待遇比毗邻国具有优势,很多毗邻国边民都想来云南边境地区打工挣钱。由于云南边境便道众多,防不胜防,使毗邻国"三非人员"频繁流入流出成为可能。2018 年,该县全年清查毗邻国人员 3 万余人次,查获毗邻国"三非人员"4048 人,同比上升 121.44%。①尽管我方坚决查处"三非人员",因得不到毗邻国政府或者毗邻国边境特区的支持和配合,云南边境地区只能对"三非人员"进行教育后遣返出境,还不能做到通过国与国之间的正式程序进行移交。

---

① 数据来源:《Y 县维稳工作调研汇报材料》,2019 年 1 月,Y 县政法委提供。

以 M 县为例，2018 年 8 月在该县公安局的调查中了解到，该县境内的"三非人员"大都是毗邻国公民，属于云南边境一线的跨境民族，是在毗邻国生活困难而通过偷渡潜入我国境内以务工为主的人员，主要分布在 M 县的餐馆、洗车场、砖瓦厂。对于"三非人员"，M 县警方历来严厉打击，一旦发现就立即遣返。但有些"三非人员"在 M 县乡镇有着亲戚朋友，遣返以后又会通过便道潜入我国境内，躲在亲戚朋友家里从事一些帮工活动。M 县的"三非人员"虽然没有形成规模，但也给当地社会治安埋下了安全隐患。

从以上实证案例可以看出，云南边境地区"三非人员"问题依然突出，具体形成原因如下：一是云南边境地区用工需求量大，境内薪酬待遇比毗邻国具有优势，很多毗邻国边民包括"三非人员"都想进入我国境内务工挣钱；二是"三非人员"被我公安机关遣返出境以后，不久又会返回我国境内务工挣钱；三是"三非人员"采取非常隐秘的手段非法入境，非法入境以后隐藏于部分行业场所、出租房、亲戚朋友家中，容易形成管理盲区。总之，受经济发展水平的"推拉效应"①影响，云南边境地区毗邻国人员偷渡进入我国境内问题严重，影响了我国边境地区社会治安的稳定，对社会治安治理形成了严峻的挑战。

（五）个别毗邻国政治局势多年不稳

以 Z 县为例，2018 年 8 月在该县公安局的调查中了解到，该县与毗邻国北部地区山水相连，近 100 公里的边境线上没有天然屏障，边境线上我国边民与毗邻国边民语言相通、习俗相近，自古以来互相通婚、友好往来。近年来，毗邻国北部局势不稳，民族地方武装组织与毗邻国政府军武装冲突不断。分别发生在 2009 年 8 月 8 日、2015 年 2 月 9 日、2017 年 3 月 6 日的三次毗邻国民族地方武装组织与毗邻国政府军的武装冲突，导致我国境内 Z 县发生"8·8""2·9""3·6"三次边境突发事件，这三次发生在毗邻国北部的毗邻国国内武装冲突虽然没有造成我国 Z 县境内严重的边民伤亡，但三次武装冲突导致 10 万多毗邻国避战边民先后涌入我国 Z 县境内，严重影响了边境线人民群众的生产生活秩序和社会安全，给云南边境社会治安治理带来了诸多威胁。②

以 R 市为例，2020 年 4 月，通过观察者网了解到，2016 年 11 月 20 日，

---

① "推拉效应"是由 19 世纪英国研究人员雷文斯坦提出，是指有利于改善生活条件的因素成为促使人口流动的拉力，而流出地不利的生活条件就是推力。

② 数据来源：《Z 县沿边开发开放情况汇报材料》，2018 年 8 月，Z 县政府办公室提供。

毗邻国政府军与毗邻国北部未参与政府全面停火协议签署的四支少数民族地方武装在毗邻国北部靠近中国的地区发生军事冲突，导致部分毗邻国边境民众为躲避战乱进入中国境内。2018年5月12日凌晨6时45分左右，与R市相邻的毗邻国某地区民族地方武装组织与毗邻国政府军发生武装冲突事件，导致边民进入我境、流弹打入我境。有一枚疑似火箭炮落入我方境内200余米，并发生爆炸，没有造成人员伤亡。2020年4月23日晚，毗邻国北部某边境城镇发生武装冲突，炮火波及我国R市某边境城镇，有3发炮弹和数发子弹落入中国境内，有学校等建筑物及车辆被子弹击中。毗邻国政府军与该国民族地方武装之间的武装冲突，给云南边境地区R市的边境管理和社会治安治理工作带来了巨大压力。

以L县为例，2019年1月在该县公安局的调查中了解到，该县的某乡镇与毗邻国某区隔江相望。云南边境L县段没有界碑，只有两个渡口。这两个渡口是云南边民与毗邻国边民日常交流来往的主要通道。近年来，云南边境总体形势趋于稳定，但毗邻国政府与毗邻国民族地方武装组织之间的冲突时有发生，小规模的战争对峙呈现常态化，毗邻国政局一直不稳。加之毗邻国北部发展滞后，边民生活普遍贫穷，而我国境内医疗、道路、通信等基础设施发展迅速、条件优越，正直发展关键时期，有着充分的务工赚钱机会，导致很多毗邻国边民只要在L县境内有亲戚朋友，就会想方设法进入L县境内投奔亲戚朋友、帮忙打工，长期滞留不愿回国，以致成为滞留L县境内的"三非人员"，这给云南边境地区社会治安治理工作带来很大的困难和安全隐患。

从以上实证案例可以看出，云南边境地区个别毗邻国北部政治局势长期不稳，影响了我国边境地区社会治安治理。一是毗邻国民族地方武装组织与毗邻国政府军武装冲突不断，毗邻国避战边民曾先后多次涌入云南边境县境内，严重影响了云南边境一线人民群众的生产生活秩序和社会安全，给我国边境社会治安治理带来了诸多威胁和挑战；二是由于毗邻国北部政局长期不稳，毗邻国边民生产生活受到严重影响，加之经济社会发展滞后，百姓生活普遍贫困，很多毗邻国边民想方设法进入我境内投奔亲戚帮忙打工赚钱，甚至长期滞留不愿回国。总之，云南边境地区毗邻国北部政治局势长期不稳，影响了云南边境地区社会治安的稳定，对社会治安治理形成了严峻的挑战。

（六）边境回流边民社会问题日益凸显

云南边境地区与毗邻国接壤的边境线两侧居住和生活着我国和毗邻国的众多边民。20世纪50年代至90年代，由于各种复杂原因，云南边境地区我国部分边民外迁至有的毗邻国北部生产和生活。改革开放后，随着我国西南边疆逐渐从开放末端走向开放前沿，云南边境地区迎来了良好的发展机遇，我国边境地区各项事业蒸蒸日上，各民族团结进步，整个社会和谐稳定。然而，有的毗邻国北部地区民族地方武装组织与毗邻国政府军之间武装冲突不断，经济社会发展滞后，社会动荡不安。近几年，原先从我国境内外迁至毗邻国北部的许多边民看到国内快速发展，尤其是富民兴边、精准扶贫等政策给我国边民带来的利好，便纷纷跨境回迁至云南边境地区。这种云南边境地区跨境人口流动的特殊社会现象，人们通常称为"回流边民"现象，现已衍生成云南边境地区不可忽视的社会问题，已经对云南边境地区社会治安治理构成了挑战。

以Y县为例，2019年1月在该县扶贫办、人社局、公安局的调查中了解到，该县的回流边民主要集中在两个乡镇，其中某镇回流边民人数较多。2018年，Y县召开回流边民新落户复核工作会议，在县脱贫攻坚指挥部、县安局、县外事办、县侨联等单位和各乡镇的共同努力下，通过深入村户调查取证，严格审核，精准掌握了回流边民真实情况，实事求是地将每一位符合国家政策规定可以解决其问题的回流人员纳入了统计范围。几年来，结合脱贫攻坚政策的实施，Y县绝大部分回流边民的落户、住房、看病、养老等基本需求都得到解决，享受到"两不愁三保障"等惠民政策。但也有一部分回流边民，由于各种原因不符合政策规定帮助其解决问题的范围，这部分回流边民落不了户，没有户口和身份证，没有土地、住房、医疗、养老等保障。有的生育率高，外流毗邻国时是孤身一人，回流我国境内居住时携儿带女，已经变成八人九人的一个庞大家庭。这部分回流边民孩子上学难，大人流动难、就业难、就医难、养老难，但为了生存仍然栖息在云南边境一线，随便私拉搭建住房，有的甚至与当地其他边民产生各种矛盾和纠纷，这给当地社会治安治理带来很大挑战。

从以上实证案例可以看出，云南边境地区回流边民问题日益凸显，主要表现如下：一是受云南边境地区富民兴边、精准扶贫等政策给边民带来利好的驱使，原先从我国境内外迁至毗邻国北部的边民纷纷跨境回迁至云南边境地区的我国境内；二是由于不符合政策规定的帮扶解决问题范围，部分回流边民落不了户，享受不到土地、住房、医疗、养老等社会保障；三是少数回流边民私拉搭建住房，甚至与当地其他边民产生各种矛盾和纠纷。云南边境地区回流边民问题日益凸显，影响了云南边境地区社会治安的稳定，对社会治安治理形成了挑战。

二、禁毒防艾面临的挑战

（一）境外毒品仍在千方百计向境内渗透

以R市为例，2018年8月在该市公安局的调查中了解到，境外毒品仍在千方百计向境内渗透，禁毒斗争形势依然严峻复杂。一方面，改革开放以来，R市的经济社会迅速发展，人民群众生活水平显著提高，对周边国家特别是对毗邻国边境地区的影响力、带动力、吸引力显著增强，人流、物流、资金流和信息流倍增，吸引了外籍人员的不断涌入，这就增加了境外毒品渗透的风险和可能。另一方面，R市紧靠某毗邻国的某地区。某地区为某毗邻国某邦下辖的市，是进入我国R市的重要城市，是某毗邻国北部毒贩活动猖獗的地区之一。加之受某毗邻国北部毒品原植物种植面基数大、湄公河流域执法加强，以及某毗邻国北部战事不断等因素的影响，毒品向云南边境地区R市境内渗透势头依然不减，禁毒形势严峻，任务艰巨。2015年2月25日，全国禁毒重点整治工作会议在广东惠州召开。在"惠州会议"上，国家禁毒委已将云南边境地区R市列为毒品走私入境通道挂牌整治地区之一。

以H县为例，2019年2月在该县公安局的调查中了解到，该县属于禁毒的前沿阵地和主战场。近年来，查处境外毒品渗透，每年都在1~2吨，2018年突破2吨，禁毒压力巨大、形势严峻。境外毒品渗透如此猖獗，原因大致有以下几个方面：一是H县与某毗邻国接壤，边境一线没有天然屏障，便道多，管控难度大，即使所有警力都用于边境一线的禁毒斗争，人手仍然不够。二是境外毒品渗入如此猖獗，说明国内吸毒人员有需求、毒品渗透有市场。三是H县紧挨某毗邻国北部的"金三角"毒源地，某毗邻国北部种植毒品，我方无法干预。四是贩毒组织机构及成员构成复杂，有组织有规模的走私贩毒突出，对社会危害性大。五是犯罪分子贩毒途径不断翻新，开始出现通过物流途径寄递贩毒。譬如，通过西瓜、大米、玉米等物品物流寄递毒品入境。由于西瓜、大米、玉米等物品数量多、我方的查验技术还做不到对每一个西瓜，每一袋大米、玉米进行全覆盖查验，因此也会导致毒品通过物流形式从境外渗入进来。

以Y县为例，2019年1月在该县公安局的调查中了解到，该县境内有32条大小通道穿越214.6公里长的国境线通往毗邻国，Y县紧挨世界最大的毒品原产地"金三角"，是云南某自治州人口总数多、地域宽广、国境最线长的边境县。Y县某镇与某毗邻国第二特区仅一河之隔。从云南边境地区Y县某镇出境9公里就可以到达横跨某毗邻国全境的史迪威公路。近年来，云南边境地区边民和毗邻国边民来往频繁，非法出入境现象突出，群众自我防范意识淡薄，Y县辖区涉毒、涉枪和盗抢案件频发，境外毒品不断渗透，呈现多头入境、全线渗透、新型毒品活动猖獗、藏毒运毒形式翻新、毒品贩运手段愈加诡秘的态势和变化，境外毒源难以根除，境外毒品内流问题依然突出，毒品禁防工作形势仍然严峻。2016年至2018年，Y县共破获毒品刑事案件1329起，抓获犯罪嫌疑人1306名，缴获毒品2039.93785公斤，破获制毒案件18起、抓获犯罪嫌疑人25名，缴获各类制毒物品173.700吨；查处零星贩毒刑事案件999起，抓获零星贩毒人员1045名，缴获毒品39.661137公斤。① 另外，从云南法治网了解到，仅2020年4月，云南某州边境管理支队Y县边境管理大队就破获一起运输毒品案，抓获犯罪嫌疑人2人，缴获鸦片8.5千克。② 从央视新闻客户端了解到，2021年1月，Y县警方又成功破获一起特大跨境运输毒品案，抓获犯罪嫌疑人2人，查获毒品鸦片35.7公斤。③

从以上实证案例可以看出，境外毒品千方百计向境内渗透，对云南边境地区的禁毒防艾形成了严峻的挑战。境外毒品千方百计向境内渗透的主要原因如下：一是近年来云南边境地区与毗邻国之间的人流、物流、资金流、信息流倍增，吸引了很多外籍人员涌入境内，增加了境外毒品向境内渗透的风险和可能；二是云南边境地区与毗邻国接壤的边境一线没有天然屏障，便道多，境外犯罪分子容易利用天然通道进行毒品渗透；三是云南边境地区靠近世界最大的毒品原产地"金三角"，有组织有规模的走私贩毒活动猖獗，贩毒途径翻新，贩运手段愈加隐蔽、诡秘。

(二) 艾滋病疫情的防控形势依然十分严峻

以X县为例，2018年8月在该县卫计局的调查中了解到，不断涌现的艾滋病疫情防控新情况、新问题给防治工作带来新的挑战，艾滋病防控工作任重道远。一是与前几年相比，艾滋病疫情快速上升的势头虽有减缓，但仍在缓慢上升，形势依然严峻，防治任务艰巨。特别是还有一部分感染者和病人没有被发现和得到及时有效管控。二是新发感染的艾滋病病例中，经性传播的人员比例增多，被感染者中涉及的人群更加广泛，尤其是青壮年感染人数

---

① 数据来源：《Y县2016-2018年禁毒工作情况》，2019年1月，Y县公安局提供。
② 数据来源：《云南Y县边境管理大队破获一起运输毒品案，缴毒8.5千克》，云南法治网，2020年4月14日。
③ 数据来源：《缴毒35.7公斤！云南Y县警方破获特大跨境运输毒品案》，央视新闻客户端，2021年月16日。

不断增加,被感染者的发现和管理的难度增加,临床治疗和关怀救助工作压力持续加大,给防治工作带来新的挑战。三是艾滋病的防治质量有待提高,主要是首诊负责、综合管理、综合干预、治疗服务等工作仍需要加强。四是跨境传播问题更加凸显,边境地区外籍感染者逐年增多,有效管控迫在眉睫。

以H县为例,2019年2月在该县卫计局的调查中了解到,该县自1991年发现首例艾滋病病毒感染者,一直到2018年10月31日,累计报告艾滋病病毒感染者和艾滋病病人994例,死亡307例,其中男性占59.4%(590例),女性占40.6%(404例),男女总体比例为1.46:1。截至2018年10月31日,全县累计治疗艾滋病患者541例(其中转回原籍26例、死亡47例、停药21人、失访12人),正在治疗的艾滋病患者435例。全县建立和完善了艾滋病检测网络,2018年1月至10月共监测检测各类人群112098人份,较2017年同期(79038人份)增长42%,任务指标完成率达(112098/138600)80.9%,占当地常住人口的32.4%,全县报告新增艾滋病病毒感染者和艾滋病病人94例,较2017年同期增加32例,增加34.04%。① 近几年,H县艾滋病传染源的管理难度大,防控二代传播的任务繁重;高危行为中的低档暗娼人群、吸毒人群、流动人群和外出务工人员艾滋病有效干预手段不足;艾滋病患者基数不断累积,临床治疗和关怀救助工作压力逐渐加大,艾滋病疫情防控形势十分严峻。

从以上实证案例可以看出,艾滋病疫情的防控形势依然严峻,主要表现如下:一是艾滋病疫情快速上升的势头虽有减缓,但仍在缓慢上升;二是青壮年感染人数不断增多,发现和管理的难度加大;三是跨境传播问题凸显,边境地区外籍感染者逐年增多;四是高危行为中的低档暗娼人群、吸毒人群、流动人群和外出务工人员艾滋病有效干预手段不足。艾滋病疫情的防控形势依然严峻,对云南边境地区的禁毒防艾形成了严峻的挑战。

(三)频繁的出入境人员加大了禁毒防艾难度

以Y县为例,2019年1月在该县卫计局的调查中了解到,与该县接壤的毗邻国北部长期战乱、边民生活贫困,大量毗邻国边境边民通过便道偷渡进入Y县境内打工为生。有些毗邻国女性与Y县当地人结婚,有些在餐饮业工作,有些在工地做工、有些在娱乐场所工作。由于有的毗邻国北部疾病防控及医疗救治体系不健全,艾滋病检测工作缺失,艾滋病防治工作仅局限于少

---

① 数据来源:《H县卫生和计划生育局2018年工作总结及2019年工作计划》,2019年2月,H县卫计局提供。

量的哨点监测及行为干预，针对艾滋病人的抗病毒治疗主要依靠国际非政府组织援助，因此有的毗邻国人员在自己国家就已经感染了艾滋病毒也未得到及时检测和治疗，是在进入中国以后通过检测才被发现。随着Y县公安机关加大对"三非人员""黄赌毒"的打击力度，卖淫嫖娼活动隐蔽性更强，暗娼群体配合艾滋病检测的人数开始减少。由于暗娼群体中有些人本身就是吸毒者、艾滋病病毒携带者，暗娼活跃的地区艾滋病扩散严重。

以R市为例，2018年8月在该市卫计局的调查中了解到，R市某乡和毗邻国的某市之间有着较为开阔的边界，是云南省边境沿线界碑最密集和渡口通道最多的地段，两国人员往来的通道、便道多，一寨就把两国分开、一沟就把两国隔开，两国边民出入容易，流动性大，往来频繁。一方面，毗邻国北部有些地方毒品原植物种植面基数大，毒品贩卖泛滥。在中国R市与毗邻国之间的边境一线，有些贩毒人员借助毗邻国通往R市的多条通道或者便道，逃避边防检查，携带毒品进入我国境内。另一方面，从毗邻国进入R市打工和经商的外籍人口较多，在频繁的往来人员中，有些甚至是艾滋病病毒携带者，这就给R市的禁毒防艾工作增加了难度。

以H县为例，2019年2月在该县卫计局的调查中了解到，云南边境线H县段连通毗邻国的通道多、便道多，我方虽有护边员巡视，但毗邻国人员每年五月至六月都会想方设法进入H县境内，大多属于季节性流动，多数分散在H县的农村，主要和当地农民一起从事种植业，帮助农户砍甘蔗、种西瓜、采茶叶等。由于进入我国境内帮助务农的务工费较低，毗邻国人员大都住在临时搭建的工棚里，加之用工农户对进入H县的毗邻国务工人员管理松散，这就使境外毒品和艾滋病的渗入有了可乘之机，容易出现禁毒防艾的漏洞。

从以上实证案例可以看出，频繁的出入境人员加大了禁毒防艾难度，对云南边境地区禁毒防艾形成了严峻挑战。频繁的出入境人员加大了禁毒防艾难度，主要表现如下：一是一些毗邻国人员通过便道偷渡进入云南边境县境内以打工为生，有的在自己国家就已经感染了艾滋病毒也未检测和治疗，进入中国后通过检测后才被发现。二是加大"三非人员""黄赌毒"打击力度以后，卖淫嫖娼活动隐蔽性更强，暗娼群体配合艾滋病检测的人数开始减少，暗娼活跃的地区艾滋病扩散严重。三是进入我国境内帮助务农的毗邻国人员大都住在临时搭建的工棚里，管理松散，也使境外毒品和艾滋病的渗入有了可乘之机，容易出现禁毒防艾的漏洞。

（四）社会力量参与禁毒防艾力度不够

以S市为例，2019年2月在该市卫计局的调查中了解到，S市政府发挥社会力量参与艾滋病防治面临的困难多，社会工作者参与艾滋病防治的工作效果不佳。虽然艾滋病防治的国家医疗政策好，患者可以免费服药治疗，但S市艾滋病病毒携带者往往分散居住在山区农村，大都离市区定点治疗医院较远，山区乡镇医院缺乏治疗条件，患者必须从山上往山下赶往市区定点医院检测、开药治疗，来往的车费、生活费至少需要500元。由于患者大都家庭经济条件差，不愿下山治疗。面对这种情况，就需要社会力量参与进来，协助政府及相关部门上山为艾滋病病毒携带者提供检测和治疗服务，但几年来选拔具有社工经验的人员参与艾滋病防治工作比较困难。虽然每年选出40~50名社工人员参与防治工作，但防治效果一般。因为每个社工人员需要负责1~2个自然村，必须亲自入户随访，由于工作任务重、待遇低，导致社工人员工作积极性不高，防治效果不好。

以H县为例，2019年2月在该县卫计局的调查中了解到，该县社会组织参与艾滋病防治的力量明显不够，村级组织参与艾滋病防控的能力严重不足。全县社会组织较为稀少，缺乏具有社会工作背景的专业人才，社会各界参与防艾工作的力量显得十分薄弱。

从以上实证案例可以看出，导致云南边境地区社会力量参与禁毒防艾力度不够的主要原因：一是禁毒防艾工作艰苦、任务繁重、经济待遇低，一些社会力量参与禁毒防艾的积极性不高；二是政府购买公共服务的能力有限，以至社会组织参与提供禁毒防艾服务的力量薄弱；三是政府发挥社会力量参与艾滋病防治面临的困难多，社会工作者参与艾滋病防治的工作效果不佳；四是社会组织较为稀少，特别缺乏具有社会工作背景的专业人才。

三、外籍务工人员治理面临的挑战

（一）公安机关清理非法就业的外籍人员比较困难

以M县为例，2018年8月在该县公安局、人社局的调查中了解到，随着M县茶叶、咖啡、生物药三大产业的迅速发展，急需大量劳动力，但M县在精准扶贫过程中已将部分劳动力转移至外地就业，人均月收入在4000元以上，很多家庭由此摆脱了贫困，未转移出去的剩余劳动力在三大产业劳作中的收入相对较少，很多人不愿在三大产业领域就业，因此出现了当地招用本地人进入相关产业工作比较难的局面。而毗邻国边境一线劳动力充足，M县的就业单位或者个体工商户支付月工资1500元，毗邻国务工人员都非常愿意进入务工。与此相反，M县的用工企业即使支付月工资2500元，当地务工人员也嫌少，不愿意进去工作。由此可见，在工资报酬的要求方面，毗邻国务工人员的劳动力显得比较廉价，具有就业竞争优势，很多用工单位都喜欢招用毗邻国务工人员。

调查中，在 M 县客运站对面的小餐馆，随机采访了一位毗邻国的打工小女孩。小女孩16岁，用不流畅的汉语介绍说，餐馆老板娘每月支付工资1500元，对她很好，供吃供住，自己很高兴。家里的姐姐吸毒、妈妈在家种田、爸爸身体不好，挣来的钱全部寄回家里，家里用钱全部靠她。餐馆老板娘介绍说，小姑娘做事很勤快，很听话，自己用工也很满意。

调查发现，很多廉价的毗邻国务工人员是通过边境偷渡进入 M 县境内的，这部分毗邻国务工人员在 M 县属于非法就业，M 县接收毗邻国务工人员的用工企业、个体工商户也属于非法用工。针对这种情况，M 县每隔半年都要集中清理一次非法就业人员。2018年上半年共清理非法就业人员350人，并对非法用工企业或个体工商户给予了1万元至10万元的罚金。但过一段时间，毗邻国务工人员又会悄悄偷渡回来，相关用工企业或个体工商户又开始招用他们。偷渡过来就业的绝大部分属于年轻女工，用工企业或者个体工商户尊重她们、关心她们。如果运气好，这些外籍女工还可以和自己喜欢的中国男性结婚。正因如此，很多毗邻国务工女性想尽一切办法偷渡回来就业，以至 M 县对于毗邻国务工人员非法入境、非法就业，用工企业或个体工商户非法用工的管理都显得比较困难。

从以上实证案例可以看出，公安机关清理非法就业的外籍人员比较困难，主要原因如下：一是毗邻国北部地区劳动力充足，在我境内，毗邻国务工人员的劳动报酬比较廉价，具有就业竞争优势，我国边境县市用工企业或者个体工商户雇主喜欢招用毗邻国廉价的劳动力。二是大量廉价的毗邻国务工人员通过偷渡进入我国境内，在我边境县市属于非法就业，用工企业属于非法用工。每当公安机关集中清理非法就业、非法用工以后一段时间，毗邻国务工人员又会悄悄地偷渡回来，相关企业或工商户又开始招用他们。三是毗邻国非法就业人员在我国边境县市的劳动收入往往可以支撑家中建房、看病等重大支出项目经费，因而他们不惜铤而走险，反反复复进入我边境县市务工挣钱。可见，毗邻国廉价的务工人员反复进入中国境内，明显增加了当地公安机关、人社部门清理非法入境、非法就业的外籍务工人员的困难，这种情况也对云南边境地区外籍务工人员治理形成了挑战。

（二）外籍务工人员中"三非人员"的治理难度大

以 R 市为例，2018年8月在该市公安局、人社局的调查中了解到，截至

2018年8月，约有5万毗邻国务工人员在R市经商、务工。毗邻国务工人员除在R市从事玉石、珠宝交易以外，餐饮、环卫等行业也有分布，人员构成较为复杂。在众多进入R市就业的毗邻国人员中，"三非人员"作案问题较为突出。从已经破获的案件来看，外籍人员中的"三非人员"有涉毒品违法犯罪活动的，有涉刑事犯罪的，有涉违反治安管理的。为了维护边境稳定和社会安宁，R市警方每个月都要安排几天时间清理"三非人员"。2018年1月至7月清理遣返3000多人，但由于R市边境线长，河道多、便道多，"三非人员"被遣返后不久又会返回。R市警方认为，即使是在做无用功，也要坚持按时按要求清理遣返。总之，R市外籍务工人员特别是来自毗邻国的"三非人员"的治理难度大，已经成为加强外籍务工人员治理面临的挑战。

以Y县为例，2019年1月在该县公安局的调查中了解到，该县外籍务工人员中"三非人员"的治理难度大，主要原因：一是云南边境地区聘用毗邻国人员就业与聘用当地人务工相比，聘用毗邻国人员就业具有明显的薪酬优势，即聘用毗邻国人员就业，雇佣单位或个人付出的劳务报酬成本低于聘用本地人务工，加之云南边境地区用工需求量大，吸引了"三非人员"大量入境。对于"三非人员"惩处力度不够，导致屡禁不绝，警方遣返工作反反复复，难以达到既定的遣返目标。二是虽然云南边境地区务工人员刑事犯罪逐年递减，但毗邻国务工人员中"三非人员"作案率仍占有一定比重。三是毗邻国务工人员中的"三非人员"数量多、成分复杂，若按照法律程序进行报批审核关押，批量较大的"三非人员"的临时关押难度也会加大，增加了Y县警方的工作难度。

从以上实证案例可以看出，外籍务工人员中"三非人员"的治理难度大，对云南边境地区外籍务工人员治理形成了严峻的挑战，主要表现如下：一是在众多的毗邻国务工人员中，跨境"三非人员"作案问题突出，当地人民群众的安全受到影响；二是清遣"三非人员"困难，清遣工作周而复始，未能达到既定目标；三是"三非人员"数量多、成分复杂，若按法律程序报批审核关押，批量关押"三非人员"难度大。

（三）外籍务工人员频繁无序流动给治理带来压力

以Y县为例，2019年1月在该县公安局、人社局的调查中了解到，由于某毗邻国北部尚未形成劳务输出的制度性安排，未与Y县建立劳务派遣合作机制，于是催生了某毗邻国北部以熟人老乡相互介绍到Y县务工的职业介绍方式和民间代办证件组织。如前所述，由于雇佣境外务工人员，尤其是毗邻国务工人员的工价成本远远低于雇佣境内人员，因而Y县境内的劳动密集型企业愿意雇用大量来自毗邻国的劳动力，个体工商户也愿意临时性雇佣境外务工人员，形成了境外务工人员的雇佣潮。由于外籍务工人员受教育程度不高，一般只具有初中或者小学文化，整体素质不高，当外籍务工人员受到经济利益驱使时，容易从工资收入低的地区、企业或行业流向工资收入较高的地区、企业或行业，表现为频繁无序流动和无报备的突然流走，若遇涉及违反法律法规的问题，用工单位或个人也很难追踪外籍务工人员去向。可见，Y县境内存在的大量的毗邻国务工人员的职业、就业地区、行业不稳定，流动性大，已经给用工企业或者个体工商户带来很多麻烦。同时，大量境外务工人员在Y县乡镇从事农业生产工作，用工主体多为农村居民，自身文化水平偏低、法律意识淡薄，对所雇用的外籍务工人员的基本情况掌握不细致、不精准，对外籍务工人员的管理不规范，不会积极主动上报相关主管部门，以至Y县主管部门难以全面细致及时掌握这部分外籍务工人员的基本情况及流动去向，极大地增加了Y县对外籍务工人员的治理难度。

从以上实证案例可以看出，外籍务工人员的频繁无序流动给云南边境地区外籍务工人员治理带来了很大的难度。外籍务工人员频繁无序流动给治理带来难度，主要表现在：一是云南边境地区有的毗邻国北部地区尚未形成劳务输出的制度安排，云南边境地区与有的毗邻国建立劳务合作机制的条件尚未成熟；二是当受到经济利益驱使时，云南边境地区外籍务工人员往往从工资收入低的乡镇、企业或行业流向工资收入较高的乡镇、企业或行业，表现为频繁无序流动和无报备的突然离开；三是大量毗邻国务工人员在云南边境县市务工的职业、乡镇、行业不稳定，流动性大，给用工企业或者雇主带来很多管理上的麻烦，也给云南边境地区主管部门对外籍务工人员的治理带来了很多困难。

（四）外籍务工人员权益保障缺乏法律制度的依据

以R市为例，2018年8月在该市公安局、人社局的调查中了解到，一方面，随着开放力度的加大，外籍务工人员（以毗邻国人员居多）大量涌入境内，虽然给R市的社会治安造成了很大压力，但他们从事商贸、珠宝销售、珠宝加工、木材加工、建筑、餐饮、娱乐、按摩、装卸、洗车、家政等工作，也为R市经济社会发展做出了贡献。从某种意义上讲，R市的长远发展也离不开他们的参与，因此保护外籍务工人员的合法权益，保证他们在R市稳定就业和生活显得十分必要。但在日常的劳动监察过程中，由于《中华人民共和国劳动法》尚未将边境地区外籍务工人员纳入劳动合同签订范围，使边境地区外籍务工人员的劳动权益难以在法律制度层面得到保障，一旦出现劳动纠纷,也难以得到有效解决。同时,《社会保险法》也尚未将边境地区外籍务工人员纳入社会保险范畴,用工单位和个人也无法为外籍务工人员购买各种保险,边境地区外籍务工人员社会保险方面的合法权益难以在法律制度层面得到保障。另一方面,R市大多数境外务工人员受教育程度低、职业素养不高、法律意识淡薄,大多从事低端工作,处于社会底层,自我维权意识和能力薄弱。对他们来说,比起自己国家的工作强度、工作环境,他们在R市找到的工作相对不算辛苦,而且环境好、待遇好,他们已满足于现有的工作环境和工作安排,对于其他方面的权益保障基本不做考虑。这就使得他们在云南边境地区工作时,一旦发生意外事故,由于缺乏各种社会保险作保障而容易使自己陷入困难的窘境。再一方面,近些年来,居留在R市的外籍人员从事经营活动的法律地位尚未明确,云南边境地区对境外人员申办个体工商户的登记管理,尚未有国家层面的明确的法律依据。可见,边境地区外籍务工人员的合法权益难以在法律层面得到保障,已对外籍务工人员的治理形成了挑战。

以H县为例,2019年2月在该县公安局、人社局的调查中了解到,随着当地茶叶等绿色产业的发展壮大,H县对劳动力的需求越来越大,但由于H县本地劳动力生活条件好,嫌用工单位给付工资低,不愿意就业,而外籍务工人员的要求不高,容易满足,愿意进入我国边境一带就业,外籍务工人员已经成为H县劳动力供给的重要部分。外籍务工人员大部分属于毗邻国特区的边民,他们的文化素质大都处于初中水平,男性较多,吃苦耐劳,工作技能低,务工报酬不高,坝区、山区均有分布,在H县界内主要协助当地农民种植香蕉、橡胶、西瓜、水稻、茶叶等,部分务工人员分布在餐馆、洗发店等从事服务性工作。这些在H县境内务工的毗邻国边民绝大部分没有经过合法程序进入中国,属于典型的"三非人员",由于流动性大,准确统计和掌握他们的数量极其困难。他们在H县境内打工赚钱,虽然与用工企业或者个体工商户产生了劳动关系,但是一旦被公安机关清查,遣送回国,如果与雇主产生劳资矛盾或者劳动纠纷,那么自己的合法权益也就难以得以维护和保障。

从以上实证案例可以看出,我国保障边境地区外籍务工人员合法权益的法律制度尚未建立健全,主管部门保障外籍务工人员合法权益缺乏充分的国家层面的法律依据,这给云南边境地区外籍务工人员治理带来了很多困难,形成了挑战。主要表现在:一是我国《中华人民共和国劳动法》《社会保险法》尚未将边境地区外籍务工人员纳入管理范畴,边境地区外籍务工人员的权益难以在法律层面得到充分保障,劳动纠纷也难以依法解决;二是大多数境外务工人员文化程度低、职业素养差、法律意识不强，大多从事低端工作，处于社会底层，自我维权意识淡薄；三是边境地区外籍务工人员很多属于"三非人员"，一旦被我国公安机关清查，遣送回国，假如与我国边境县市的雇主产生了劳资矛盾或劳动纠纷，那么他们的权益也难以受到法律的保护。

四、疾病预防控制面临的挑战

（一）境外人员偷渡入境我国，国际重大疫情外防输入任务重

据《央视新闻》2020年9月18日报道，境外人员偷渡入境我国，新冠疫情的外防输入任务重。以下发生在R市的案例，足以说明疫情防控外防输入任务之艰巨。2020年9月3日，杨佐某携3个孩子及2个保姆自某毗邻国偷渡入境，暂住R市某小区。2020年9月12日，R市新冠疫情防控工作指挥部连发两份通告，对小区实施隔离封闭管理、居家隔离管理。2020年9月13日晚，云南省卫健委通报：9月13日0时至24时，云南新增境外输入确诊病例2例（均为某毗邻国输入），其中1例为9月12日无症状感染者转确诊。2020年9月13日，云南省R市疫情防控最新通告：抵边村寨24小时封闭管理，严禁走亲访友等跨境流动。2020年9月14日晚，R市召开新闻发布会，通报新冠疫情防控有关情况。会上通报，根据患者流行病学史、核酸检测结果及临床诊疗资料，诊断杨佐某及其保姆为新冠感染确诊病例，为某毗邻国输入病例。公安机关正在对杨佐某等人依法追究刑事责任，对组织、协助、容留偷渡者的人员依法严惩。2020年9月15日，R市全面开展市区全员新冠疫情核酸检测。2020年9月18日下午，R市召开新冠疫情防控新闻发布会，对相关内容进行通报。R市共诊断2例新冠确诊病例，均为毗邻国输入，病患病情稳定，无重症倾向。R市无新增确诊病例。9月15日以后，R市全面开展城区全员核酸检测，在各方的支持下，截至18日15时累计完成采样284958份，并全部送检；完成核酸检测225819人份，全部为阴性。① 以上两例确诊病例偷渡本身属于非法行为，有关部门无法第一时间查获，因此针对这部分人的隔离措施也难以实现。如何控制偷渡者，减少或者杜绝毗邻国病例输入，已经对R市海关、边境管理部门的工作提出了挑战。

从以上实证案例可以看出，境外人员偷渡入境我国，新冠疫情的外防输入任务重，对云南边境地区疾病预防控制形成严峻挑战。境外人员偷渡入境我国，新冠疫情的外防输入任务重，除了以上实证案例以外，还有如下表现：

---

① 数据来源：央视新闻，2020年9月18日。

一是由于境外疫情控制措施不力，新冠病毒乃至变种的德尔塔病毒感染了很多人，原先偷渡出去的中国公民纷纷偷渡回国，有些在境外就已经感染病毒，这些人偷渡回国以后，未进行隔离观察，而是隐藏在老百姓当中，从而将自己感染的病毒传染给当地边民。二是从 2021 年 R 市外防疫情输入来看，部分原先在境外参与电信网络诈骗、赌博等违法犯罪活动的中国人，未选择投案自首从边境口岸回国，而是选择了从边境线偷渡回国，也容易将自己在境外感染的病毒传给 R 市当地人以致引发本土病例。

（二）边境人员往来频繁，我国防控跨境传染性疾病难度增大

以 R 市为例，2018 年 8 月在该市卫计局的调查中了解到，该市地理位置特殊，西北、西南、东南三面与某毗邻国相连，出入境通道较多，人员往来频繁，精准掌握居住在 R 市辖区的毗邻国人员的数量难度大。由于毗邻国经济社会发展落后，是各种传染性疾病的多发区，各种疾病的预防和控制技术和手段较为落后。随着云南边境地区与毗邻国双边经贸发展以及民间交往范围的扩大，云南边境地区与毗邻国之间的跨境往来人群日益增多，一些自身携带传染性疾病的人员进入我国境内以后，若管控不到位或者管控不当，会极大地增加毗邻国病例输入我国的风险，加大了我国相关部门防控跨境传染性疾病的难度。

从以上实证案例可以看出，云南边境地区与毗邻国之间双方人员往来频繁，我国防控跨境传染性疾病难度增大，已经对云南边境地区疾病预防控制构成了挑战。主要表现在以下两方面：一是某毗邻国是传染性疾病多发区，预防控制技术和水平落后，云南边境地区与某毗邻国之间山水相连、交往密切，传染性疾病容易传入我国；二是随着云南边境地区与某毗邻国双边贸易的发展，特别是随着我国"一带一路"倡议的深入推进，云南边境地区与某毗邻国之间的往来人员不断增多，携带传染性疾病的毗邻国人员进入我国以后，容易引发我国边境疫情事态。

（三）毗邻国传染病防控能力有限，跨境输入我国的风险加大

Y 县与毗邻国边境第二特区接壤，毗邻国边境第二特区地理环境适宜蚊类滋生繁殖，传播疟疾的主要媒介——微小按蚊密度高，占捕蚊总数的一半以上。毗邻国边境第二特区医疗卫生机构及技术人员少，医疗设备差，国家投入疾病预防控制资金不足，无法抵御疟疾给毗邻国边境居民造成的危害。群众对疟疾或其他传染病的自我防护意识差，疟疾发病率高，恶性疟发病多，也占发病总数的一半以上，且小年龄组发病多。由于气候炎热全年都有流行，发生疟疾流行和爆发的隐患普遍存在，流行态势严峻。加之多年来某毗邻国

北部各种武装冲突不断，严重影响了某毗邻国经济社会发展，导致医疗卫生条件差、疾控中心实验室条件差、从业人员工作能力弱、公共卫生和疾病防控水平低。对于传染病的防控工作，某毗邻国信息系统不健全，信息通报机制建设滞后，对于登革热等传染性疾病相关监测信息的获取困难，媒介监测工作尚未开展，疫情处置能力有限，以致某毗邻国传染病跨境输入我国 Y 县辖区范围内的风险大。

从以上实证案例可以看出，毗邻国传染病防控能力有限，传染病跨境输入我国的风险大，对云南边境地区疾病预防控制形成了严峻挑战。毗邻国传染病防控能力有限，传染病跨境输入我国的风险大，主要表现在以下几个方面：一是毗邻国地理环境、气候条件容易滋生传染性疾病，一旦滋生传染性疾病，就很容易传入云南边境地区；二是毗邻国应对传染性疾病的国家资金、人员设备、技术力量的投入都严重不足；三是某毗邻国北部战乱不断，公共卫生事业发展滞后，疾病预防控制水平低；四是某毗邻国北部边民对于传染性疾病的预防意识及自我保护能力薄弱，容易导致传染性疾病的扩散、蔓延。

（四）某毗邻国避战边民进入我境内，疾病预防控制形势复杂

以 Z 县为例，2018 年 8 月在该县卫计局的调查中了解到，该县境内存在传染病暴发流行风险。2017 年"3·6"某毗邻国北部武装冲突发生以后，有 2 万多毗邻国避战边民通过边境线进入 Z 县辖区。Z 县卫计局在通过对大量入境边民开展症状监测工作中，发现 9 个症候群中毗邻国病例处于一个相对较高的风险阈值。2017 年 3 月 6 日至 2018 年 5 月初，从 32339 例毗邻国就诊者中（不含毗邻国入境就诊非传染性疾病患者），查及 9 个症候群 10818 例，具体为：发热 2724 例、呼吸道症状 7206 例、腹泻 398 例、皮疹 479 例、眼结膜充血 3 例、腮腺肿大 2 例、黄疸 2 例、AFP2 例、疑似食物中毒 2 例。从 489 例皮疹病例中，查及 17 例水痘临床诊断病例、9 例麻疹实验室确诊病例，虽悉数及时得到住院和居家隔离治疗，并采取了相应的卫生消毒处理措施，但部分毗邻国避战边民投亲靠友、自行搭建安置点等重点部位存在着疫情点状暴发流行的风险，2018 年以来，Z 县整个传染病的预防控制形势复杂严峻。①

从以上实证案例可以看出，毗邻国避战边民一旦进入我国境内，传染病的预防控制形势就会显得复杂严峻，这对云南边境地区疾病预防控制形成了严峻挑战。主要表现在以下几个方面：一是某毗邻国民族地方武装组织与该

---

① 数据来源：《Z 县重点传染病防控防汛抗涝等卫生应急工作情况汇报》，2018 年 8 月，Z 县卫计局提供。

国联邦政府之间未实现和解,近十年发生的多次武装冲突造成大量毗邻国避战边民涌入我国边境地区;二是通过对避战边民传染性疾病症状的监测,我国边境县市曾在避战边民中查出多个传染性疾病病例。在我国境内,有些避战边民投亲靠友,有些自行搭建安置棚,这些地点和区域不易监管,存在着疫情点状暴发的风险。

(五) 边境群众疾病防控意识淡薄,疾病防控群众基础较薄弱

以S市为例,2019年2月在该市卫计局的调查中了解到,该市山区面积广泛,边民居住分散,疾病防控意识普遍淡薄,疾病防控的群众基础薄弱。一是S市农村山区的边民普遍受教育程度低、文化水平不高,缺乏对传染性疾病的认识,自我保健意识淡薄,对传染性疾病的防控能力较弱。甚至有些山区边民因居住离乡镇医院或市区医院较远,嫌麻烦,抱有侥幸心理,得了病能熬就熬,有的甚至相信鬼神,结果往往将小病拖成大病。二是农村山区边民人居环境、生活条件较差,有些边民不注意清扫门前屋后的积水、生活垃圾,容易滋生蚊虫,引发疟疾、登革热等传染性疾病。三是有些边民由于受传统生活习惯的影响,男女都会饮酒、抽烟,尤其是男性饮酒、抽烟现象十分普遍。人们在日常交往中,为了表示不互相嫌弃,往往喜欢共饮一大杯茶、一大杯酒,共用一个水烟筒,缺乏自我保护意识,结果为肺结核、肝炎等疾病的相互传染埋下了隐患。四是一些山区农村边民特别是跨境婚姻家庭夫妇,不讲究个人生活卫生,不注意夫妻生活卫生,导致产生很多妇科疾病。以上现状、习俗和生活习惯引发的多种传染性疾病,给云南边境地区的疾病预防控制带来了困难和挑战。

从以上实证案例可以看出,云南边境地区一些群众疾病防控意识淡薄、疾病防控群众基础较为脆弱,对云南边境地区疾病预防控制形成了挑战。云南边境地区群众疾病防控意识淡薄,疾病防控群众基础较为脆弱,主要表现在以下几个方面:一是边民普遍文化水平不高,自我保健意识淡薄,对传染性疾病的认识不足、防控能力较弱;二是山区边民不注意房前屋后生活垃圾处置,人居环境卫生差,容易滋生蚊虫,引发疟疾、登革热等传染性疾病;三是有些跨境婚姻家庭成员不讲究个人和夫妻生活卫生,容易产生传染性疾病。

五、接待来信来访面临的挑战

(一) 信访群众依法维权意识淡薄

以R市为例,2018年8月在该市信访局的调查中了解到,随着经济社会

发展，该市各种利益矛盾和纠纷也在不断出现，信访问题不断凸显。在接待来信来访过程中，部分信访群众缺乏依法维权意识，对信访的认识不正确，注重权利而忽略义务，将"依法"和"维权"分离开来，只"维权"不"依法"，"信"访不"信"法，信闹不信法，甚至形成"大闹大解决、小闹小解决、不闹不解决"的错误认识，企图通过反复不断的非正常上访向党委、政府施压，达到个人目的。由于信访群众认识有偏差，部分群众信访法律意识不强，不依法进行信访，影响了社会的正常发展秩序和稳定。有的信访群众为了追求利益最大化，抓住政府"怕出事"的软肋，在当地政府有关部门解决处理信访事项后仍不满意，但又不愿通过司法途径进行维权，而是反复到市委、市政府上访，甚至集体上访、越级上访。2014年，中共中央办公厅、国务院办公厅印发了《关于创新群众工作方法解决信访突出问题的意见》，该文件规定："严格落实《信访条例》关于'属地管理、分级负责，谁主管、谁负责，依法、及时、就地解决问题与疏导教育相结合'的原则，健全依法及时就地解决群众合理诉求机制，进一步强化属地责任，积极引导群众以理性合法方式逐级表达诉求，不支持、不受理越级上访。"可见，由于越级信访不利于利益矛盾和纠纷的解决，不利于社会的和谐稳定，也给地方政府的信访工作增加压力，造成严重的社会负面影响，因而党和政府高度重视信访群众依法维权意识，并就如何引导信访群众依法维权作了明确规定。

以H县为例，该县信访群众法治观念淡漠，依法维权意识较差。部分群众发生的矛盾纠纷本应选择法律渠道加以解决，而事实上却要求选择信访渠道加以解决；部分群众为谋求个人私利，提出一些无法律和政策依据的过高要求，或不顾法律法规，无序缠访，无理取闹，思想工作难做，给接待来信来访带来挑战。

从以上实证案例可以看出，信访群众依法维权意识淡薄，已对云南边境地区接待来信来访形成挑战。信访群众依法维权意识淡薄，主要表现在以下几个方面：一是部分信访群众对信访的认识不正确，将"依法"和"维权"分离开来，只"维权"不"依法"，"信"访不"信"法，信闹不信法；二是部分信访群众为了追求利益最大化，对当地政府有关部门解决后的信访问题仍觉得不满意，但又不愿通过司法途径进行维权，而是反复上访，甚至越级上访；三是部分群众发生的矛盾纠纷本应选择法律渠道加以解决，而事实上却选择信访渠道加以反映、要求解决。

（二）利益问题引发的上访种类多

以S市为例，2019年2月在该市信访局的调查中了解到，该市各种利益问题引发的上访种类较多，主要包括以下几类：第一类是土地问题引发的上访。在重点项目征地、拆迁中，因补偿标准和补偿总额达不到要求，部分农民要求提高补偿标准引发的上访；土地改革遗留问题导致土地纠纷的上访。第二类是社会保障问题引发的上访。几年来，国家相继出台了较为完善的养老保险及医疗保险政策，由于群体之间、个人之间相互攀比，部分群众不断上访。第三类是重点群体问题引发的上访。主要有移民等特殊群体问题引发的上访；生活困难的群众要求办理"低保"、因病致贫人员要求办理大病救助等问题引发的上访。第四类是交通事故及非正常死亡事件引发的上访。主要表现为因交通事故责任划分及赔偿、非正常死亡要求给予救助等问题引发的上访。第五类是涉法信访问题引发的上访。对于经济、民事、行政纠纷案件、法院判决不服的申诉案件，一些上访群众仍习惯于请求政府帮助解决。第六类是历史遗留问题引发的上访。主要是一些老上访户要求解决终而不结的问题。以上各种利益问题引发的上访种类，给接待来信来访提出了挑战。

从以上实证案例可以看出，利益问题引发的上访种类多，已对云南边境地区接待来信来访形成了挑战。利益问题引发的上访种类多，主要表现在以下几个方面：一是征地、拆迁引发的上访问题多；二是养老保险及医疗保险政策执行引发的上访问题多；三是移民、生活困难群众、因病致贫人员上访问题多；四是交通事故及非正常死亡事件引发的上访问题多；五是由涉法信访问题引发的上访多；六是历史遗留问题引发的上访多。

（三）信访总量处于高位运行状态

以 R 市为例，2018 年 8 月在该市信访局的调查中了解到，全市信访事项存量多，化解难度大、进展缓慢。信访问题涉及山林土地纠纷、农场改革遗留问题、建筑领域拖欠工程款、农民工工资等方面。同时 R 市正处于开放实验区的建设和发展的关键时期，也是各种社会矛盾的凸显期，社会矛盾呈现触点多、升级快、突发性强、主体多元、形式多样的特征，主要涉及经济管理、城乡建设、国土资源、劳动保障、政法等管理领域。全市信访总量处于高位运行状态。

以 S 市为例，2019 年 2 月在该市信访局的调查中了解到，该市信访总量具有逐年上升的趋势，特别是回流边民等群体上访事件逐年增多，而且具有随时越级上访的可能。同时，随着 S 市新城区建设、州市重点项目征地拆迁建设工作的推进和基层群众维权意识的增强，信访数量不断增加，信访总量仍将处于高位运行状态。

从以上实证案例可以看出，信访总量处于高位运行状态，已对云南边境地区接待来信来访形成了挑战。信访总量处于高位运行状态，主要表现在以下几个方面：一是信访积案存量多；二是信访积案涉及领域多；三是化解难度大的遗留问题多；四是城市建设引发的信访问题多。

（四）信访问题呈现多样化复杂化

以 S 市为例，2019 年 2 月在该市信访局的调查中了解到，该市信访事项涉及的信访问题呈现多样化的特征，涵盖农村土地纠纷、林权纠纷、经济纠纷、干部违纪等问题；企业改制过程中政策执行不规范导致的职工安置、拖欠工资发放、生活待遇、养老统筹、医疗保险等问题；城市建设拆迁和国家重点工程建设过程中形成的补偿纠纷问题、涉法涉诉问题、社会保障问题；等等。信访群众集体上访时有发生，重复缠访事例屡见不鲜，越级上访经常出现。有的信访群众集体上访规模大、组织性强，非正常上访逐渐增多，串联上访现象开始显现。群众上访过程中情绪激动，有的在市行政中心内聚集吵闹，接访后滞留在信访局及大厅内，甚至出现围堵领导办公室、规模性集会、堵塞公路交通、在施工现场阻拦施工等事件。上访群众反映的问题大都比较复杂，涉及个人或集体的切身利益，都明确要求为其解决实际问题，不达目的不罢休。许多信访问题涉及面广、政策性强、情况复杂，处理难度大。有些信访问题单靠一个部门或者一个地方难以解决；有的信访问题很难依据现有政策法规加以解决；有些信访问题稍有疏忽，处理不当，极易在社会上产生连锁反应和消极影响。

从以上实证案例可以看出，信访问题呈现多样化复杂化，已对云南边境地区接待来信来访形成挑战。信访问题呈现多样化复杂化，主要表现在以下几个方面：一是信访事项涵盖农村土地纠纷、林权纠纷、经济纠纷、干部违纪等问题；二是上访群众反映的问题复杂，涉及个人或集体的切身利益，明确要求为其解决，明确表示不达目的不罢休；三是有些信访问题的解决需要多部门甚至地方政府间协作配合，若处理不当极易在社会上产生消极影响。

（五）历史遗留问题短期内难解决

以 L 县为例，2019 年 1 月在该县信访局的调查中了解到，该县的历史遗留问题主要表现在：20 世纪 90 年代末的大中专毕业生要求解决工作的问题、涉军群体主要是退伍军人要求解决参军的相关待遇问题、离职村干部要求解决退职后的待遇问题等。这些历史遗留的信访问题，由于现实缺乏解决问题的政策依据，短期内暂时无法得到解决，需要国家制定相应政策加以解决。

以 R 市为例，2018 年 8 月在该市信访局的调查中了解到，该市历史遗留问题引发的信访问题比较突出，主要有原 R 市水泥厂企业改制、R 市宾馆改制、农场改制等引发的信访问题。这些历史遗留下来的信访问题时间跨度大、情况非常复杂，涉及的人员和政策变动大，要想得到妥善解决就变得十分困难，如果处理不当，又会影响社会稳定，已经给信访部门工作带来了严峻挑战。

以 H 县为例，2019 年 2 月在该县信访局的调查中了解到，该县历史遗留问题引发的越级上访事项大多解决起来难度很大，现实又找不到好的解决办法和途径，信访部门劝返工作难度加大。特别是对涉及面广、时间跨度长、涉及人数多、解决途径不明确、解决难度大的综合性信访问题和少数历史遗留问题，解决起来难度更大，需要进一步加大各乡镇与各职能部门之间的协调和配合。历史遗留问题短期内难以解决，已经给 H 县接待来信来访工作提出了严峻挑战。

从以上实证案例可以看出，历史遗留问题短期内难解决，已对云南边境地区接待来信来访形成了挑战。历史遗留问题短期内难解决，主要原因有二：一是一些有关历史遗留问题的信访事项，由于现实缺乏解决问题的政策依据，短期内暂时无法得到解决，需要国家制定相应政策加以解决；二是一些有关历史遗留问题的信访事项时间跨度大、情况非常复杂，涉及的人员和政策变动大，要想得到妥善解决十分困难，如果处理不当，还会影响社会稳定。

六、突发事件治理面临的挑战

（一）毗邻国社会安全、公共卫生类事件频发

以 Z 县为例，2018 年 8 月在该县应急办的调查中了解到，该县所处的边境线对面的毗邻国北部少数民族地方武装组织与该毗邻国政府之间长期未达成民族和解，多年来战乱不断，特别是发生在 2009 年 8 月 8 日、2015 年 2 月 9 日、2017 年 3 月 6 日的三次武装冲突，导致大量毗邻国避战边民逃离自己的家园，纷纷涌入我国 Z 县境内，严重影响到我国边境地区社会安全，以致 Z 县不得不全力应对这三次由毗邻国避战边民大规模涌入我国边境的社会安全类突发事件。这三次发生在毗邻国边境一线的武装冲突虽然没有造成 Z 县境内严重的我国边民伤亡，但三次武装冲突导致 10 万多毗邻国避战边民先后涌入 Z 县境内。由于毗邻国避战边民人数众多、背景复杂，极大地增加了我国应急处置难度，严重影响了边境一线人民群众的生产生活秩序，给我国边境社会安全带来了诸多威胁，给 Z 县应急管理部门应对来自境外的社会安全类突发事件带来了严峻的挑战。

以R市为例，2018年8月在该市应急办的调查中了解到，R市这座因边境贸易发展起来的独特的繁华的边境小城，过去一直是防控登革热、基孔肯雅热等境外传染病输入的前沿阵地，也因此一直考验着这座城市由境外引发的公共卫生类突发事件的治理能力。自2020年新冠疫情在全球迅速蔓延以后，云南边境线对面的某毗邻国的新冠疫情一度十分严重。由于受防控技术和手段、防控能力和水平等方面的限制，该毗邻国的新冠疫情防控效果不是很理想。相反，我国的防控水平及效果当属世界一流。毗邻国很多边民都非常羡慕中国R市的生活，都想通过进入R市打工躲避疫情。毗邻国有些边民不想通过办理合法手续进入R市，就会采取偷渡的办法进入。R市边境一线遍布密林小道，很多地方容易偷渡成功，因此R市打击偷越国境线的难度就较大。自2020年4月起，尽管R市全民动员，投入大量人力物力，全天候轮流值守边境线，但仍防不胜防。如前所述，2020年9月3日，毗邻国人员杨佐某携3个孩子及2个保姆偷渡入境，其中2人为新冠疫情确诊病例，导致R市封城，全面开展市区全员新冠疫情核酸检测。2020年9月以后，为了防止境外病例输入，R市的干部群众忍受着蚊虫叮咬，采取多种疫情防控措施，付出艰辛努力，一如既往地坚守着漫长的边境线，并取得积极成效。但是，2021年2月1日，某毗邻国国内发生军事政变，政局持续动荡，该国把目光转移到政治斗争，大批民众上街抗议示威，许多医务人员也参与其中，无心为患者治疗。为了躲避疫情和动荡的政局，一些在该毗邻国经商的中国人，甚至长期在该毗邻国进行电信网络诈骗、从事赌博、走私、贩毒的中国人想方设法通过偷渡返回国内，以致2021年3月29日，R市对重点人群进行常规核酸检测时发现1人核酸阳性，随后确诊多名毗邻国人员病例和中国籍人员病例，导致4月初R市再次封城。2020年9月和2021年4月R市疫情防控的两次封城，再次警示：毗邻国政局动荡或者公共卫生事件的发生，都会波及中国边境城市和乡村，严重影响中国边境的安宁，给当地政府应急管理部门应对来自境外的各类突发事件带来严峻挑战。

从以上实证案例可以看出，某毗邻国北部社会安全类、公共卫生类事件频发，已经对云南边境地区突发事件治理带来了挑战。某毗邻国北部社会安全类、公共卫生类事件频发，主要表现如下：一是2009年至2017年三次较大规模的某毗邻国北部民族地方武装组织与政府军的武装冲突，导致三次大量某毗邻国避战边民逃离家园涌入我国的社会安全类事件的发生；二是自2020年新冠疫情在全球迅速蔓延以后，受防控技术和手段、防控能力和水平等方面的限制，毗邻国的新冠疫情防控效果不是很好；三是某毗邻国北部是登革热、基孔肯雅热等传染病多发地区，云南边境地区各边境县市是外防输入的前沿阵地，一直考验着当地政府应对由境外引发的公共卫生类事件的能力。

（二）云南边境县（市）自然灾害类事件频发

以 H 为例，2019 年 2 月在该县应急办的调查中了解到，2016 年，由于气候异常，该县不同程度地遭受了低温霜冻、风雹、洪涝等自然灾害 12 起（包括 5 次风雹冰灾、7 次洪涝灾害），灾害造成 21096 户 87715 人受灾。2017 年，H 县先后遭受了风雹、洪涝、山体崩塌、霜冻等突发性自然灾害袭击，造成 2209 户 8675 人受灾。2018 年，由于受强对流天气及热带低压外围气流从东北方向入侵 H 县以后带来的持续影响，导致 H 县 11 个乡镇及农场发生不同程度的霜冻、风雹、雷击、洪涝、山体滑坡等自然灾害，受灾人口 7781 户 38727 人。① H 县频发的自然灾害，给应急管理部门应对突发事件带来了挑战。

以 Y 县为例，2020 年 9 月 21 日，据该县政府网站报道，2020 年 1 月至 6 月，该县先后遭受了风雹、干旱、洪涝、低温冷冻灾害。据统计，灾害涉及受灾人口 12639 人，因灾失踪人口 3 人，转移安置人口 177 人，农作物受灾面积 3355.05 亩，成灾面积 2083.2 亩，绝收面积 2083.2 亩，毁坏耕地面积 360 亩，一般损坏房屋 408 户 453 间，造成直接经济损失 3214.604 万元，其中农业损失 886.044 万元、家庭财产损失 173 万元、工矿企业损失 240.55 万元、基础设施损失 1892.5 万元、公益设施损失 22.5 万元。② Y 县频发的自然灾害，给应急管理部门应对突发事件带来了挑战。

从以上实证案例可以看出，云南边境地区自然灾害类事件频发，已对云南边境地区突发事件治理形成了挑战。云南边境地区自然灾害类事件频发，主要表现如下：一是云南边境地区各县市乡镇及农场都遭受过不同程度的霜冻、风雹、干旱、雷击、洪涝、低温冷冻、山体滑坡等自然灾害；二是云南边境地区地质构造复杂，江河纵横，地势陡峭，山谷深邃，大气对流运动剧烈，降雨集中，是洪涝、崩塌、滑坡、泥石流等地质灾害多发地区；三是云南边境地区都处于 6 度以上地震烈度设防区，也是我国破坏性地震频繁发生的地区。

（三）云南边境县（市）事故灾难类事件较多

以 H 县为例，2019 年 2 月在该县应急办的调查中了解到，2016 年，该县

---

① 数据来源：《H 县政府应急办汇报材料》，2019 年 2 月，H 县应急办提供。
② 数据来源：《Y 县应急管理局 2020 年上半年应急管理工作总结》，Y 县政府网站，2020 年 9 月 21 日。

工矿商贸及生产经营性道路交通领域共发生事故4起（道路交通1起，工矿3起），死亡4人（道路交通1人，工矿3人）。2017年，全县共发生安全生产事故63起（经营性道路交通3起、消防火灾54起，工矿商贸6起），死亡8人（经营性道路交通1人，消防火灾1人，工矿商贸6人）。2018年全县共发生生产安全事故1起，死亡1人。① 可见，云南边境县市事故灾难不断，给应对突发事件带来了挑战。

以X县为例，2018年8月1日，据X县政府网站报道，2018年1月至6月，该县共发生各类事故11起，同比上升10%，死亡8人，同比上升33.33%，受伤12人，同比上升50%，直接经济损失68.5万元，同比上升29.83%，"四项"指标全部呈上升趋势。一般程序处理道路交通事故8起，同比上升14.29%，死亡人数7人，同比上升40%，受伤12人，同比上升50%，直接经济损失2.79万元，同比上升23.45%，"四项"指标全部呈上升趋势。② 需特别关注的是，2018年上半年，X县道路交通事故起数、死亡人数和受伤人数分别占全县事故总量的70%、87.5%和100%。③ 近年来，道路交通一直是X县安全生产形势最严峻最复杂的行业，各个时期的事故统计均排在了全县重点行业的首位，综合分析主要原因如下：一是道路交通基础设施依然较差，群众交通安全意识淡薄；二是县到乡、乡到村部分路段安全防护设施、安全警示标识依然不到位，社会化管理程度低，载货摩托车非法载人、驾驶摩托车不戴头盔、超速行驶、酒后驾驶等违法违规现象没有从根本上得到有效控制；三是三轮车、电动车等交通工具驾驶员交通安全意识不强，违反道路行驶规则行为较为普遍，文明行驶、安全行驶习惯没有形成。X县道路交通事故多发频发，已经给相关部门应对事故灾难类突发事件带来了严峻挑战。

从以上实证案例可以看出，云南边境地区事故灾难类事件较多，已对云南边境地区突发事件治理形成了挑战。云南边境地区事故灾难类事件较多，主要表现如下：一是工矿商贸及生产经营性道路交通领域发生的事故灾难较多；二是道路交通事故起数、死亡人数、受伤人数在边境地区事故灾难类事件中占比较高。主要原因：一是道路交通基础设施依然较差，群众交通安全

---

① 数据来源：《H县政府应急办汇报材料》，2019年2月，H县应急办提供。
② 数据来源：《X县安全生产监督管理局2018年上半年工作总结》，X县政府网站，2018年8月1日。
③ 数据来源：《X县安全生产监督管理局2018年上半年工作总结》，X县政府网站，2018年8月1日。

意识淡薄；二是县市到乡、乡到村部分路段安全防护设施、安全警示标识不到位；三是驾驶员交通安全意识不强，违反道路行驶规则行为较为普遍。

（四）云南边境县（市）社会安全类事件增多

以 S 市为例，随着经济社会的发展，该市各种利益矛盾凸显。一是面对千载难逢的发展机遇，S 市城市建设发展步伐加快，新城、美丽公路、高速公路等一批重大项目加快推进，征地拆迁等问题带来的矛盾纠纷也日益增多。二是 S 市全力推进"两违"（违法占地和违法建筑）整治，涉及人群多；历史遗留问题凸显，矛盾相互交织，化解难度较大。三是山林土地权属纠纷、坟地纠纷、劳资纠纷等原因引发的不安定因素时有发生，调处难度较大。这些利益矛盾引发上访等社会安全事件，已成为党和政府应对突发事件的挑战。

以 R 市为例，2018 年 8 月在该市信访局的调查中了解到，2018 年 1 月至 6 月，该市共受理群众来信来访 461 批 1806 人次，同比增加 68 批 451 人次，批次和人次分别上升 17.30% 和 33.28%。其中，网上信访受理群众信件 237 件，同比增加 74 件，上升 45.39%；群众来信 28 件次，同比减少 7 件次，同比下降 20%；群众来访 196 批 15541 人次，同比增加 1 批 384 人次，分别上升 0.51% 和 33.18%。其中，集体访 59 批 1305 人次，同比增加 9 批 418 人次，批次和人次分别上升 18% 和 47.12%；个体访 137 批 236 人次，同比减少 8 批 34 人次，分别下降 5.51% 和 12.59%。群众信访情况与上年同期相比，信访总量、网上信访量上升，群众来访有所上升，来信有所下降。20 人以上到市委、市政府上访 21 批 964 人次。[①] 群众信访的诉求内容主要涉及经济金融、城乡建设、国土资源、劳动保障、政法等领域。对于信访群众的这些矛盾和问题，如果处理不及时或者解决不当，就会引发信访群众越级上访或者危害公共秩序的社会安全事件，给受理信访问题和矛盾的相关部门应对可能出现的社会安全类突发事件提出了严峻的挑战。

从以上实证案例可以看出，云南边境地区社会安全类事件增多，已对云南边境地区突发事件治理形成了挑战。云南边境地区社会安全类事件增多，究其原因：一是随着城市建设、高速公路重大项目加快推进，征地、拆迁等问题引发的矛盾纠纷增多；二是山林土地权属纠纷、坟地纠纷、劳资纠纷等引发的社会安全事件时有发生；三是经济金融、城乡建设、国土资源、劳动保障、政法等领域的一些矛盾和问题，也会引发信访群众越级上访或者危害

---

① 数据来源：《R 市委群众工作局、市信访局 2018 年上半年工作总结暨下半年工作计划》，2018 年 8 月，R 市信访局提供。

公共秩序的社会安全类事件。

七、巩固和拓展脱贫攻坚成果面临的挑战

（一）脱贫群众内生动力持续激发问题不容易解决

以S市为例，2019年2月在该市扶贫办的调查中了解到，在过去的精准扶贫期间，通过易地搬迁扶贫、产业扶贫等办法，贫困群众暂时摆脱了贫困，过上了好日子。但必须看到，新中国成立以后，该市大多数世居少数民族均从原始社会直接过渡到社会主义社会，9个乡（镇）中有8个乡（镇）都是"直过区"，社会发育程度低。加之教育事业发展滞后，脱贫群众文化素质总体偏低，全市人口平均受教育年限为6.85年，脱贫人口平均受教育年限仅为2.92年。① 脱贫群众尚未养成先进的生产生活观念，"等靠要"和"贫困有利"的思想还不同程度存在，部分脱贫群众缺乏自力更生、艰苦奋斗的精神，主动追求更好生活和发展的内生动力不足，持续激发脱贫群众内生动力的问题不易解决。"虽然更好的日子还在后头"，但幸福不会从天而降，巩固和拓展脱贫攻坚成果的主体是人民群众。脱贫群众内生动力持续激发问题不易解决，已成为巩固和拓展脱贫攻坚成果面临的挑战。

以H县为例，2019年2月在该县扶贫办的调查中了解到，该县在过去的精准扶贫期间，虽然在贫困地区广泛开展了各类素质提升行动，贫困户在党和政府的帮扶下也实现了脱贫，但由于脱贫群众所在区域特别是"直过民族"② 所处的"直过区"的社会发育程度低，人们的观念陈旧，文化素质不高，普遍缺乏一技之长，脱贫户"等靠要"思想仍然严重。有些脱贫群众追求发展致富的主体意识不强，缺乏追求发展致富的紧迫感。有些脱贫群众以自身劳动来改变命运的信心不足。因此，要想激发"直过区""直过民族"主动追求自我发展致富的内生动力，须久久为功。这也决定了从根本上消除素质性贫困，持续激发脱贫群众内生动力，仍然任重道远。

以Y县为例，2019年1月在该县扶贫办的调查中了解到，该县三面与某毗邻国接壤，贫困面大、贫困程度深。2014年，全县有44个贫困村，建档立卡户11319户44727人，2011年被列为滇西连片特困区、2013年被列为扶贫

---

① 数据来源：《S市2016年扶贫开发工作总结》，2019年2月，S市扶贫办提供。
② "直过民族"是指从保持原始社会残余、未经民主改革、直接过渡到社会主义社会的少数民族，他们生产生活的地区通常称为"直过区"。

工作重点县。① 经过全县党政干部和群众的艰苦努力，Y县终于脱贫出列。但是，由于Y县少部分脱贫人口受教育程度偏低，受传统思想观念束缚严重，主动发展意识不强，"等靠要"、安于现状、得过且过的思想不同程度存在。少部分脱贫人口自我发展能力不强，想干不会干、会干不愿干的现象依然存在。"自我造血"功能弱，缺乏持续不断的渴求发展的愿望，导致部分脱贫群众内生动力持续激发问题不易解决，许多脱贫群众存在返贫风险，影响Y县脱贫摘帽后脱贫攻坚成果的巩固和拓展，这种情况已经成为巩固和拓展脱贫攻坚成果面临的挑战。

以R市为例，2018年8月在该市扶贫办的调查中了解到，该市部分脱贫群众内生动力不足问题严重。在过去的精准扶贫工作中，有的村组图省事、赶进度，在精准施策上存在简单化倾向，大包大揽，送钱送物，脱贫人口的自我发展能力没有得到很好提高。部分脱贫群众仍然喜欢安于现状，总是想通过外界帮扶发展致富。有的脱贫群众仍然习惯于"等靠要"，习惯于依赖政策照顾，不愿主动巩固和拓展脱贫攻坚成果，党和政府持续激发脱贫群众自我发展的内生动力非常不易，这已经成为巩固和拓展脱贫攻坚成果面临的严峻挑战。

以C县为例，2018年8月在该县扶贫办调查中了解到，截至2018年8月，该县原有的贫困人口中"直过民族"人口就有22821人，文盲半文盲2413人，小学文化11567人，群众文化程度偏低。② 虽然这些贫困群众经过精准帮扶以后已经享受到"两不愁三保障"政策带来的实惠，但自主巩固脱贫攻坚成果的内生动力不足的问题开始显现，已经给巩固和拓展脱贫攻坚成果提出了挑战。如何提高"直过民族"的整体素质，持续激发少数民族边民发展致富的内生动力问题，已经摆上实施乡村振兴战略的议事日程，已经成为巩固和拓展脱贫攻坚成果面临的严峻挑战。

从以上实证案例可以看出，脱贫群众内生动力持续激发问题不容易解决，已经对云南边境地区巩固和拓展脱贫攻坚成果形成了严峻挑战。脱贫群众内生动力持续激发问题不容易解决，究其原因：一是脱贫群众尚未养成先进的生产生活观念，"等靠要"和"贫困有利"的思想还不同程度存在；二是部分脱贫群众缺乏自力更生、艰苦奋斗的精神，主动追求更好生活和发展的内

---

① 数据来源：《Y县精准扶贫和社会力量参与的主要做法、基本经验、困难及办法》，2019年1月，Y县扶贫办提供。
② 数据来源：《C县脱贫攻坚工作情况汇报》，2018年8月，C县扶贫办提供。

生动力不足；三是脱贫群众所在区域、特别是"直过民族"所处的"直过区"社会发育程度低，人们文化素质不高，普遍缺乏一技之长，追求发展致富的主体意识和能力不强，以自身劳动来改变命运的信心不足。

（二）如何让易地搬迁后的边民留得住的问题凸显

以S市为例，2019年2月在该市扶贫办的调查中了解到，虽说"一方水土养一方人"，但该市一些地方地质灾害频发，交通发展滞后，不适合人类居住，养不了一方人。同时这些地方又属于"直过区"，社会发育程度低，人口素质普遍低下，生活在这样环境里的边民处于深度贫困状态，党和政府为了帮助他们摆脱贫困，只有实行易地搬迁。S市易地扶贫搬迁至平坦地方居住的家庭约有八千多户，涉及两万多人，覆盖14个易地搬迁安置点。截至2018年12月14日，搬迁入住2209户8901人。[①] 很多贫困户从不适宜人类居住的地方搬迁至城边、江边、乡镇附近、公路沿线等地势较为平坦地方以后，党和政府帮助他们盖起了新房，住进了高楼大厦，不愁吃、不愁穿，医疗有保障、养老有保障、教育有保障，有的还办起了养殖小区，一户一个产业，但随之而来的问题也不少。一是搬迁边民生活不习惯。虽然贫困边民搬来后住上了小区房，但很多边民没有土地耕种，钢筋混凝土的家里又没有地方饲养猪、鸭、鸡；在山上居住时吃惯了玉米饭、野菜野果，搬迁以后虽然吃上了大白米饭，但搬迁边民总觉得整天头昏，没有力气，在家里也不会使用现代家用电器。二是持续脱贫问题。很多边民从山上搬迁下来以后，除了部分有点手艺的边民在住地找到工作以外，很多人尚未就业，但又不愿意到外地打工就业。在本地，当地社区只能帮助每家每户解决一个公益性工作岗位，月收入1500元左右，其他家庭成员没有工作，一个人的工资养不活全家人，有时连水费、电费也交不了。三是治安问题。由于很多搬迁家庭成员无事可干，百无聊赖，长此以往，容易产生各种社会治安问题。由此可见，如何帮助易地扶贫搬迁后的边民留得住的问题已经凸显，已成为巩固和拓展脱贫攻坚成果面临的挑战，需要仔细研究加以解决。

从以上实证案例可以看出，如何让易地搬迁后的边民留得住的问题凸显，已经对云南边境地区巩固和拓展脱贫攻坚成果形成了挑战。如何让易地搬迁后的边民留得住的问题凸显，究其原因：一是虽然贫困边民从山上搬迁下来后住上了小区房，但很多边民没有土地耕种，钢筋混凝土的家里又没有地方饲养猪、鸭、鸡，感觉不适应搬迁以后的生活方式；二是很多贫困边民从山

---

① 数据来源：《S市脱贫攻坚工作开展情况介绍材料》，2019年2月，S市扶贫办提供。

上搬迁下来以后,除了部分有点手艺的边民在住地找到工作以外,很多人尚未就业,但又不愿意到外地打工就业;三是很多搬迁户的家庭成员无事可干,百无聊赖,长此以往,容易产生各种社会治安问题。

(三) 回流边民安置以后的后续发展问题难以解决

以 S 市为例,2019 年 2 月在该市扶贫办的调查中了解到,该市在脱贫攻坚过程中共安置 800 多户回流边民。回流边民人口众多、流动性大、住所不稳定。近年来,随着 S 市的发展,国家"兴边富民""精准扶贫"政策吸引了大批外流至毗邻国的边民回国。有的外流至毗邻国时是孤身一人,现在回流 S 市却带回了一个 20 多人的家庭。S 市对是不是回流边民的认定办法:一是通过户口加以认定。凡是户口未被注销、事实也证明户口未转出去的,均可认定为当地的回流边民;二是通过亲戚证实加以认定。凡是亲戚出具真实的具有亲属血缘关系的证明材料的,均可认定为当地的回流边民;三是通过公安机关掌握的信息加以认定。凡是在当地公安机关的户籍信息库存中能够有据可查的,均可认定为回流边民。通过认定的回流边民,当地政府除了对他们进行信息登记外,均将他们纳入建档立卡户。同时,通过进行临时救助帮扶,当地政府帮助回流边民每个家庭解决了 150 平方米的住房,帮助每户解决一个人的就业问题。

由于一些回流边民带回来的配偶是毗邻国人员,组建的家庭属于跨境婚姻家庭,因而也带来了一些问题:一是回流边民配偶的户口问题无法解决,同时也就无法享受医疗、养老保险等社会保障,在当地只能帮别人打打短工,属于典型的"三无"人员(无法离乡、无业可扶、无力脱贫人员);二是回流边民家庭从毗邻国回流 S 市以后,有的家庭成员身上携带了艾滋病等传染性疾病,有的回流边民家庭成员甚至还是吸毒人员;三是回流边民家庭大多文化素质低,早婚早育,多子女,有的父母连从毗邻国带回来的子女的年龄也说不清楚,更谈不上让自己的孩子从小接受良好的学校教育。回流边民带回来的这些问题,已经成为巩固和拓展脱贫攻坚成果面临的挑战。

从以上实证案例可以看出,回流边民安置以后的后续发展问题难以解决,已经对云南边境地区巩固和拓展脱贫攻坚成果形成了挑战。回流边民安置以后的后续发展问题难以解决,究其原因:一是有些回流边民因无法解决户口问题,也就无法正常流动、就业,以致影响了自己的后续发展;二是有的回流边民家庭成员患有艾滋病或者吸毒,以致影响了自己及家庭的后续发展;三是回流边民家庭带回来的子女多,而且大多没有接受过学校教育,以致影响了后代的成长和发展。

（四）跨境婚姻家庭持续发展问题难以解决

以C县为例，2018年8月在该县民政局的调查中了解到，该县与某毗邻国北部第二特区接壤，是通向南亚、东南亚的重要门户，是国家"一带一路"倡议的重要节点，全境属国家二类开放口岸。C县机场的建成通航，拉近了C县与世界的距离，促进了C县旅游业的发展，为加快向南亚、东南亚纵深开放架起了空中桥梁。相比某毗邻国北部第二特区，C县生活条件好，交通发达，看病方便，具有安全感，于是大量的某毗邻国北部第二特区边民进入C县境内打工、赚钱、生活，寄钱回家，很多打工边民成了某毗邻国北部第二特区那边家中的依靠。进入C县打工的某毗邻国北部第二特区边民大都家庭贫困，由于中国各方面条件优越，某毗邻国北部第二特区一些女性在打工过程中嫁给了C县当地一些家庭条件较差又找不到媳妇的男子，以致产生了很多跨境婚姻家庭。C县跨境婚姻的对数还在不断增加，其中非法的事实婚姻居多，毗邻国嫁过来的女性仍然不能落户。这些跨境婚姻家庭中从毗邻国嫁过来的女性，多数具有勤劳品质且善解人意，但文化水平低，甚至不会使用汉语交流，生存往往缺乏一技之长。她们嫁到C县以后，除了在寨子里自家盘田种地外，只能打打短工，挣点生活费。有些也只能在家里料理家务，带孩子，整个家庭的经济收入仍依靠家里的男人出去打拼挣钱。

在C县实地采访调查中还了解到，该县跨境婚姻家庭多为弱弱结合的家庭，普遍贫困程度较深。在已经结束的精准扶贫工作中，通过精准识别，C县跨境婚姻家庭几乎都被认定为建档立卡户，都享受到了"两不愁三保障"政策待遇，都可以得到国家一次性4万元建房补助费，短期内都已摆脱了贫困。由于受毗邻国北部第二特区的种种限制，从毗邻国嫁过来的女性无法开具办理结婚登记的相关材料，导致这些跨境婚姻家庭大部分没有办理结婚登记手续，结婚后仍然属于非法的事实婚姻。虽然这些跨境婚姻家庭所生子女可以解决落户问题，但从毗邻国嫁过来的女性仍然无法落户，享受不到我国的医疗、养老等社会保障。由于这些从毗邻国嫁过来的女性在自己出生地的户籍仍未注销，其父母在毗邻国北部第二特区那边还要为她继续缴纳公粮和各种税费，这又增加了毗邻国北部第二特区那边父母的经济负担。而毗邻国北部第二特区那边的父母都希望嫁到C县的女儿不仅生活幸福，而且能在经济上反哺父母。由此可见，这些跨境婚姻家庭各方面的条件都比较差，各方面的生活都极其脆弱。跨境婚姻家庭要想持续发展，显得极其艰难。特别是从毗邻国嫁过来的女性无法落户，享受不到医疗保险，一旦遭遇重病，那么自费医疗就会击垮整个家庭，使全家重新陷入深度贫困状态，这已经成为巩固和拓展脱贫攻坚成果面临的严峻挑战。

从以上实证案例可以看出，跨境婚姻家庭持续发展问题难以解决，已经对云南边境地区巩固和拓展脱贫攻坚成果形成了挑战。跨境婚姻家庭持续发展问题难以解决，究其原因：一是跨境婚姻家庭中从毗邻国嫁过来的女性文化水平低，有些甚至不会使用汉语，缺乏一技之长，只能盘田种地或在家料理家务；二是跨境婚姻中非法事实婚姻居多，非法事实婚姻家庭中来自毗邻国的配偶，按政策规定无法落户，因而也就无法享受医疗、养老保险等待遇，以致影响整个家庭的后续发展。

（五）吸毒致贫家庭持续发展问题难以解决

以R市为例，2018年8月在该市扶贫办的调查中了解到，由于R市地处边境沿线，边境线较长，R市的边境村寨与毗邻国边境村寨、地块交错相连，这就使毒品渗透入境有了"钻孔"机会和方便之门。R市的一些边民在无法抵御毒品诱惑的情况下成了吸毒人员。特别是在与毗邻国接壤的一些山区、少数民族地区，有的边民由于吸毒已经造成家庭妻离子散，有的边民由于吸毒已经走上违法犯罪道路，甚至由于吸毒有的边民家庭已经出现孤儿、独人独户现象。R市一些边民的吸毒问题严重危及自身的健康、工作、家庭甚至生命，影响了R市巩固和拓展脱贫攻坚成果，影响了全市经济社会的健康快速发展和边疆社会大局的和谐稳定。据R市在精准扶贫时期市扶贫办统计数据，截至2018年8月，R市因吸毒致贫家庭共有217户638人。[①] 由于吸毒，贫困家庭劳动力不足，无法持续发展生产，全家处于极度贫困状态。在过去的精准扶贫工作中，按照政策规定，因吸毒致贫的家庭，通过精准识别以后，可以纳入建档立卡户，对吸毒家庭进行精准帮扶。通过精准帮扶，因吸毒致贫家庭享受到了国家"两不愁三保障"政策。通过精准帮扶，一些吸毒致贫家庭的吸毒成员也戒掉毒瘾，重新回归正常的生产和生活，家庭的经济状况有了改变，但也有一些吸毒家庭中的吸毒人员戒断毒瘾非常困难，导致稍有起色的家庭经济状况又重新陷入恶化状态，使整个家庭重新返回贫困，无法继续发展生产，增收致富。可见，如何帮助这样一些因吸毒返贫的家庭重新摆脱贫困，走上持续发展道路，已经成为巩固和拓展脱贫攻坚成果面临的严峻挑战。

从以上实证案例可以看出，吸毒致贫家庭持续发展问题难以解决，已经对云南边境地区巩固和拓展脱贫攻坚成果形成了严峻挑战。吸毒致贫家庭持

---

① 数据来源：《R市脱贫攻坚汇报材料》，2018年8月，R市扶贫办提供。

续发展问题难以解决，究其原因：一是由于吸毒贫困家庭劳动力不足，无法持续发展生产，全家处于极度贫困状态；二是有的吸毒家庭中的吸毒人员戒断毒瘾非常困难，导致稍有起色的家庭经济状况又重新恶化，甚至无法继续发展生产；三是有的边民因吸毒造成妻离子散，甚至走上违法犯罪道路，或者出现孤儿、独人独户现象。

（六）社会力量帮扶"断供"问题逐渐显现

以 H 县为例，2019 年 2 月在该县扶贫办的调查中了解到，虽然该县过去几年实施的"万企帮万村"精准扶贫行动取得了一定的成绩，但社会力量帮扶作用发挥不大。究其原因：一是部分帮扶企业和社会组织把"万企帮万村"精准扶贫行动，单纯看成是一般的捐资、捐物，或者是开展慰问活动。二是帮扶企业和社会组织深入村寨、贫困户不多，对帮扶对象只是给点钱、送点物，没有从改善当地基础设施、帮助贫困群众持续发展产业、持续增收等方面狠下功夫，社会力量缺乏长远且切合实际的帮扶目标和规划。而且，随着脱贫攻坚任务的结束，"万企帮万村"行动计划也已经停止，社会力量继续帮扶发展已经出现"断供"现象。社会力量是否能够持续帮扶，并在原有给钱给物基础上，实现更高层次更高水平的帮扶，对于巩固和拓展脱贫攻坚成果尤为重要。可见，社会力量帮扶"断供"问题逐渐显现，已经成为巩固和拓展脱贫攻坚成果面临的挑战。

从以上实证案例可以看出，社会力量帮扶"断供"问题逐渐显现，已经对云南边境地区巩固和拓展脱贫攻坚成果形成了挑战。社会力量帮扶"断供"问题逐渐显现，究其原因：一是脱贫攻坚任务完成以后，对口支援单位的人员已经从贫困地区撤走，也未追加新的对口扶持项目；二是脱贫攻坚任务结束以后，各种社会力量的参与、扶持也在逐渐终止；三是随着脱贫攻坚任务的结束，"万企帮万村"行动计划也已经停止活动。

（七）边境民族地区基础设施发展仍然薄弱

以 S 市为例，2019 年 2 月在该市扶贫办的调查中了解到，该市少数民族人口较多，地形地貌以高寒山区为主，自然环境、交通条件从根本上制约了传统产业的发展，公共服务和基础设施发展较为滞后。虽然脱贫攻坚期间投入很大，交通条件和公共服务有了改善，但很多村寨物资运输仍靠人背马驮，林业经济产业主要集中在半山区，水利化程度低，交通通达条件差，不具备发展大规模种养业的土地和交通条件。由于边境民族地区基础设施发展仍然薄弱，现有的一些零星产业普遍小、散、弱，龙头企业不多，加之少数民族致富带头人和新型农业经营主体的带动能力及市场开拓能力弱，一些村寨通过产业发展以巩固和拓展脱贫群众持续增收的难度较大。

以 Y 县为例，2018 年 8 月在该县扶贫办的调查中了解到，该县国境线长，贫困群众虽然已经脱贫，但大部分世居深山，零星分散，点多面广，交通、电力、通信等基础设施的发展仍然较差，靠现有的基础设施难以巩固和拓展脱贫攻坚成果。虽然广大群众也有巩固和拓展脱贫攻坚成果的迫切愿望，但受现实相对落后的基础设施条件的制约，脱贫群众的很多想法也难以实现。基础设施发展仍然薄弱，已经成为巩固和拓展脱贫攻坚成果面临的挑战。

从以上实证案例可以看出，云南边境地区基础设施发展仍然薄弱，已经对云南边境地区巩固和拓展脱贫攻坚成果形成了挑战。云南边境地区基础设施发展仍然薄弱，主要表现在以下几个方面：一是很多贫困村寨物资运输仍靠人背马驮，林业经济产业集中在半山区，水利化程度低，通达条件差，不具备发展大规模种养业的土地和交通条件；二是很多贫困群众世居深山，零星分散，点多面广，交通、电力、通信等基础设施的发展仍然较差，由于受现实相对落后的基础设施的制约，贫困群众的很多想法难以实现。

第三章

云南边境地区社会治理存在的问题

作为我国社会治理的特殊领域和重要组成部分，云南边境地区社会治理在社会治安治理、禁毒防艾、外籍务工人员治理、疾病预防控制、接待来信来访、突发事件治理、脱贫攻坚等领域付出了艰苦的努力，保障了边疆的安全和稳定。但是，随着云南边境情势的不断发展变化，云南边境地区各个领域的社会治理仍然存在很多问题亟须解决。

一、社会治安治理存在的问题

（一）边境管控机制不健全，管边控边难度大

以 Y 县为例，2019 年 1 月在该县公安局的调查中了解到，该县国境线长，边境地理位置不同内地，Y 县与毗邻国互通便道多，边境内外情况复杂，容易引发各种案件，由于管控机制不健全，无形中就增加了对边境沿线进行有效管控的难度。首先，边境管控涉及公安边防派出所、公安边防检查站、解放军边防部队和海关等单位及其部门，在实际工作中，各单位及其部门按照各自职责进行边境管控，有些管控工作相互交叉，造成资源浪费。[①] 更主要的是各管控单位之间缺少相互交流、协作机制，缺少科学分工，尚未形成边境管控的合力。其次，周边国家流散在社会的枪支爆炸物品多，毒品、走私猖獗，境外管理松散。境外枪爆、毒品走私等物品流入境内隐蔽性强，堵源截流难度较大。边境枪爆、毒品、走私等物品的管控问题屡禁不止，对整治枪爆、毒品、走私等违法犯罪专项行动形成了较大阻力。最后，如前所述，境外人员所在国的用工和 Y 县的用工在薪酬上存在较大差距。Y 县的用工薪酬较境外高，境外人员在 Y 县务工能获得较本国更高的收益，以至吸引了大量的"三非人员"进入 Y 县。近年来，对于境外"三非人员"的管控尚无严厉

---

① 任佳顺，解逸. 云南中缅边境地区治安防控对策研究 [J]. 广西警察学院学报，2017 (6)：95.

的具有强大震慑力的惩处手段，而且大部分境外"三非人员"在我国境内有着亲属关系，他们平时往来频繁，造成"三非人员"遣返工作效果不好且容易反复。

从以上实证案例可以看出，云南边境管控机制不健全、管边控边难度大，已经成为云南边境地区社会治安治理中存在的问题。云南边境管控机制不健全、管边控边难度大，主要表现在以下几个方面：一是边境管控涉及多个单位，各个单位之间缺乏科学分工，在边境管控过程中存在管控职能相互交叉现象，以致造成管控资源浪费；二是多个管控单位之间缺少交流、协作，尚未形成边境管控的合力；三是周边国家流散于社会的枪支爆炸物品较多，管理松散。境外枪爆物品、毒品走私物品等流入境内隐蔽性强，堵源截流难度大；四是"三非人员"大部分在我国境内有着亲属关系，平时往来频繁，遣返工作容易反复。

（二）社会治安治理相关部门之间协调配合不够

2018年8月在该县公安局的调查中了解到，社会治安的治理涉及流动人口的管理。以Z县为例，该县流动人口的管理涉及公安、工商、计生等多个部门，但在实际工作中存在着公安机关唱"独角戏"的状况。公安机关对暂住人口一直按照"人来登记，人走注销"的原则进行管理，社会治安治理各相关部门之间缺乏配合，因而在管理上难以形成合力。加之暂住人口居住分散，公安派出所自身警力不足和经费紧张，没有足够的人员投入暂住人口的管理，以致仅靠责任区民警负责管理已显得力不从心，难免出现漏管现象，引发治安问题。

以R市为例，2018年8月在该市公安局的调查中了解到，该市在平安建设和立体化社会治安防控体系建设中，有关各级政府部门、企事业单位、居委会、社区以及公民在内的多种社会主体的社会治安防控责任制度尚不健全，有关社会治安治理的各相关部门的职责划分不明确，加之社会治安治理各相关部门没有充分认识到所在单位的工作同立体化社会治安防控体系建设之间的关系，以致社会治安治理责任在一些相关部门落实不到位，发挥不出社会治安治理合力。

从以上实证案例可以看出，社会治安治理各相关部门之间协调配合不够，已经成为云南边境地区社会治安治理中存在的问题。社会治安治理各相关部门之间协调配合不够，主要表现在以下几个方面：一是流动人口管理与社会治安治理有关，涉及公安、工商、计生等多个部门，但现实中有关流动人口管理的各部门之间缺乏配合，管理上未形成合力；二是平安建设和立体化社会治安防控体系建设涉及各级政府部门、企事业单位、居委会、社区以及公民，但现实中这些社会治安治理主体的责任划分及其关系未明晰，社会治安整体防控责任制度尚不健全，以致社会治安治理责任在一些相关部门落实不到位，无法发挥合力。

（三）与毗邻国开展警务合作处置案件存在困难

以Y县为例，2019年1月在该县公安局的调查中了解到，该县与某毗邻国边境地区接壤。由于Y县与某毗邻国边境地区山水相连，发生在Y县境内的一些社会治安案件都与某毗邻国边境地区有关。为了有效加强边境一线社会治安问题的治理，Y县公安部门每年都与某毗邻国边境地区警务部门进行会晤会谈，主要对禁毒、反恐等领域引发的社会治安和边境安全保卫等问题进行协商治理。由于某毗邻国边境地区所在的民族地方武装组织与毗邻国政府尚未实现民族和解，Y县与某毗邻国边境地区就社会治安治理展开的警务合作，容易引起某毗邻国政府的猜忌，因而双方尚不能放开手脚开展合作。几年来，Y县警方与毗邻国边境地区在社会治安治理方面的警务合作受以上因素掣肘，合作范围较小。

以M县为例，2018年8月在该县公安局的调查中了解到，该县与某毗邻国边境地区接壤，一方面，一些偷渡来到M县、生活没有着落的毗邻国公民会出现偷盗电单车等违法行为，一些来M县经商的毗邻国人员缺乏守法意识，在中国驾驶挂有毗邻国牌照的车辆，严重违反交规以后经常逃逸。另一方面，也有一些中国人通过偷渡跑到毗邻国从事电信网络诈骗、赌博、走私等犯罪活动。这些毗邻国人员和中国人在对方国土上引发的案件，需要中国M县警方与毗邻国边境警方进行合作才能加以有效处置。尤其在打击跨国犯罪活动中，需要中国和毗邻国双方警务部门共享情报和信息，合作侦查，密切配合，相互引渡犯罪人员。从处理这些案件的过程来看，M县警方请求毗邻国边境警方支持配合的次数多，毗邻国边境警方请求M县警方配合少。为了取得毗邻国边境警方的积极配合，妥善处理类似案件，M县警方平时就注重加强与毗邻国边境警方的感情联络。

从以上实证案例可以看出，云南边境地区与毗邻国边境地区通过开展警务合作处置案件存在诸多顾忌和困难，已经成为云南边境地区社会治安治理中存在的问题。具体原因如下：一是毗邻国边境地区民族地方武装组织与毗邻国政府之间尚未实现民族和解，因而中国和毗邻国双方地方政府层面就社会治安问题开展的警务合作范围小。二是从处理治安案件的过程来看，云南边境警方请求毗邻国边境警方支持、配合的次数较多，而毗邻国边境警方请求云南边境警方配合处置案件的次数较少。为了取得毗邻国边境警方的积极配合，及时妥善处理案件，云南边境警方较为注重加强与毗邻国边境警方的感情联络。

（四）人员、资金、设备配置跟不上时代发展需要

以 H 县为例，2019 年 2 月在该县公安局的调查中了解到，随着经济社会的发展以及社会治安面临的挑战增多，H 县的社会治安治理的人员、设备已经满足不了现实的需要。一是警力严重短缺。由于"边境管控""禁毒摘帽""交通安全管理"等工作任务重、压力大，牵扯警力多，面对严峻的社会治安形势和繁重的维稳任务，云南边境地区警力严重不足。譬如，H 县交警大队十多年来的人员编制一直未变，但车辆在成倍增加，车流量大，值勤点多，管理人员无法满足需要。为了保证车辆运行通畅和道路交通安全运行，H 县临聘工作人员充当协警，以缓解警力不足的困难局面。二是警务设备配置老化陈旧。表现在用于执法办案、巡逻押运等车辆严重老化，基层队所基础设施陈旧。面对高科技违法犯罪活动日益突出的形势，H 县公安局缺乏与侦查、布控、堵截、盘查和维稳工作相适应的高科技装备。由于现有执法硬件条件与形势发展需要不相符，已经影响了快速处置治安案件工作的正常开展。

以 X 县为例，2018 年 8 月在该县公安局的调查中了解到，该县公安局人员编制不够用的问题较为突出。由于没有多余的编制岗位，公安局在社会治安工作中常常陷入"人少事多"的尴尬局面，部分干警经常扮演"兼职"角色，显得心力交瘁，影响了警察的身心健康和社会治安治理效果。由于人员编制不足，为了满足工作需求，只有向社会招收协警、辅警等编制外人员。由于编制外人员未系统学习过警务执法知识，只能负责一些日常工作中的琐碎之事。而 X 县是一个典型的少数民族"直过区"，经济发展落后，财政底子薄，资金的投入远远不足以支撑全县每年的社会治安治理活动经费的支出。

以 R 市为例，2018 年 8 月在该市公安局的调查中了解到，几年来，大量外籍人员涌入该市，社会治安问题突出。对外籍人员进行规范化管理，维护好 R 市社会稳定，需要投入大量的警力作为保障，然而实际工作中警力却严重不足，这成了制约 R 市社会治安治理工作的最大瓶颈。一方面，因工勤人员编制挤占了行政编制，导致警察招录、扩充不足。另一方面，协警队伍待遇偏低，招人难、留人难，致使社会治安治理工作面临人力严重不足的问题。

以 M 县为例，2018 年 8 月在该县公安局的调查中了解到，随着边境开放以及社会不断向前发展，该县社会治安形势与以前相比也显得更为严峻。实现"发案少、秩序好、社会治安稳定、人民群众满意"的社会治安治理目标，

需要投入大量的人力、物力和资金，用以加强以"人防、物防、技防"为主的安全预防工作。但M县所在地区经济基础薄弱，因而在这方面的投入仍严重不足，满足不了新形势下社会治安治理对人力、财力、物力的需求。

从以上实证案例可以看出，人员、资金、设备配置跟不上时代发展需要，已经成为云南边境地区社会治安治理中存在的问题。人员、资金、设备配置跟不上时代发展需要，主要表现在以下几个方面：一是"边境管控""禁毒摘帽""交通安全管理"等工作任务重、压力大，牵扯警力多，但现实警力严重不足；二是缺乏与侦查、布控、堵截、盘查和维稳工作相适应的高科技装备，用于执法办案、巡逻押运的车辆严重老化，基层队所的基础设施陈旧；三是公安机关工勤人员编制挤占了行政编制，以致警察招录、扩充不足；四是协警队伍待遇低，招人难、留人难；五是云南边境县市经济发展较为落后，财政底子薄，资金的投入不足以支撑全每年的社会治安治理活动经费。

（五）社会治安的整体防控工作仍然存在薄弱环节

以H县为例，2019年2月在该县公安局的调查中了解到，该县社会治安整体防控存在薄弱环节，主要体现在：一是农村社会治安防控体系不健全，村民防范意识薄弱，农村防范力量相对不足，社会治安治理资金投入不到位；二是全县部分行业场所、出租房、暂住人口的管理存在一定的盲区；三是部分群众的法律意识、法治观念滞后，因民事纠纷引起的打架斗殴等刑事案件以及吸毒、抢盗等案件时有发生；社会治安环境净化有漏洞，影响社会健康发展。

从以上实证案例可以看出，社会治安的整体防控工作仍然存在薄弱环节，已经成为云南边境地区社会治安治理中存在的问题。社会治安的整体防控工作仍然存在薄弱环节，主要表现在以下几个方面：一是社会治安防控体系建设投入方面，城乡之间显得严重不均衡。城市投入多、农村投入少，甚至出现资金不到位的情况。二是社会治安防控意识方面，城乡之间显得差距较大。城市居民防控意识较强，农村居民防控意识淡薄。三是重点行业、重点场所的问题排查、暂住人口的平时监管，也存在一些漏洞和盲区。

（六）打击跨国网络犯罪取证难、定性难、抓捕难

以H县为例，2019年2月在该县公安局的调查中了解到，该县境外电信诈骗、"套路贷"等网络犯罪时有发生。由于此类犯罪人员不在国内，打击起来难度大。一是境外手机实名制管理存在漏洞，犯罪分子为了逃避法律制裁，通信设备既无开户资料，又无实名制登记，公安部门锁定作案地点和作案人员的难度很大。二是此类网络犯罪手段隐蔽、技术性强、表现形式多样，造

成案件取证难、定性难、抓捕难、打击难等问题。

从以上实证案例可以看出，打击跨国网络犯罪取证难、定性难、抓捕难，已经成为云南边境地区社会治安治理中存在的问题。打击跨国网络犯罪取证难、定性难、抓捕难，原因如下：一是境外电信诈骗、"套路贷"等网络犯罪，涉及的犯罪分子大都是中国人，但犯罪地点一般都在毗邻国北部。这就需要中国警方取得毗邻国警方的支持和合作，才能开展跨国追捕行动。如若毗邻国警方不予支持和配合，中国警方要将犯罪分子捉拿归案，绳之以法，其难度就很大。二是对于中国人跨境在毗邻国北部实施网络犯罪活动，毗邻国北部特区政府和民族地方武装组织，一般都是采取睁一只眼闭一只眼的态度，加之某毗邻国北部对于手机未实行实名制管理，实施网络犯罪的通信设备既无开户信息、更无实名登记资料，这就给中国警方调查取证带来了很大的困难，直接影响着对跨国网络犯罪进行准确定性，极大地增加了打击跨国网络犯罪的难度。

（七）打击涉黄涉赌违法犯罪活动的难度不断增大

以Y县为例，2019年1月在该县公安局的调查中了解到，随着该县涉黄涉赌违法犯罪打击力度的加大，涉黄涉赌违法犯罪活动的打击难度也随之增加。一方面，赌博、卖淫等违法犯罪活动开始转为地下，更具隐蔽性，这给精准打击增加了难度。另一方面，随着网络技术的发展，赌博形式更加多样化，开始出现网络赌博。公安机关查处网络赌博时，只能看到设备，而查不到现金交易，同样具有极强的隐蔽性，增加了查处难度。再一方面，中国人偷渡到境外开赌场，或者参与赌博活动，公安机关在获取线索、侦办案件、掌握打击主动权方面极为困难。

以L县为例，2019年1月在该县公安局的调查中了解到，随着网络技术的发展，该县出现网络赌博、网络招嫖等违法犯罪现象。无论是网络赌博还是网络招嫖，服务器都有可能在境外，公安机关打击此类犯罪活动时，证据搜集难、认定难、操作难。另外，近年来还出现了流动性赌博形式。这种赌博形式没有固定的地点，赌博场所一般设置在荒郊野外，赌徒参与流动性赌博具有一定的隐蔽性，大大增加了公部机关的打击难度。

从以上实证案例可以看出，打击涉黄涉赌违法犯罪活动的难度不断增大，已经成为云南边境地区社会治安治理中存在的问题。打击涉黄涉赌违法犯罪活动的难度不断增大，原因如下：一是云南边境地区的赌博、卖淫违法犯罪活动开始转为地下，更具隐蔽性，这给精准打击增加了难度；二是随着网络技术的发展，已经出现了网络赌博的形式，公安机关开展查处行动时，往往只能查到用于赌博的网络设备,却找不到赌博的现金交易证据;三是中国人偷渡到毗邻国北部开设赌场,或参与赌博活动,公安机关在获取线索、侦办案件、掌握打击主动权方面极为困难;四是近年来出现了网络招嫖等违法犯罪现象,由于网络招嫖的服务器有可能在境外,公安机关打击此类犯罪活动时,证据搜集难、罪行认定难、具体行动操作难。

(八)公安执法水平和整体能力素质有待提升

以 X 县为例,2018 年 8 月在该县公安局的调查中了解到,随着执法环境的变化,违法犯罪分子的犯罪手段也随之层出不穷,但在执法水平方面,公安机关很多时候还在使用原始老套的执法手段和侦查技术。在整体素质方面,虽然公安队伍整体学历较高,但专业技术人才较为缺乏,公安队伍未形成"常学习、常思考、常提高、常创新"的学习新常态。有的民警满足于现状,开展工作缺乏扎实的作风,满足于一般化水平,只求做完,不求做好,任务执行不到位现象时有发生;有的民警在公安系统长时间超负荷工作,出现职业倦怠情绪,已经影响公安队伍思想的稳定。在整体能力方面,公安干警的信息研判能力、预警能力、攻坚克难能力、高端信息化技术应用能力、社会治安的整体防御能力仍显得较弱。

从以上实证案例可以看出,公安队伍的执法水平、整体能力素质有待提升,已经成为云南边境地区社会治安治理中存在的问题。公安队伍执法水平、整体能力素质有待提升,主要表现在以下几个方面:一是面对违法犯罪分子层出不穷的犯罪手段,公安机关很多时候仍在使用原始的老套的执法手段和侦查技术加以应对;二是公安队伍缺乏专业技术人才,高端信息化技术应用能力弱;三是公安干警的信息研判能力、预警能力、攻坚克难能力、治安整体防御能力有待提高;四是部分民警表现出职业倦怠情绪,影响公安队伍思想稳定。

(九)社会力量及人民群众参与治安管理动力不足

以 L 县为例,2019 年 1 月在该县公安局的调查中了解到,一方面,该县的农村村民自治组织都设有治保委员会及治保主任,同时设有人民调解委员会及人民调解员,由于治保委员和人民调解员是由村干部兼任,他们平时需要处理很多职责范围内的村寨问题,工作多、压力大,已经没有时间和精力参与公安机关的社会治安治理工作。另一方面,由于缺乏参与公安机关社会治安治理的工作经费,也没有办法调动治保委员和人民调解员参与社会治安治理的工作积极性。再一方面,尽管公安机关在鼓励公民个人参与社会治安治理方面制定各种奖励办法,但人民群众担心参与公安机关社会治安治理工作会受到坏人的打击报复，很多群众都不愿参加或者不敢参加，因而在实际工作中人民群众参与公安机关开展的社会治安治理工作的情况极少。

从以上实证案例可以看出，社会力量及人民群众参与社会治安治理动力不足，已经成为云南边境地区社会治安治理中存在的问题。社会力量及人民群众参与社会治安治理动力不足，主要表现在以下几个方面：一是基层自治组织是参与基层社会治安治理的重要社会力量，无论是农村基层自治组织里的村民委员会，还是城市基层自治组织的居民委员会，一般都设有治保委员和人民调解员，公安机关如果能把他们的积极性调动起来，是可以在社会治安治理方面协助基层公安派出机构做很多事情的，但由于基层自治组织自我管理、自我服务的事务多，治保委员和人民调解员已经没有时间和精力参与公安机关的社会治安治理工作；二是人民群众也是参与基层社会治安治理的重要力量，公安机关为了调动人民群众参与社会治安治理的积极性，也出台了一些激励措施和办法，但事实上很多群众都不敢参与或者不愿参与社会治安治理，因为他们担心被犯罪分子打击报复。

从以上实证案例也可以得出一点启示：坚持和完善中央提出的共建共治共享的社会治理制度，需要调动社会力量及人民群众参与社会治安治理的积极性、主动性和创造性，必须建立和完善社会力量及人民群众参与社会治安治理的经费保障机制和安全保护机制。

二、禁毒防艾存在的问题

（一）境外传统毒品和新型毒品的源头控制难度大

以Z县为例，2018年8月在该县公安局的调查中了解到，该县与某毗邻国北部某地区接壤。几年来，Z县与毗邻国北部某地区以实施农业合作项目的形式帮助他们种植甘蔗，最多时达到15万亩，既有效地缓解了Z县加工企业原料供应不足的压力，也为国内企业"走出去"提供了市场空间，同时也为毗邻国北部某地区实施罂粟替代种植发挥了重要作用，受到了毗邻国政府和群众的拥护和好评，替代种植甘蔗成了当地群众致富产业，也成了Z县和毗邻国合作共赢的经济项目。但是，受近代百年罂粟泛滥的历史沉疴、西南邻近地区大规模的罂粟种植、周边国家地区毒品和制毒配剂工具流入以及长期战乱等因素的影响，几年来，某毗邻国的某地区不仅成了传统毒品的集散地，而且成了新型毒品的集散地。由于Z县边境线长达96.358公里，且无任何天然屏障，有46条道路（人行道31条、车行道15条）及山间便道无数条连通毗邻国，边境管控点多面广，难免无法顾及，以致境外毒品防不胜防渗透内流，加之Z县禁毒专业技术、力量、资金等不足，控制境外传统毒品和新型毒品的源头的难度增大，禁毒堵源截流任重道远。

从以上实证案例可以看出，境外传统毒品和新型毒品的源头控制难度大，已经成为云南边境地区禁毒防艾中存在的问题。境外传统毒品和新型毒品的源头控制难度大，原因如下：一是几年来受各种因素的影响，某毗邻国北部地区不仅成了传统毒品的集散地，而且成了新型毒品的集散地；二是连通云南边境地区与毗邻国的便道无数，边境管控点多面广，难免无法顾及，以致境外毒品防不胜防渗透内流；三是我边境县市禁毒专业技术、力量、资金配备不足，堵源截流任重道远。

（二）稽查毒品的手段和方式跟不上形势发展需要

以H县为例，2019年1月在该县公安局的调查中了解到，几年来，贩毒分子气焰嚣张，禁毒形势依然非常严峻。随着我国打击毒品犯罪力度的不断加大，云南边境地区贩毒分子的贩毒手段和方式也在不断翻新。譬如，有的将毒品藏匿在从毗邻国运输入境的一大卡车西瓜里，因西瓜数量多，缉毒民警没有办法做到将每一个西瓜都剖开检查，只能随机抽取部分进行检查，这就难免会有疏漏。从目前的稽查技术来看，公安机关尚不具备将整车西瓜逐个不漏进行检查的先进的仪器设备。由于缺乏高科技缉查设备，缉毒警察的缉毒方法和手段仍主要依靠传统的缉毒方法和经验。现在缉查出来的大批量毒品，通常都是事先已经有了充分的信息情报以后，公安机关进行精心布网才能捕获的。虽然近年来公安机关也更新了部分具有科技含量的办公设备，但总体情况来看，一线缉毒警察缉毒方法仍显单一，手段仍旧落后，大都仍处于手工缉查阶段的水平，这已经适应不了形势发展的需要。

从以上实证案例可以看出，缉查毒品的手段和方式跟不上形势发展需要，已经成为云南边境地区禁毒防艾中存在的问题。缉查毒品的手段和方式跟不上形势发展需要，主要原因如下：一是云南边境地区贩毒分子的贩毒手段和方式不断翻新；二是缺乏高科技缉查设备，缉毒警察缺乏先进的缉毒方法和手段；三是一线缉毒警察缉毒方法单一、手段落后，大都仍处于手工缉查水平阶段。

（三）一线缉毒民警出现不同程度的职业倦怠现象

以H县为例，2019年2月在该县公安局的调查中了解到，在长期与贩毒分子斗智斗勇的工作中，职业暴露和职业安全问题始终困扰着一线缉毒民警，该县一些缉毒民警经过缉毒激情这一阶段后，都出现了不同程度的职业怠倦现象。职业倦怠是指个体在工作重压下产生的身心疲劳与耗竭的状态。职业倦怠一般表现为三种症状：一是对工作丧失热情，情绪烦躁、易怒，对前途感到无望，对周围的人、事物漠不关心。二是工作态度消极，对服务或接触的对象没耐心、不柔和。三是对自己工作的意义和价值评价下降，常常迟到早退，甚至开始打算调离或者转行。可见，职业倦怠现象对职业个体和职业工作都具有严重的负面影响。云南边境一线紧靠毒品生产地"金三角"，是贩毒分子贩卖毒品最活跃最猖獗的地带，是禁毒环境最复杂、禁毒任务最繁重的地区。奋战在这一特殊地区的缉毒民警心理压力最大、职业风险最高，随时都有牺牲生命的可能。对H县缉毒民警来说，每天与边境上贩毒的亡命之徒打交道，始终处在高危险、高压力之下工作，有的缉毒战友牺牲了，有的身负重伤残疾了，加之缉毒民警待遇低。在这些情况的困扰下，一些缉毒民警就出现了不同程度的职业倦怠状态，有的缉毒民警安心缉毒工作的思想开始动摇。

从以上实证案例可以看出，缉毒民警出现不同程度的职业倦怠现象，已经成为云南边境地区禁毒防艾中存在的问题。缉毒民警出现不同程度的职业倦怠现象，主要表现在以下几个方面：一是在长期与贩毒分子斗智斗勇过程中，缉毒民警职业暴露和职业安全感问题突出，并一直困扰缉毒民警；二是云南边境一线紧靠毒品生产地"金三角"，是贩毒分子贩卖毒品最活跃最猖獗的地带，奋战在这一特殊地区的缉毒民警心理压力最大、职业风险最高、随时有牺牲的可能；三是缉毒民警待遇普遍偏低。

（四）与毗邻国开展警务合作打击贩毒机制未形成

以M县为例，2018年8月在该县公安局的调查中了解到，几年来，虽然在打击跨境电信网络诈骗方面，M县警方与毗邻国北部某地区开展了一些警务合作，并取得了一定成效。但云南边境地区与毗邻国北部地区在共同打击跨境贩毒犯罪方面，M县警方与毗邻国北部地区警方开展的合作并不多，中国与毗邻国跨境合作打击贩毒分子的机制尚未形成。主要原因如下：一是某毗邻国地区位于"金三角"毒源地，虽然现在对外宣称已经不种植毒品，但它属于某毗邻国边境地区民族地方武装组织控制和管辖范围，走私制毒物品活动猖獗，新型毒品不断出现，传统毒品和新型毒品共存，某毗邻国北部地区对毒品交易的监管松散，这就为制毒贩毒分子或者制毒贩毒集团提供了生存土壤和空间，M县警方要想取得某毗邻国边境地区民族地方武装组织在禁毒方面的支持和配合就显得很困难。二是M县警方与某毗邻国边境地区之间开展的警务合作，只属于云南边境地区与毗邻国地方政府之间的协作，中国与某毗邻国之间还没有形成国家层面的禁毒合作机制。加之某毗邻国边境地区民族地方武装组织与某毗邻国政府之间尚未达成民族和解，M县警方与某毗邻国边境地区开展禁毒等警务合作还存在很多制约因素。

从以上实证案例可以看出，云南边境地区与毗邻国开展警务合作、共同打击贩毒分子的机制尚未形成，已经成为云南边境地区禁毒防艾中存在的问题。云南边境地区与毗邻国开展警务合作、打击贩毒分子机制未形成，原因如下：一是某毗邻国北部属于某毗邻国民族地方武装组织控制和管辖范围，他们对毒品交易监管松散，中国警方打击贩毒分子要取得他们的支持和配合比较困难；二是几年来云南边境地区警方与某毗邻国北部警方之间开展的警务合作只属于中国与毗邻国地方政府之间的协作，尚未形成国家层面的禁毒合作机制；三是某毗邻国北部民族地方武装组织与某毗邻国政府之间尚未达成民族和解，云南边境地区警方与毗邻国北部地区警方开展禁毒等警务合作存在诸多掣肘因素。

（五）防艾宣传教育效果未完全达到理想状态

以C县为例，2018年8月在该县卫计局的调查中了解到，为了帮助群众掌握防艾知识，提高预防能力，该县在禁毒宣传教育方面做了很多工作。譬如，将防艾政策知识纳入县委党校培训课程，组织县疾控中心深入各乡镇开展防控艾滋病宣讲，得到了乡村干部的欢迎和好评。2018年，C县对93个行政村（社区）及乡镇所在地共103处邮政政讯便民服务平台发布了防艾媒体广告，认真开展"12·1""艾滋病"防控宣传活动，让防艾知识进校园、进工地、进车站。这些宣传教育活动有效提高了各类人群的防艾意识和自我保护能力，但对照现实情况，禁毒防艾宣传教育效果并未完全达到理想状态，部分群众防治艾滋病的知识掌握的仍然较少，自我防护意识仍然需要不断增强，自我保护能力仍然需要不断提高。事实说明，防艾宣传教育力度还需加强，离理想状态还差距甚远。

以H县为例，2019年2月在该县卫计局的调查中了解到，2016—2018年，该县多管齐下对各类人群进行了防艾宣传教育。一是建立防艾宣传教育基地，面向社会开放，对青少年、中老年人、党政机关工作人员等不同人群进行宣传教育。二是抓住各种节庆活动契机，开展防艾宣传教育进校园、进社区、进工地、进村寨活动。这些宣传教育活动对于普及防艾知识起到了重要作用，提高了大多数人的防艾意识和能力，但也要看到开展宣传教育活动以后，部分城镇居民的防艾意识仍然淡薄、防艾知识仍然缺乏，不同人群中仍然存在着恐艾心理、歧视艾滋病患者现象。同时还要看到，防艾宣传教育活动根据不同人群有针对性开展得不多。从现实情况来看，感染艾滋病毒的人群中农民居多、坝区的居多、跨境婚姻中来自毗邻国的妇女居多，感染途径主要是性传播。由于农村居民文化水平普遍较低，接受防艾知识的能力较弱，因此必须根据他们的特点进行有针对性的宣传教育活动。

从以上实证案例可以看出，防艾宣传教育实际效果未完全达到理想状态，已经成为云南边境地区禁毒防艾中存在的问题。防艾宣传教育实际效果未完全达到理想状态，原因如下：一是开展宣传教育活动以后，很多群众所掌握的防艾知识仍然不丰富，自我防护意识仍然不够强烈，自我保护能力仍然需要提高；二是开展宣传教育活动以后，不同人群中仍然存在着恐艾心理、歧视艾滋病患者现象；三是感染艾滋病毒的人群中农民居多、坝区的居多、跨境婚姻中的毗邻国媳妇居多，感染途径主要是性传播。

从以上实证案例可以得出启示，云南边境地区防艾宣传教育要想取得理想效果，一要加大对农村边民、坝区居民、跨境婚姻家庭成员等群体的宣传教育力度；二要改革和创新宣传教育的方式方法、宣传的技术手段、宣传的绩效评估等。

（六）艾滋病防治经费投入满足不了工作需要

以 X 县为例，2018 年 8 月在该县卫计局的调查中了解到，近年来，随着边境地区艾滋病病毒感染者和病人数量的增加，该县艾滋病防治相关部门对防治资金的需求也在进一步加大。但是，中央和省级的专项补助，已经不能完全满足防治工作的需求。这就要求地方财政要给予更多的关注和支持。X 县属于"直过区"，是典型的"直过民族"自治县，经济发展水平低，县级财政困难，无法将防治经费投入到位，因而需要县级以上政府追加防艾专项经费补助，否则将严重影响防艾工作的推进和效果。

从以上实证案例可以看出，艾滋病防治经费投入满足不了工作需要，已经成为云南边境地区禁毒防艾中存在的问题。艾滋病防治经费投入满足不了现实工作需要，原因如下：一是边境地区艾滋病病毒感染者和病人数量增加，艾滋病防治部门对防治资金的需求也在加大；二是中央和省级关于艾滋病防治的专项经费补助，已经不能完全满足防治形势发展的需求；三是边境县市经济发展水平普遍较低，县市级财政能力较弱，无法将防治经费投入到位。

（七）艾滋病防治部门工作人员思想认识有偏差

以 X 县为例，2018 年 8 月在该县卫计局的调查中了解到，艾滋病的防治涉及县卫计局、县疾病预防控制中心、县级医院、县防艾办、县药监局、县公安局等部门。在艾滋病的防治过程中，要想取得防治成效，各相关部门都必须高度重视，齐心协力，共同努力。但从现实情况看，艾滋病防治相关部门工作人员思想认识出现一些偏差，主要表现为：有的部门的干部职工对艾滋病的流行和防治规律、危害性认识不足，从而影响了防治工作的积极性、主动性、创造性；有的部门的领导干部和业务人员对防治工作的复杂性、长期性和艰巨性认识不足，未牢固树立长期作战和打硬仗的思想准备，出现了工作松懈、思想麻痹、厌战心理等现象；有的防艾成员单位对艾滋病形势分析不到位，对艾滋病的危害程度估计不足，组织协调不够，应对措施不力；有的防艾成员单位近年来将主要精力投入精准扶贫工作当中，对防艾工作出现了应付了事的现象。

从以上实证案例可以看出，艾滋病防治部门工作人员思想认识出现偏差，已经成为云南边境地区禁毒防艾中存在的问题。艾滋病防治部门工作人员思想认识偏差，主要表现在以下几个方面：一是有的部门的干部职工对艾滋病的流行和防治规律、危害性认识不足；二是有的部门的领导干部和业务人员对防治工作的复杂性、长期性和艰巨性认识不足；三是有的防艾成员单位对艾滋病形势分析不到位，组织协调不足，应对措施不力；四是近年来有的防艾成员单位将主要精力投入精准扶贫当中，对防艾工作应付了事。

（八）艾滋病防治队伍的数量和能力未满足需要

以 X 县为例，2018 年 8 月在该县卫计局的调查中了解到，随着艾滋病防治工作任务的不断加重、目标人群不断增加、防治重点和区域不断扩大，该县现有的防治能力已经不能满足工作需要。一是人员编制不足。十年来未增加编制，原有人员编制、人数与严峻的防控形势需要不相适应。县人民医院艾滋病抗病毒治疗人数在不断增加，治疗又是终生的，而医院没有专职的人员编制，严重制约了治疗工作的推进，防艾专职人员紧缺已经成为防艾工作的最大问题。二是防艾人员队伍不稳定。防艾工作人员长期面对艾滋病人、暗娼、吸毒者、男男同性恋等特殊人群，工作时间长而且有些工作不得不在下班时间加班完成（如暗娼行为干预），长期超负荷工作导致防艾工作人员心理压力大，影响了防治队伍的稳定和工作效率。三是基层单位的人员和经费未得到落实。按照"关口前移、重心下沉"的工作指导原则，可以建立和完善乡镇、村组等基层防艾体系，将艾滋病防治工作的宣传教育、检测、随访等管理工作下移乡镇，但目前乡镇一级防治工作人员编制以及工作经费尚未得到落实，严重制约了工作下移，从而增加了县级防艾业务部门的工作压力，严重影响了工作质量。

以 L 县为例，2019 年 1 月在该县卫计局的调查中了解到，截至 2018 年 12

月，该县艾滋病防治办公室只有专职工作人员1人，抗病毒治疗仅配备1名专业人员（未配备病案管理医师），母婴阻断配备1名专业人员，[①] 一定程度影响了防艾办作为艾滋病防控工作协调管理机构职能的发挥。另外，由于缺少编制、待遇较低、条件艰苦等原因，乡镇医院内艾滋病病人及病毒携带者的防保工作人员更换频繁，且大多业务素质不高，专业能力较低，导致部分工作指标、任务及要求难以规范地落实。

从以上实证案例可以看出，艾滋病防治队伍的数量和能力未能满足需要，已经成为云南边境地区禁毒防艾中存在的问题。艾滋病防治队伍的数量和能力未能满足需要，主要表现在以下几个方面：一是原有防艾人员编制、人数与严峻的防控形势要求不相适应；二是防艾人员长期面对艾滋病人、暗娼、吸毒者、男男同性恋等特殊人群，长期超负荷工作影响了防治队伍的稳定和工作效率；三是乡镇一级防艾工作经费未得到有效落实，严重制约了工作下移，从而增加了县级防艾业务部门的工作压力；四是乡镇医院内艾滋病病人及病毒携带者的防保人员业务素质不高，导致部分工作任务难以规范地落实。

三、外籍务工人员治理存在的问题

（一）外籍务工人员治理的意识及能力有待提高

以Z县为例，2018年8月在该县公安局的调查中了解到，该县政府各有关部门尚未树立加强对外籍人员进行治理的意识，很多人对出入境治理工作的重要性的认识不到位，加强外籍人员治理的积极性、主观能动性有待提高。之所以形成这样的局面，是因为长期以来在各有关职能部门的业务工作中，涉外工作只占其业务工作的极小部分，加强外籍务工人员治理的工作尚未引起部门领导的高度重视。加之大部分相关职能部门管理人员不会使用毗邻国语言与管理对象交流，甚至对外籍务工人员"望而生畏"，普遍存在一旦遇到外籍务工人员管理问题，就干脆直接移交公安机关处理的现象。外籍务工人员治理的相关各职能部门对出入境工作的认识不到位，未引起相关部门领导的高度重视，已经成为历史性的惯性问题。

以R市为例，2018年8月在该市公安局的调查中了解到，近年来，随着R市经济的迅速发展，大量毗邻国人员涌入就业，虽给当地带来了丰富的人力资源，但也给R市的治理带来了巨大考验。为此，在州、市两级党委、政

[①] 数据来源：《L县防艾、疾病预防控制工作开展情况报告》，2019年1月，L县卫计局提供。

府的共同努力下，R市外籍人员服务管理中心挂牌成立。这是我国首个外籍人员服务管理中心，该中心不仅有效促进了R市的外籍人员服务管理工作，也为全国探索了一条外籍人员服务管理的新路子。但是，外籍人员服务管理中心的工作理念还较多停留在"管理""掌控""维稳"层面，"服务"的理念仍显不足。

从以上实证案例可以看出，外籍务工人员治理的服务意识及能力有待提高，已经成为云南边境地区外籍务工人员治理需要解决的问题。外籍务工人员治理的服务意识及能力有待提高，主要表现在以下几个方面：一是相关职能部门的工作人员对出入境工作重视不够，加强外籍务工人员治理的积极性、主动性有待提高；二是相关职能部门的工作人员运用毗邻国语言与管理对象交流的水平低，对外籍务工人员"望而生畏"，遇到外籍务工人员管理问题往往直接移交公安机关处理；三是外籍务工人员治理理念更多停留在"管理""掌控""维稳"层面，"服务"意识和能力仍显不足。

（二）外籍务工人员的具体数据的准确掌握困难

以H县为例，2019年2月在该县公安局的调查中了解到，该县外籍务工人员中，一部分是来自毗邻国某特区的边民，而大部分来自该毗邻国另外一个地区，极少部分来自另外一个毗邻国。这些外籍务工人员中绝大部分属于偷渡过来的"三非人员"，以男性居多。主要分布在茶山种茶、摘茶，部分分布在餐饮服务业，有爱伲族、傣族等。由于外籍务工人员中的"三非人员"绝大部分是偷渡过来，其隐蔽性强、流动性大、工作稳定性差、居住分散。当地政府虽然规定对外籍务工人员实行属地管理，但要对这一特殊流动群体进行登记和统计，准确掌握他们的具体数据还是显得非常困难。

从以上实证案例可以看出，外籍务工人员的具体数据的准确掌握困难，已经成为云南边境地区外籍务工人员治理中存在的问题。外籍务工人员的具体数据的准确掌握困难，原因如下：一是外籍务工人员绝大部分属于偷渡入境的"三非人员"，其隐蔽性强，数据统计很困难；二是外籍务工人员流动性大、工作稳定性差、居住分散，准确掌握具体数据也困难；三是在云南边境一线，中国与毗邻国的双边边民长相相似，语言相通，仅凭外表难以区分，加之我国有些乡镇旅馆、饭店开设于当地居民自己家中，难以严格执行检查和登记住宿人员的有关规定；四是由于国家和边界意识的淡薄，云南边境地区中国与毗邻国双边边民亲朋好友之间的互访，被当地边民看作非常自然的事情，没有需要报告和登记的意识。①

（三）外籍务工人员的管理队伍和经费配备不足

以 Z 县为例，2018 年 8 月在该县公安局的调查中了解到，一方面，几年来，该县外籍人员管理服务队伍已经不能完全适应形势发展需要。表现在单靠该县公安局出入境管理部门，就要负责对全县所有涉外案件进行指导，对全县所有外籍人员入境以后实施动态管理，并且还要负责对全县出入境机制建设进行具体统筹和协调，再加上乡镇一级尚未设置专门的外籍人员管理机构，基层又缺乏精通毗邻国语言的专业人才，还要经常下乡具体协助处理外籍人员事务。由于外籍人员管理服务人员不够，这些客观存在的实际工作，已经让本来就工作任务非常繁重的出入境部门更加繁忙。另一方面，该县外籍人员管理经费配备已经保障不了实际工作开支的需要。管理经费配备不足已经成为开展外籍人员管理服务中比较突出的问题。管理经费配备不足，不仅使现有的举报"三非人员"的有奖机制难以落到实处，而且影响了遣送"三非人员"的后勤保障设备设施的购买，制约了遣送"三非人员"工作的深入开展。

以 R 市为例，2018 年 8 月在市公安局的调查中了解到，为了对外籍人员实行集中服务管理，R 市 2013 年就成立了"R 市外籍人员服务管理中心"，选派公安、民政、卫生、人保、外办等部门业精技强人员进驻，实行集中联合办公，为外籍人员办事、办证等提供了便捷的"一站式"贴心服务。但事实上 R 市外籍人员服务管理中心并没有专门的人员编制，各部门派驻的人员也不固定，都属于抽调人员。同时，R 市外籍人员服务管理中心缺乏与外籍人员进行语言交流的专门人才，这对顺利开展外籍人员服务管理工作产生了一定的影响。

以 Y 县为例，2019 年 1 月在该县公安局的调查中了解到，该县境外边民入境管理服务中心在为外籍人员办理证件过程中，由于牵涉到毗邻国开具的有关证件，需要有专人进行证件的准确翻译，才能辨别外籍人员的真实来源。加之在填写相关表格时，一些来自毗邻国的务工人员不懂汉语，Y 县工作人员也不懂毗邻国语言，因而相互之间沟通非常困难，难以指导毗邻国这部分务工人员填写表格，影响了工作效率。几年来，Y 县办证部门急需招录高校专门学习毗邻国语言的毕业生进入境外边民入境管理服务中心工作，由于没

---

① 杨临宏. 加强和创新社会管理的法律问题研究 [M]. 北京：中央编译出版社，2015：36.

有编制和用人指标，也只有寻找其他办法解决工作中遇到的翻译问题。

以 X 县为例，2018 年 8 月在该县公安局的调查中了解到，该县与某毗邻国北部某地区接壤，该地区对外宣称不种植罂粟，实施替代种植橡胶、甘蔗、水稻等产品。由于种植技术、管理方式落后，种植出来的产品缺乏市场竞争力，销售状况不好，因此该地区总体经济发展水平仍然落后。相反，X 县经济发展水平高于毗邻国该地区，毗邻国该地区的很多边民都愿意进入 X 县务工挣钱。由于毗邻国该地区办理边民出入境费用高、困难多，因而大部分毗邻国该地区边民都不愿意通过正常办证手续进入 X 县，而是选择偷渡方式入境，很多"三非人员"就是这样产生的。为了减少"三非人员"，堵住"三非人员"偷渡入境，X 县公安部门采取了人防、物防、技防等多项举措，但 X 县经济底子薄，县级财政安排的经费有限，缺少中央和省财政的支持，因此很多想做的事也做不了。

从以上实证案例可以看出，外籍务工人员的管理队伍和经费配备不足，已经成为云南边境地区外籍务工人员治理中存在的问题。外籍务工人员的管理队伍和经费配备不足，主要表现在以下几个方面：一是单靠边境地区县市公安局出入境管理部门对外籍务工人员进行管理，已经适应不了形势发展的需要；二是乡镇一级尚未设置专门的外籍人员管理机构，缺乏精通毗邻国语言的专业人才，因而县市级相关部门还需下乡处理外籍人员管理事务；三是由于云南边境地区县市经济底子薄、县市级财政安排的经费有限，缺少中央和省财政的支持，导致一些外籍务工人员管理工作经费不足。

（四）外籍务工人员的管理部门之间协同配合不够

以 M 县为例，2018 年 8 月在该县公安局的调查中了解到，外籍务工人员的治理涉及公安、人社、卫生、外事等部门，虽然每个职能部门承担的管理权限范围不同，但应该相互协调和配合，依法对境内的外籍务工人员进行管理。但在实际管理过程中，特别是在联合执法过程中，有的职能部门在相互配合和协同上存在一定的问题，相互之间缺乏沟通和交流。具体表现在：近年来，云南边境地区一些非法组织或者个人，通过收取偷越国境线人员 100～200 元费用，帮助其偷渡出境或者入境，这已经成为偷渡犯罪活动的最新表现形式。通过帮助偷渡者偷渡然后获取非法利益，这在云南边境地区已经成为一种隐性产业。对于偷渡者和从事协助、容留偷渡者偷渡的组织或个人，公安机关历来重视加以依法打击和严惩，但因我边境县对于外籍务工人员这种廉价的劳动力有着刚性的需求，因此，偷渡和组织偷渡的违法犯罪行为总是屡禁不止。面对屡禁不止的偷渡和组织偷渡的违法犯罪行为，有的执法部门消极地认为，只要偷渡行为屡禁不止的问题没有解决，查处外籍非法务工人员也就不会产生多大效果，以致出现查处信心不足、不愿查处、不敢查处，或者开展查处工作时相关执法部门之间协同和配合不够等问题，影响了查处外籍非法务工人员的效果。

从以上实证案例可以看出，外籍务工人员的管理部门之间协同配合不够，已经成为云南边境地区外籍务工人员治理中存在的问题。外籍务工人员的管理部门之间缺少协同配合，主要表现在以下几个方面：一是外籍务工人员的治理涉及公安、人社、卫生、外事等部门，但在联合执法过程中在相互配合和协同上存在一些问题，相互之间缺乏沟通和交流；二是在外籍务工人员治理的认识上，有的执法部门消极地认为，只要偷渡行为屡禁不止的问题没有解决，查处外籍非法务工人员也就不会有多大效果。由于认识上的不统一，导致了查处外籍非法务工人员时信心不足，或不愿查处，或开展查处工作时，部门之间缺乏协同和配合。

（五）外籍务工人员的专门服务管理机构仍不健全

以Y县为例，2019年1月在该县公安局的调查中了解到，该县2015年成立了境外边民入境管理服务中心，海关（检验检疫）、人社、县公安局等部门进驻，该中心依据《州境外边民入境务工管理暂行办法》及《州外籍人员入境就业（务工）管理办法》建立健全管理措施，为外籍就业（务工）人员提供"翻译证件→信息采集→健康体检→务工证件→居留证件"的"一站式"服务。但境外边民入境管理服务中心为Y县用工方办理聘用登记证、为外籍务工人员办理居留证、健康证和务工证等手续之后，就没有专门的机构对外籍务工人员进行跟踪管理和服务，并掌握全县境外务工边民的实际生产生活情况。虽然该县规定对外籍务工人员实行"谁用人、谁管理、谁负责"原则，明确由使用外籍务工人员的雇主、单位和租房给外籍务工人员居住的房东负责对外籍务工人员进行日常管理。但由于雇主、单位和房东中的部分人员对加强外籍人员管理的责任心不强、法治意识淡薄，因而他们对外籍务工人员进行的教育和管理往往流于形式，未产生实效。

从以上实证案例可以看出，外籍务工人员的专门服务管理机构不健全，已经成为云南边境地区外籍务工人员治理中存在的问题。外籍务工人员的专门服务管理机构不健全，主要表现在以下几个方面：一是外籍边民入境管理服务机构只承担为用工方办理聘用登记证、为外籍务工人员办理居留证、健康证和务工证等工作；二是没有专门的服务管理机构对入境后的外籍务工人员进行跟踪管理和服务；三是使用外籍务工人员的雇主、单位和租房给外籍务工人员居住的房东，对外籍人员进行严格管理的责任心不强、法治意识淡薄，他们对外籍务工人员进行的教育和管理往往流于形式。

（六）外籍务工人员教育培训覆盖面和内容有待改进

以 R 市为例，2018 年 8 月在该市公安局、人社局的调查中了解到，2014 年 12 月，云南某高校与云南某自治州政府共建的"中国—东盟教育培训中心""云南某高校国际职业教育 R 市培训基地"在 R 市举行揭牌仪式。从 2016 年开始，以上培训中心和培训基地就对在 R 市企业就业的某毗邻国务工人员保持着两个层次的教育培训。一是以中国法律法规知识+禁毒防艾知识+健康卫生知识+厂纪厂规教育为主的短期培训；二是以实用汉语知识教育为主的中长期培训。截至 2018 年 11 月，累计为 1.2 万余名在 R 市企业就业的毗邻国务工人员提供了免费的培训服务，从而增强了来自毗邻国的务工人员的法律、健康等意识。但是，对在 R 市就业的 4 万多毗邻国人员来说，教育培训的覆盖面还远远不够。教育培训对象主要局限于在企业工作的毗邻国人员，除此之外的毗邻国人员还享受不到免费培训。今后对于个体工商户以及其他雇主雇用的外籍务工人员都应该想方设法纳入免费教育培训当中，这样才有利于 R 市的社会稳定和发展。另外，在 R 市就业的境外务工人员，他们多数受教育程度低，基本没有接受过任何的技术培训，今后的培训内容除了保留以中国法律法规知识+禁毒防艾知识+健康卫生知识+厂纪厂规教育为主的短期培训、以实用汉语知识教育为主的中长期培训以外，应增加以生产技能和应用技术为主要内容的短期培训，以增强外籍务工人员的生存和适应能力。

从以上实证案例可以看出，外籍务工人员教育培训覆盖面和内容有待改进，已经成为云南边境地区外籍务工人员治理中存在的问题。外籍务工人员教育培训覆盖面和内容有待改进，主要表现在以下几个方面：一是教育培训对象主要局限于在企业工作的毗邻国务工人员，除此之外的毗邻国务工人员还享受不到免费培训；二是个体工商户以及其他雇主雇用的毗邻国务工人员尚未纳入免费教育培训当中，不利于社会稳定和发展；三是外籍务工人员培训内容不够丰富，几年来主要以中国法律法规知识+禁毒防艾知识+健康卫生知识+厂纪厂规教育、实用汉语知识教育为主；四是今后外籍务工人员培训内容，应增加以生产技能和应用技术为主要内容的短期培训，以增强外籍务工人员生存和适应能力。

（七）中国警方与毗邻国警方合作治理"三非人员"难

以 Z 县为例，2018 年 8 月在该县公安局的调查中了解到，几年来，受某毗邻国北部某地区长期战乱的影响，云南边境地区 Z 县段毗邻国一侧主要由毗邻国政府国防军控制，毗邻国北部某地区的移民机关和警察部门对边境控制能力被削弱，造成了我国Z县单方面管控边境的状况。由于毗邻国国防军与毗邻国北部某地区边境管控部门之间存在管控矛盾，边境管控能力弱，加之Z县经济发展优于毗邻国，于是吸引了毗邻国边民进入Z县务工挣钱，形成了云南边境地区Z县段大量毗邻国"三非人员"进入Z县的现状。几年来，由于中国和某毗邻国对"三非人员"的认识不一致以及某毗邻国人口管理水平低下等原因，某毗邻国某地区的移民机关对中方遣送出境人员身份核实时限较长（30天以上），严重影响了中方遣送工作的顺利开展。几年来，受该毗邻国北部政局不稳的影响，中国国家层面与某毗邻国国家层面的移民机关和警察部门尚未签订正式书面执法合作协议，这给边境管控和外籍"三非人员"遣返工作造成很大困难。

以H县为例，2019年2月在该县公安局的调查中了解到，由于该县与某毗邻国某特区接壤，几年来，从该毗邻国进入H县的"三非人员"逐渐增多。其中，从该毗邻国北部民族地方武装组织管辖范围偷渡进入H县的毗邻国边民较少，大部分属于该毗邻国政府管辖的另外一个区域的人员，极少数是另外一个周边国家的人员。由于H县资源丰富、发展条件好、管理规范，很多毗邻国人员通过偷渡进入H县境内非法就业。H县每年都要将排查出来的来自毗邻国的"三非人员"遣送回国，H县警方多年来交往联系最多的是某毗邻国的某特区政府。由于该毗邻国国内至今未实现民族和解，对于我方遣送移交的该毗邻国政府管辖的另外一个区域的人员，该毗邻国的某特区政府警方不愿意接收，或者不积极配合，这就给我国加强与毗邻国警方合作治理"三非人员"带来了很多困难。

从以上实证案例可以看出，云南边境县市警方与某毗邻国警方合作治理"三非人员"难，已经成为云南边境地区外籍务工人员治理中存在的问题。云南边境县市警方与某毗邻国警方合作治理"三非人员"难，主要表现在以下几个方面：一是受某毗邻国北部政局不稳的影响，中国国家层面与某毗邻国国家层面的移民机关和警察部门尚未签订正式书面执法合作协议，这给云南边境县市"三非人员"遣返工作造成很大困难；二是云南边境县市将排查出来的"三非人员"遣送回国，但是某毗邻国特区政府警方不愿意接收，或者不积极配合，理由是被遣返的有些人员不是他们特区管辖范围的本国边民。

（八）外籍务工人员中"三非人员"的遣返回国效果差

以Y县为例，2019年1月在该县公安局的调查中了解到，截至2018年12月，居住在Y县的毗邻国人员共有21501名。其中，男性12684人，占

58.99%；女性 8817 人，占 41.01%；16~35 岁 16592 人，占 77.17%；35~60 岁 4909 人，占 22.83%。这些毗邻国人员均已办理境外边民临时居留证，并逐一录入境外边民临时居留证办证系统。他们在 Y 县或经营玉石生意，或在建筑工地、木材加工厂、砖瓦厂、洗车场、修理厂、搬运场、餐饮业务工，或在农忙季节和农业收获季节在农村协助当地农民种植和收获农作物。毗邻国务工人员主要分布在 Y 县城区、城郊或者农村。如前所述，Y 县很多私营单位或个人都喜欢聘用毗邻国人员为他们做事，因为聘用毗邻国人员就业，在劳动力价格上与聘请当地人务工有着明显的薪酬廉价优势。加上当地用工需求量大，毗邻国就业人员觉得与在自己国家务工相比，自己在中国的收入已经很高，因此吸引了大量的毗邻国人员进入中国务工，其中不乏大量的"三非人员"。2018 年，经 Y 县公安机关多次排查，查获"三非人员" 4000 余人。在调查中了解到，当地公安机关每月查处、清遣"三非人员"一次，由于我国惩处力度不够大，以及"三非人员"遣送回毗邻国以后，毗邻国北部的民族地方武装组织不教育、不处罚，因此被遣返的"三非人员"过不了几天又偷渡回来，导致"三非人员"屡禁不绝，工作反反复复，周而复始，难以达到我国治理的既定目标和效果。①

从以上实证案例可以看出，外籍务工人员中的"三非人员"的遣送回国效果差，已经成为云南边境地区外籍务工人员治理中存在的问题。外籍务工人员中的"三非人员"遣送回国效果差，原因如下：一是当地公安机关对排查出来的"三非人员"惩处力度不够大；二是"三非人员"遣送回毗邻国以后，毗邻国北部的民族地方武装组织不教育、不处罚；三是毗邻国人员在中国务工的收入很高，受利益驱使，被遣返的"三非人员"过一段时间又会偷渡回来打工，导致我方遣返"三非人员"工作反反复复，效果不佳。

四、疾病预防控制存在的问题

（一）边境地区疾病预防控制的工作人员不足

以 H 县为例，2019 年 2 月在该县卫计局的调查中了解到，虽然近年来医疗卫生人员增加了一些，但仍不能满足医疗卫生事业发展的需求。一是医疗卫生人才总量不足，高层次人才引进难、留人难问题突出。二是疾病预防控制中的公共卫生工作任务繁重。由于乡镇卫生院正式编制内的公共卫生人员

---

① 数据来源：《Y 县跨境边民管理服务和"三非"问题治理工作情况报告》，2019 年 1 月，Y 县公安局出入境管理大队提供。

少，无法满足工作需要，只有从社会上临聘一些人员从事公共卫生工作，但临聘人员的公共卫生人员流动性大、稳定性差，影响了疾病预防控制工作的连续性。三是疾病预防控制中的健康教育工作人员严重缺乏。加强人民群众健康教育，提高人民群众健康素养，是建设健康中国的题中必有之义。此项工作任务涉及范围广，工作方式多种多样，关系到千家万户健康意识提升和健康素养的形成，也是一项疾病预防控制的基础性工作。由于H县未设置负责健康教育的专职科室，未配备负责健康教育的专职人员，各乡镇健康教育工作只能让其他岗位人员兼任。由于业务不熟，兼职人员也不知道如何开展工作。由于疾病预防控制的工作人员严重不足，因而在疾病预防控制过程中，健康教育应有的作用尚未发挥。四是基层医疗机构缺少高层次中医和少数民族医药类别专业医师，开展中医和少数民族医药适宜技术服务有限，甚至还不能开展中医和少数民族药饮片服务，特别是开展中医和少数民族医药服务的乡村医生非常有限，严重阻碍了中医和少数民族医药事业的发展。

以S市为例，2019年2月在该市卫计局的调查中了解到，S市的市乡两级疾病预防控制人力资源严重缺乏，一人从事多岗多职现象突出。人员过度疲劳，工作漏洞百出。常常忙于纠错补漏而无法顾及工作进度。市乡两级技能、业务培训工作量加大，乡村两级医务人员不能跟进公共卫生服务，工作质量明显下滑。乡村医生年龄老化，积极性不高，培养接班人困难，工作任务重，按量不按质。近一半工作人员属于外聘，待遇低，缺乏稳定性。

以Y县为例，2019年1月在该县卫计局的调查中了解到，该县在落实慢性病防控和健康教育工作方面，存在基层医疗机构人员严重不足、综合服务能力不强等问题。全县卫生室应配置314名村医，由于医学人才总量不足，在岗人员只有191名。[①] 山区乡镇卫生院条件差、待遇低，招聘工作人员更加困难。乡村两级专业技术人员综合服务能力不强，影响了全民健康教育的效果以及基本公共卫生均等化服务项目的开展。

从以上实证案例可以看出，疾病预防控制的工作人员不足，已经成为云南边境地区疾病预防控制中存在的问题。疾病预防控制的工作人员不足，主要表现在以下几个方面：一是医疗卫生人才总量不足，高层次人才引进难、留人难；二是从事健康教育工作的人员严重缺乏；三是基层医疗机构缺少高层次中医和少数民族医药类别专业医师；四是乡村两级医务人员已经不能跟进公共卫生服务，工作质量明显下滑；五是山区乡镇卫生院条件差、待遇低，

---

① 数据来源：《2018年Y县传染病防控工作开展情况》，2019年1月，Y县卫计局提供。

招聘工作人员更加困难。

（二）边境地区疾病预防控制的经费投入不够

以 Y 县为例，2019 年 1 月在该县卫计局的调查中了解到，根据《省、地、县级疾病预防控制中心实验室建设指导意见》要求，县级疾控机构 A 类仪器设备配置须达 61 台，A 类检测项目须达 118 项，因各级财政投入不足，Y 县疾病预防控制中心在仪器设备配置、实验室检测能力等方面尚未达到国家标准。A 类设备只有 42 台，达标率为 68.85%（指标 90%）；能开展的项目只有 57 项，项目开展率为 48.31%（指标 85%）。[①] 因仪器设备建设、实验室检测能力提高，需要大量资金、时间、精力投入，Y 县尚未达到国家规定标准和要求，已给相关传染性疾病检测工作带来一定的影响。

以 R 市为例，2018 年 8 月在该市卫计局的调查中了解到，疾病预防控制的主要任务是对各种传染病、寄生虫病、地方病、慢性非传染性疾病等进行预防和控制，对突发公共卫生事件进行应急处置，对疫情及健康相关因素进行信息管理，对健康危害因素进行监测与干预、进行实验室监测检测与评价，对健康教育与健康促进、技术管理与应用进行研究指导，等等。如此繁多的工作事项需要有足够的资金支持，但是事实上 R 市疾病预防控制的软硬件建设经费均未得到有效保障。由于业务培训、现场工作、实验室检测相关试剂和器材以及应急处置等各项经费开支较大，以致防治经费明显不足，尤其是应急处置工作经费严重不够。疾病预防控制的经费投入严重不足，已经影响防控境外疫情输入的效果。

以 H 县为例，2019 年 2 月在该县卫计局的调查中了解到，该县疾病预防控制的经费投入不够主要表现在：一是医疗卫生项目资金缺口较大，医疗卫生项目建设压力过大，医疗设备老化严重，医疗机构工作条件相对较差，与现代医学发展要求不相适应。二是医疗设备的资金投入主要依靠各医疗单位自行解决，但各医疗单位资金有限，只能对现有的医疗设备进行简单维护和部分小设备进行更新，大型医疗设备无力添置，制约了医疗服务能力的提升。三是爱国卫生运动因缺乏资金和全民参与而不能得到持续有效开展。

从以上实证案例可以看出，疾病预防控制的经费投入不够，已经成为云南边境地区疾病预防控制中存在的问题。疾病预防控制的经费投入不够，主要表现在以下几个方面：一是疾控中心仪器设备购买、实验室检测能力建设需要大量资金投入，但未达到国家规定标准和要求，给相关传染性疾病检测

---

① 数据来源：《2018 年 Y 县传染病防控工作开展情况》，2019 年 1 月，Y 县卫计局提供。

带来影响；二是员工培训、现场工作、应急处置等各项经费开支较大，尤其是公共卫生应急处置工作经费不够，影响境外疫情输入的防控效果；三是医疗设备投入主要依靠各医疗单位自行解决，但各医疗单位资金有限，只能对现有的设备进行简单维护和部分小设备进行更新，大型设备无力添置。

（三）与毗邻国交流合作疾病预防控制层次低

以R市为例，2018年8月在该市卫计局的调查中了解到，如前所述，R市西北、西南、东南三面与某毗邻国山水相连，村寨相依，形成了"一寨两国"的独特自然景观。R市国境线长169.8公里，是云南省边境线上界碑和渡口最密集的地段。几年来，R市主动与毗邻国边境地区政府在艾滋病、疟疾、登革热等疾病防控方面开展了联防联控的交流与合作，对其公共卫生人员给予了技术培训和指导，对其公共卫生部门提供了力所能及的技术和物资帮助，但R市与毗邻国的疾病预防控制的交流与合作仍属于地方政府部门之间的探索性交流与合作，交流与合作的内容和范围都有限，尚未达到国家层面的交流与合作。疾病预防控制的交流与合作应该上升到国与国之间的国际交流与合作，才有助于突破现有的双边地方政府卫生部门之间交流与合作的局限，扩大双方交流与合作的内容和范围，提升双方交流合作的层次和水平。

从以上实证案例可以看出，云南边境地区与某毗邻国开展疾病预防控制的交流与合作的层次低，已经成为云南边境地区疾病预防控制中存在的问题。云南边境地区与某毗邻国开展疾病预防控制的交流与合作的层次低，主要表现在以下几个方面：一是云南边境地区与某毗邻国地方政府已在艾滋、疟疾、登革热等疾病防控方面开展了联防联控的交流与合作；二是云南边境地区与某毗邻国开展的疾病预防控制交流与合作，属于地方政府部门之间的探索性交流与合作，交流与合作的内容和范围有限，尚未进入到国家层面的交流与合作。

（四）与毗邻国交流合作疾病预防控制困难多

以R市为例，2018年8月在该市卫计局的调查中了解到，毗邻国对于传染病的信息上报机制落后，效率低，信息可靠性、真实性差，病毒检测网络不健全，对疫情处置的能力有限，传染病跨境输入R市的风险大，R市疾病预防控制工作要想取得成效，就需要与毗邻国进行交流合作。几年来，如前所述，R市与毗邻国边境地方政府之间在疾病预防控制方面也开展了一些交流与合作。2017年5月"一带一路"国际合作高峰论坛期间签署的卫生合作谅解备忘录也为中国与该毗邻国在卫生领域进一步合作铺平了道路。2018年，中国与毗邻国联合发布生效的《澜沧江—湄公河合作五年行动计划（2018—

2022）》也为中国与毗邻国开展医疗卫生领域的交流合作指明了行动方向，但在 R 市的具体实践工作中，毗邻国北部地区地方政府普遍认为以上计划是空的、缺乏可操作性，R 市多次主动提出的交流与合作项目，毗邻国北部地方政府都认为交流合作项目缺乏政策指导、社会需求少，因而不了了之。另外，R 市与毗邻国开展疾病预防控制的交流合作，需要 R 市相关部门人员亲自出访毗邻国才能把事情做好。但近年来，我们国家严格控制公职人员公务出国，且办理公务出国手续繁杂、时间长，这些因素也增加了云南边境地区与毗邻国地方政府在疾病预防控制方面进行交流合作的困难。

以 Z 县为例，2018 年 8 月在该县卫计局的调查中了解到，多年来，该县卫计局等相关部门通过与某毗邻国边境地区政府加强双边联防联控合作，在搭建双边信息交流合作平台、建立跨境疾病监测哨点、提高境外毗邻地区疾病防治水平和疫情应急处置能力和扩大县境周边疫情监测面和疾病控制服务覆盖等方面取得了一定成效。但是，受该毗邻国北部战乱局势的影响，2014 年以后，Z 县与该毗邻国边境地区在疟疾、登革热、艾滋病等疾病联防联控合作的就已经难以为继了，很多工作已全部搁浅。

从以上实证案例可以看出，与毗邻国开展疾病预防控制的交流合作存在诸多困难，已经成为云南边境地区疾病预防控制中存在的问题之一。与毗邻国开展疾病预防控制的交流合作存在诸多困难，主要表现在以下几个方面：一是云南边境地区县市曾多次主动提出交流合作项目，但某毗邻国北部地区地方政府认为没有具体的政策指导意见、社会需求少，因而不了了之；二是与毗邻国开展疾病预防控制的交流合作，要求云南边境地区县市相关部门工作人员亲自出访毗邻国才能把事情做好，但近年来中国办理公务出国手续繁杂，所需时间长，审核更加严格，这些因素增加了云南边境地区地方政府在疾病预防控制方面与毗邻国地方政府开展交流合作的不便。

（五）重大疫情外防输入中的边境线容易失守

以 R 市为例，R 市是中国西南最大的内陆口岸城市。据 R 市政府官方网站报道，2021 年，该市拥有常住人口 226639 人。边境线对面的某市是毗邻国最大的陆路口岸城市，城区人口 45 万。毗邻国的某市和 R 市两个城市之间经贸往来十分密切，有大量毗邻国人员在 R 市投资、经商、务工、求学、旅游，所以两个城市人民往来十分频繁，非常密切。相邻的毗邻国属于各种疫情多发国家，R 市要长期在漫长且复杂的边境线上防止境外疫情输入，任务非常艰巨。以新冠疫情外防输入为例，在 2020 年 9 月至 2021 年 3 月的半年多时间内，R 市连续 3 次发生新冠疫情事件，两度封城，严重冲击和破坏了 R 市乃至云南省疫情防控大局，严重冲击和影响了云南省经济社会发展大局。究其原因，除了R市与毗邻国的边境一线没有天然屏障，防不胜防以外，有两个关键性原因值得关注：一是R市对境外疫情的严重性认识不足，对外防输入的长期性、复杂性、艰巨性估计不足；二是R市未始终绷紧严防死守这根弦，导致边境线再度失守，境外输入确诊病例增多，R市不得不再次封城。

从以上实证案例可以看出，重大疫情外防输入中的边境线容易失守，已经成为云南边境地区疾病预防控制中存在的问题。以新冠疫情外防输入为例，边境线容易失守的主要原因如下：一是很多毗邻国人员在中国边境县市投资、经商、务工、求学、旅游，人员往来十分频繁、接触非常密切；二是毗邻国疫情防控措施不力，疫情严重，随时都有可能蔓延至中国境内；三是很多在某毗邻国北部从事网络电信诈骗、赌博等犯罪活动的中国人，鉴于毗邻国疫情严重、医疗条件落后的现实，为了躲避疫情，为了逃避法律制裁，有的跨境犯罪分子偷渡回国，这就加大了境外疫情输入我国的风险。2021年，R市疫情持续不断的事实已经证明，新冠疫情防控中的边境线容易失守，必须严防死守。

（六）疾病预防控制的相关部门间的协调不够

以H县为例。疾病预防控制涉及卫计局、疾控中心、卫生防疫站、医院、海关、市场监督管理局、公安局、外事办等单位和部门。这些疾病预防控制相关的单位和部门的职责和权限划分不够明晰，有些职责权限往往相互交叉，以致有些事情在具体工作中好像大家都应该管，又都可以不用管，相互观望，各相关职能部门和单位在疾病预防控制中未形成相互协调、相互支持、共同发力的机制。相反，有很多相关部门和单位错误地把疾病预防控制和食品安全等工作看成是卫计局一家的事，这既不利于疾病的外防输入，也不利于疾病的内防扩散。

从以上实证案例可以看出，疾病预防控制的相关部门间的协调不够，已经成为云南边境地区疾病预防控制中存在的问题。疾病预防控制的相关部门间的协调不够，主要原因如下：一是疾病预防控制相关单位和部门的职责权限划分不够明晰，以致工作中有些职责权限相互交叉，存在相互观望、推诿扯皮现象；二是对各相关职能部门和单位相互关系界定不够清楚，以致在疾病预防控制中未形成相互协调、相互支持、共同发力的机制；三是有的相关部门和单位存在认识上的错误，错误地把疾病预防控制等工作看成是卫计局和疾控中心两家的事。

五、接待来信来访存在的问题

（一）少数职能部门领导干部对信访工作的重要性认识不足

以 R 市为例，2018 年 8 月在该市信访局的调查中了解到，该市几年来通过信访渠道反映出来的问题主要有：金融领域涉及非法集融资的问题，劳动保障领域涉及公司拖欠员工工资、项目负责人拖欠农民工工资等问题，国土资源领域涉及农村山林土地纠纷、市政建设过程中土地征用补偿问题，建筑领域涉及拖欠工程款、房地产商和购房业主之间的纠纷等问题，国企改革领域涉及农场改制引发的历史遗留问题，等等。妥善处理这些上访群众反映出来的矛盾和问题，对于维护 R 市社会稳定具有重要意义。面对这些出现在不同领域的矛盾和问题，R 市制定了领导干部接待来信来访群众制度及具体实施方案，大部分领导干部都能做到高度重视，认真执行，积极协调解决信访问题。但也有少数职能部门的领导干部缺乏对接待来信来访的重要性的深刻认识，缺乏对信访维稳工作重要意义的深刻认识；有的职能部门领导不认真履行信访办结责任；有的职能部门领导不严格依法行政，不按法定程序和民主程序办事；有的职能部门领导包案不办案，挂帅不出征，不认真履行排查化解信访问题、劝返稳控信访人的责任；有的职能部门领导接到信访问题，上推下滑，没有守住源头治理第一道防线，以致出现接待和处理信访件偏低、办理回复信访件较慢、一些信访事项未得到及时办结等问题，影响了信访维稳工作大局。

以 X 县为例，2018 年 8 月在该县信访局的调查中了解到，该县由于少数职能部门领导对信访工作的重要性认识不足，对初信初访未认真办理，存在不登记、不按规程办理等现象。信访事项及时受理率、按期办结率、群众满意率偏低。从县直部门录入信访件情况来看，2018 年上半年全县各职能部门未录入信访件，与实际信访情况不相符，督促县直部门将信访信息录入系统难度大，登录"云南信访信息系统"次数少。

从以上实证案例可以看出，少数职能部门领导干部对信访工作的重要性认识不足，已经成为云南边境地区接待来信来访中存在的问题。少数职能部门领导干部对信访工作的重要性认识不足，主要表现在以下几个方面：一是少数职能部门领导不认真履行信访办结责任，存在不登记、不严格依法行政、不按法定程序和民主程序办事等现象；二是少数职能部门领导包案不办案，挂帅不出征，信访事项及时受理率、按期办结率、群众满意率偏低；三是少数职能部门领导对待初信初访不认真，不严格履行排查化解信访问题、劝返稳控信访人的责任，没有守住源头治理的第一道防线；四是少数职能部门领导接到信访问题，上推下滑，接待和处理信访事项率偏低，办理回复信访事项缓慢，甚至一些信访案件未得到及时办结。

（二）接待来信来访中的诉讼与信访分离制度尚未建立起来

以S市为例，2019年2月在该市信访局的调查中了解到，2013年，中央政法委下发了《关于建立涉法涉诉信访事项导入法律程序工作机制的意见》，提出实行诉讼与信访分离制度，要求将涉法涉诉问题纳入法治轨道加以解决。实行诉讼与信访分离制度，一是要求访诉分离，把涉法涉诉信访从信访工作中剥离出去。二是要求将涉法涉诉信访问题纳入法治轨道加以解决，由相应的政法机关负责。三是要求对涉法涉诉信访问题实行"三不"，即不受理、不交办、不协调。所谓不受理，就是信访部门不受理已经进入或者应该进入司法程序解决的问题；所谓不交办，就是对群众来信来访中反映的涉法涉诉问题不交办，转由政法机关依法按程序处理；所谓不协调，就是不协调涉及涉法涉诉的信访事项。几年来，尽管S市在接待来信来访中希望实行诉讼与信访分离制度，但在接待来信来访工作中，诉讼与信访分离制度并未真正建立起来，以致S市政府信访部门在接待来信来访工作中解决和处置了一些不属于自己职能范围的问题，一些本应由司法机关解决的案件，变为行政直接干预，存在以信访代诉讼、以行政代司法解决信访问题的现象。

以X县为例，2018年8月在该县信访局的调查中了解到，由于该县未建立起接待来信来访中的诉讼与信访分离制度，加之信访群众法治观念淡薄，"信访不信法，信上不信下"的现象突出。信访群众认为上级党委、政府才是解决问题的主体，往往将一些原属于基层管理或者应通过诉讼、司法途径解决的问题提交信访部门协调解决。

从以上实证案例可以看出，接待来信来访中的诉讼与信访分离制度尚未建立起来，已经成为云南边境地区接待来信来访中存在的问题。接待来信来访中的诉讼与信访分离制度尚未建立起来，主要表现在以下几个方面：一是信访部门在接待来信来访工作中解决和处置了一些不属于自己职能范围的问题；二是一些本应由司法机关解决的涉法涉诉问题，变为行政直接干预，存在以信访代诉讼、以行政代司法解决信访问题的现象。产生以上问题的主要原因：一是信访群众法治观念淡薄，"信访不信法，信上不信下"的现象突出；二是信访群众认为上级党委、政府才是解决问题的主体，将应通过诉讼、司法途径解决的问题提交信访部门协调解决；三是一些信访干部缺乏法治素养，工作中分辨不清哪些属于信访事项、哪些属于涉法涉诉问题，未将涉法涉诉信访从信访工作中剥离出去，反而受理、交办、协调了一些本该由司法机关解决的涉法涉诉问题。

（三）接待来信来访的工作人员配置不足进而影响工作开展

以 R 市为例，2018 年 8 月在该市信访局的调查中了解到，该市 2011 年 8 月成立中共 R 市委群众工作局，与市信访局合署办公，实行两块牌子一套人马。R 市信访局核定行政编制 4 个，正科级领导职数 2 个，其中市信访局、市委群众工作局各 1 名。市信访局内设 3 个股室，即综合办公室、接访督查室、网上信访办公室。截至 2018 年 8 月，R 市信访局现有在职干部职工 9 人，其中局长 1 人、副局长兼任信访督查专员 1 人、主任科员 1 人、副主任科员 1 人、科员 2 人、机关工勤人员 3 人（军属及退役军人）。[①] 面对信访问题不断增多的严峻形势，市信访局现有的工作人员、班子的配备与信访工作任务已经越来越不相适应，加之信访工作人员还要参与全市脱贫攻坚、招商引资、重大项目推进等工作，信访局工作人员不足问题日益凸显，越来越影响群众工作和信访工作的开展。

以 X 县为例，2018 年 8 月在该县信访局的调查中了解到，一方面，随着经济社会的不断发展，该县各类矛盾纠纷越加频发，社会矛盾日益凸显，特别是征地拆迁引发的问题、拖欠农民工工资的问题较多，信访局接访量剧增，而信访局工作人员配备严重不足，无法满足现实工作的需求。另一方面，乡镇和县直部门未设信访干部，加之人员变动频繁，使信访信息系统未能得到正常的运用和管理。

从以上实证案例可以看出，接待来信来访的工作人员配备不足进而影响工作开展，已经成为云南边境地区接待来信来访中存在的问题。接待来信来访的工作人员配备不足进而影响工作开展，主要表现在以下几个方面：一是信访部门工作人员、班子配备与不断增多的信访工作任务越来越不相适应；二是信访工作人员还要参与脱贫攻坚、招商引资、重大项目推进等工作，信访局工作人员不足问题日益凸显；三是乡镇和县直部门未设信访干部，加之人员变动频繁，使信访信息系统未能得到正常的运用和管理。

（四）接待来信来访的初次信访问题处理不当导致越级上访

以 S 市为例，2019 年 2 月在该市信访局的调查中了解到，该市因个别乡（镇）和部门对初次来信来访的接访与处理不当而引发上访的问题不可忽视。

[①] 数据来源：《R 市信访工作汇报材料》，2018 年 8 月，R 市信访局提供。

主要表现在：少数工作人员政策水平低，工作敷衍塞责，回答问题不认真，漏洞多、差错多；个别工作人员处理问题简单草率，甚至把上访群众看成对立面，推出门了事，使上访人心理受到刺激或得不到满意答复而长期上访。由于没有重视和处理好初信初访工作，致使一些本来很简单的问题没有得到及时妥善处理或久拖不决而逐渐变得复杂起来，造成有的上访者在基层求助无门便开始越级上访。加之有的上访人员多头上访，接访部门和接访领导答复不一，导致问题复杂化，矛盾激烈化，致使上访人员乘机钻空子，抓住"把柄"，进而形成上访老户。

以H县为例，2019年2月在该县信访局的调查中了解到，该县存在少数乡镇和单位对做好本单位的信访工作的重要性认识不到位的问题。具体表现为工作中缺乏责任感，在抓源头治理和初信初访环节上重视不够，以致越级上访时有发生。有的把越级信访人接送回去以后，没有及时调查、跟踪处理，也未能采取积极有效的措施加以劝返，以致形成不断向上重复信访的老信访户。

从以上实证案例可以看出，接待来信来访的初次信访问题处理不当导致越级上访，已经成为云南边境地区接待来信来访中存在的主要问题。接待来信来访的初次信访问题处理不当导致越级上访，主要表现在以下几个方面：一是少数信访工作人员政策水平低，工作敷衍塞责，回答问题不认真，漏洞多、差错多，信访人不满意信访答复而导致越级上访；二是有的信访工作人员处理问题简单草率，甚至把上访群众看成对立面，推出门了事，使上访人心理受到刺激或得不到满意答复而长期越级上访；三是一些本来简单的信访问题没有得到及时妥善处理或久拖不决而逐渐变得复杂起来，上访者在基层求助无门后便开始越级上访；四是上访群众多头上访，由于多部门接访和接访领导答复不一，导致信访问题复杂化、矛盾激烈化，上访人员便乘机抓住"把柄"越级上访；五是少数乡镇和单位认识不到位，工作缺乏责任感，对源头治理和初信初访重视不够，导致越级上访；六是有的信访部门把越级信访人接送回去以后，未及时调查、跟踪处理信访人反映的问题，也未采取积极有效措施加以劝阻，导致信访人重复越级上访。

六、突发事件治理存在的问题

（一）突发事件应急管理宣传效果有待进一步提升

以H县为例，2019年2月在该县应急办的调查中了解到，该县突发事件应急管理宣传教育仍然采用上街发放宣传册的老旧方式。虽然宣传教育材料发出了很多，但一些基层单位和普通群众仍然对突发事件应急管理的内涵、作用和意义缺乏足够认识，仍然对突发事件的应对存在不同程度的侥幸心理和麻痹思想。一些农民群众领到宣传教育材料也未认真研读，加之农村群众文化水平普遍偏低，对书面材料的理解能力有限，对于有些突发事件应急管理知识也未必能够全部看懂，因而突发事件应急管理宣传教育效果并不明显，一些群众应对自然灾害等突发公共事件的知识和能力仍然不足。

以L县为例，2019年1月在该县应急办的调查中了解到，该县对《中华人民共和国突发事件应对法》《云南省突发事件应对条例》以及相关的突发事件应急管理知识的宣传力度不够。应对突发事件的法律法规涉及面广，事关国家稳定和人民群众的生命财产安全，抓好应对突发事件法律法规的宣传尤为重要，但部分乡镇、部门和企业对突发事件应对法和应急救援知识的宣传教育不够重视，宣传教育方式单一，宣传教育范围狭小，公众的公共安全防范意识淡薄、突发事件的自救互救能力和社会责任感薄弱。

以C县为例，2018年8月在该县应急办的调查中了解到，该县由于对突发事件应急管理宣传教育不够广泛，宣传教育力度不够大等原因，群众对公共安全知识和应急防护知识不太了解，广大群众防范公共安全事件的意识和自我应对能力不强，尤其缺乏公共卫生类突发事件的防范意识和应对能力。

从以上实证案例可以看出，突发事件应急管理宣传教育效果不佳，已经成为云南边境地区突发事件治理中存在的主要问题。突发事件应急管理宣传教育效果不佳，主要表现在以下几个方面：一是突发事件应急管理宣传教育材料发出很多，但很多群众领到宣传教育材料后未认真研读，加之农村群众文化水平偏低，对书面材料的理解能力有限，对于突发事件应急管理知识未能全部看懂，很多群众应对自然灾害等突发公共事件的知识和能力仍然不足；二是部分乡镇、部门、企业对突发事件应对法和应急救援知识的宣传教育方式单一，宣传教育范围狭小，广大群众公共安全防范意识仍然淡薄，突发事件自救互救能力和社会责任感依然不强；三是有的边境县市在突发事件应急管理宣传教育上投入的时间、精力不够，工作力度不大，很多群众不了解公共安全知识和应急防护知识，尤其缺乏公共卫生类突发事件的防范意识和应对能力。

从以上实证案例可以得出如下启示：云南边境地区突发事件应急管理宣传教育要想取得理想效果，不仅要扩大宣传教育覆盖面，加大时间、精力的投入，更重要的是，宣传教育的内容、形式、载体、方式、方法等都必须进行彻底改革和创新。否则,多年以来形成的固化的陈旧宣传模式,尽管年年重复、年年做,但预期效果并未能达到。

(二) 突发事件应急管理队伍建设有待进一步加强

以 L 县为例,2019 年 1 月在该县应急办的调查中了解到,一方面,受人员编制限制,该县尚未配置专职的突发事件应急管理工作人员,日常事务由政府办公室秘书股文秘人员兼任,突发事件应急管理业务水平难以提高,突发事件应急管理工作连续性差。另一方面,突发事件应急管理专业队伍救援能力有待加强,特别是针对石油、化工等高危行业的救援方式和手段仍处于传统发展阶段,企业自我救援能力相对较弱,突发事件应急管理专业救援队伍缺乏必要的技术装备。

以 X 县为例,2018 年 8 月在该县应急办的调查中了解到,该县应急管理力量总体薄弱。虽然全县应急组织体系已基本形成,但应急管理力量薄弱,无编制、无专职人员。部门、单位对应急工作重视程度不一,有的责任领导、办公室及联系人经常更换,有些单位对应急工作存在推诿现象,这些都在很大程度上影响应急管理工作的正常开展。

以 S 市为例,2019 年 2 月在该市应急办的调查中了解到,该市突发事件应急管理队伍专业人才匮乏、专业性不强、数量不足,相关部门和乡镇一级的基层应急管理队伍人员专业培训及演练的基础条件都不具备。

以 C 县为例,2018 年 8 月在该县应急办的调查中了解到,该县现有应急队伍工作人员多数没有经过系统的专业培训,对业务不熟悉,已经给应急管理各项工作的开展带来了许多不便。

从以上实证案例可以看出,突发事件应急管理队伍建设有待加强,已经成为云南边境地区突发事件治理中存在的主要问题。突发事件应急管理队伍建设有待加强,主要原因如下:一是突发事件应急管理专业队伍救援能力较弱,特别是针对石油、化工等高危行业的救援方式和手段仍处于传统救援阶段水平,企业自我救援能力弱;二是云南边境县市应急管理力量薄弱,突发事件应急管理队伍专业人才匮乏,专业性不强,数量不足;三是相关部门和乡镇一级缺乏必要的技术装备,对基层应急队伍进行专业培训及演练的基础条件不具备,无法对其进行科学、系统的有效培训和训练。

(三) 突发事件应急管理联动机制有待进一步健全

以 X 县为例,2018 年 8 月在该县应急办的调查中了解到,应急办成立后,原先的一些应急预案未能定期修订更新或开展演练,实践工作中瞒报突发事件或者报告不及时的现象时有发生。突发事件应急管理的物资、队伍、信息等资源分散，缺乏统一组织和协调。突发事件应急管理组织的协调联动不到位，尚未发挥整体效能。突发事件应急管理相关部门之间、条块之间的联动、协调处置能力有待提高。

以R市为例，2018年8月在该市应急办的调查中了解到，该市公共应急救援力量相对独立，缺乏统一指挥、协调联动。公共应急救援力量主要有公安110、消防119、救护120和交通122以及供水、供电、通信等事故处置部门和抢修机构。这些救援力量所属的机构或部门在各自的职责范围内发挥着重要作用，但在实际的突发事件的应急管理过程中，却缺乏统一指挥、综合协调、合理调度，相互之间未能进行有效的整合、协同、配合，现实中尚未形成整体性战斗力。

以Y县为例，2019年1月在该县应急办的调查中了解到，虽然该县应急管理机构已经成立，但新配置的职能职责专业性较强，在防灾减灾救灾工作中仍然有很多事项存在协调难、联动难的问题，部门与部门之间信息共享壁垒依然存在，突发事件应急处置联动机制有待建立健全。

以S市为例，2019年1月在该市应急办的调查中了解到，该市在应对突发事件工作中，部门之间监测预警信息共享机制不完善，影响应急管理效果，部门之间交换传递信息效率有待提高，部门之间的协调联动机制有待健全。

从以上实证案例可以看出，突发事件应急管理联动机制有待健全，已经成为云南边境地区突发事件治理中存在的问题。突发事件应急管理联动机制有待健全，主要原因如下：一是突发事件应急管理相关部门和单位对应急工作重视程度不一，有的责任领导及联系人经常更换，存在应急管理工作相互推诿现象；二是突发事件应急管理相关部门之间、条块之间的联动应急和协调处置能力弱，协调联动不到位，尚未发挥整体效能；三是公安110、消防119、救护120和交通122以及供水、供电、通信等事故处置部门和抢修机构相对独立，在突发事件应急管理工作中，缺乏统一指挥、综合协调、协调联动，未能有效地相互配合、合理调度、形成整体战斗力；四是在防灾减灾救灾过程中，部门与部门之间监测预警信息共享机制不健全，存在部门与部门信息共享壁垒，阻塞部门与部门之间快速交换传递信息，严重影响应急管理效果。

（四）突发事件应急管理财物配备有待进一步充实

以R市为例，2018年8月在该市应急办的调查中了解到，该市公安消防大队在突发事件应急管理中发挥着重要作用。R市消防大队和辖区另外两个消防大队突发事件应急管理的经费全靠R市财政供给。作为边境县级市，R

市拿不出充足的资金供养三个消防大队,造成了各消防大队业务经费严重不足的局面。由于经费不足,三个消防大队无法购买部分特种有效堵漏洗消、撑顶破拆等救援装备,难以对一些新型危化品泄漏和交通事故进行有效处置,严重影响了应急救援工作的顺利进行和消防事业的持续发展。

以 H 县为例,2019 年 2 月在该县应急办的调查中了解到,该县突发事件应急物资储备主要集中在县民政局、县粮食局,县直各部门、各乡镇应急物资装备储备欠缺,难以满足各部门、各乡镇应急救援所需。此外,应急避难场所建设面积小、数量少,与规定要求和实际需要还有很大差距。

以 X 县为例,2018 年 8 月在该县应急办的调查中了解到,根据国家和省、市应急管理工作规定,各级财政部门要健全应急资金拨付制度,分级负担公共安全工作以及预防和处置突发公共事件中须由政府负责的经费,并纳入本级财政年度预算。但由于县级财政困难,该县应急管理工作经费十分有限,资金投入、物资储备、救援装备等方面都很难满足应急管理实际需要。

以 L 县为例,2019 年 1 月在该县应急办的调查中了解到,该县应急物资储备体系总体上不完善,储备物资种类和数量少,对单位和个人征用的设备和财产登记掌握不清。

从以上实证案例可以看出,突发事件应急管理财物配备有待充实,已经成为云南边境地区突发事件治理中存在的主要问题。突发事件应急管理财物配备有待充实,主要原因如下:一是部分边境县市应急管理业务经费严重不足,导致无力购买部分新型救援装备,难以对新型危化品泄漏和交通事故进行有效处置,严重影响了应急救援工作顺利进行;二是突发事件应急物资储备主要集中在县级民政管理部门和相关单位,而各乡镇各部门应急物资装备储备欠缺,一旦发生突发事件,直接影响乡镇应急救援物资的及时供给;三是应急物资储备体系总体不完善,储备物资种类和数量少,对相关单位和个人征用的设备和财产的登记掌握不清晰。

(五)突发事件应急管理预案有待进一步修订完善

以 H 县为例,2019 年 2 月在该县应急办的调查中了解到,该县突发事件应急管理预案大多是在 2009 年以前制订或修订的。一方面,对突发事件应急管理预案未进行定期评审或评估,特别是在演练和实战后未对预案实施效果进行评价,也未及时对预案进行修订完善。另一方面,随着形势的发展变化,现有预案已经不能适应新时代发展对突发事件进行应急管理的要求,亟待修订、完善、充实或者更新,以满足不断发展变化的新时代新形势的发展需求。

以 L 县为例,2019 年 1 月在该县应急办的调查中了解到,该县重点行业和部门的突发事件应急管理演练开展不多，演练的针对性和实效性不强。全县部分县直部门和乡镇的突发事件应急管理预案，尚未根据突发事件应对法及相关法律法规要求对所需人力、物力、财力等内容进行相应调整，应急预案的很多方面都需要修改完善。

以 X 县为例，2018 年 8 月在该县应急办的调查中了解到，该县已制订的突发事件应急管理预案还不能完全覆盖所有突发事件，已发布的部分专项或部门应急预案操作性不强，还需要制订具体的实施方案。

以 R 市为例，2018 年 8 月在该市应急办的调查中了解到，该市公安消防大队有时会接到跨境救援任务，主要是帮助对面的毗邻国处置火灾等安全事故。由于毗邻国只有小型消防车，灭火能力弱，毗邻国应急救援人员解决不了的问题都会向 R 市外事办请求支援。R 市公安消防大队接到市外事办跨国帮助毗邻国处置火灾等安全事故的指令以后，就会立即出境帮助毗邻国开展灭火等救援任务，帮助毗邻国保住其边民的生命财产安全，并得到毗邻国当地政府和边民的称赞，从而用实际行动加深了中国与毗邻国边民的情谊。但是，由于 R 市公安消防大队事先未制订和演练过专门针对跨境应急救援的系列预案，加之对毗邻国各种情况不熟悉、跨境应急救援审批手续烦琐，因而在一定程度上影响了跨境救援的速度或者质量。

从以上实证案例可以看出，突发事件应急管理预案有待修订完善，已经成为云南边境地区突发事件治理中存在的问题。突发事件应急管理预案有待修订完善，主要表现在以下几个方面：一是有的边境县市在进行演练和实战后，没有对预案实施效果进行评估，也没有及时对预案进行修订完善；二是现有预案不能适应新时代发展对突发事件进行应急管理的需要，需要修订、完善、充实、更新；三是部分乡镇和责任部门的突发事件应急预案尚未依据突发事件应对法及新时代形势变化要求，对应急管理所需人力、物力、财力等进行适应性调整；四是现有的突发事件应急管理预案未完全覆盖所有突发事件，已经发布的专项应急预案、部门应急预案，还需要制订具体的实施方案，增强其可操作性；五是各边境县市尚未制订和演练针对毗邻国的跨境应急救援系列预案，极大地影响了跨境救援的速度或质量。

（六）突发事件应急管理前的安全监管有待加强

以 X 县为例，2018 年 8 月在该县应急办的调查中了解到，该县突发事件应急管理前的安全监管有待加强，主要原因如下：一是安全生产思想认识不到位。X 县部分乡镇、部门、企业对安全生产工作的极端重要性认识不到位，形式上重视，实际工作上忽视，松懈麻痹思想仍然存在，没有真正形成安全生产齐抓共管的工作格局。二是主体责任落实不到位。受经济下滑影响,部分企业安全生产主体责任流于形式,安全管理队伍建设滞后,安全生产管理的基层基础十分薄弱,生产经营过程中"三违"(违章指挥、违章作业、违反劳动纪律)现象突出,加之开展安全生产隐患排查不到位,安全隐患还不同程度的存在。三是监管责任落实不到位。部分乡镇和部门在安全生产形势好转的情况下,没有严格落实安全责任,造成安全生产责任悬空。有的乡镇和部门责任担当意识不强,不敢动真碰硬,安全监管仍然存在漏洞,隐患排查治理落实不到位。有的乡镇和部门对责任制落实情况的跟踪、监督、检查力度不够,工作浮于表面,没有落到实处。四是乡(镇)安监站基础工作薄弱。乡(镇)安监队伍不稳定,人员变动较为频繁。该县仅有一个乡镇单独设立了安监站并配备有专职人员。而且安监站监管面狭窄,对高危行业的安全监管较为重视,而对其他行业的监管则重视不够,监管存在死角、死面。

以 Y 县为例,2019 年 1 月在该县应急办的调查中了解到,该县突发事件应急管理前的安全监管有待加强,具体原因如下:一是部分重点企业安全生产投入的历史欠账多。表现为企业在投资建厂之初就未能严格按照相关的安全生产法规进行设计、建设和管理,以致在后来的各类安全生产专项整治中暴露出很多问题。二是行业安全生产监管存在交叉空档现象。表现在部门安全生产监管职责划分不明确、部门之间职能交叉、部门监管执法时相互联动配合不协调,出现重复监管、监管空档等问题。三是基层安全生产监管能力薄弱。表现为乡镇安监站无执法权,安监员技能培训少,不专业;安监员身兼多职,对生产经营单位监管频次不高、力度不够,安全隐患排查水平低,发现问题时,整改成效甚微。

以 H 县为例,2019 年 2 月在该县应急办的调查中了解到,该县安全责任落实不力,存在安全生产"上热下冷、上紧下松"的问题,安全生产工作部署、措施的落实力度逐层衰减。部分部门单位担当意识不强,遇到安全生产疑难棘手问题,能推则推,不会主动作为。

从以上实证案例可以看出,突发事件应急管理前的安全监管有待加强,已经成为云南边境地区突发事件治理中存在的问题。突发事件应急管理前的安全监管有待加强,主要原因有以下几个方面:一是边境县市部分乡镇、部门、企业对安全生产工作的极端重要性仍然认识不到位,形式上重视,实际工作中忽视,安全生产流于形式,未真正形成安全生产齐抓共管的工作格局;二是少数乡镇和部门缺乏担当意识,不敢动真碰硬,隐患排查治理落实不到位,工作浮于表面,没有落到实处;三是少数乡镇和部门未能严格落实安全责任制，特别是对责任制落实情况的跟踪、监督、检查力度不够，造成安全生产责任悬空问题；四是部分企业安全生产管理队伍建设滞后，安全生产管理的基层基础薄弱，安全生产隐患不同程度存在；五是乡镇安监队伍不稳定，人员变动频繁，安监基础工作薄弱，监管面窄，存在死角；六是乡镇安监站安监员技能培训少，对生产经营单位监管频次不多，安全隐患排查水平低。

（七）突发事件救援现场组织指挥程序有待完善

以R市为例，2018年8月在该市应急办的调查中了解到，该市公安消防大队在进行应急救援过程中，由于突发事件救援现场组织指挥程序不完善，导致应急救援初期现场交通秩序混乱，围观群众多，消防车出入不便；现场救援指挥部所处位置不明显，对救援人员的分工不明确，所发挥的作用不突出；灾害现场消防车辆停放位置不当，影响了应急作战行动的顺利开展，应急救援未能在第一时间充分地发挥作用。

从以上实证案例可以看出，突发事件救援现场组织指挥程序不够完善，已经成为云南边境地区突发事件治理中存在的问题。突发事件救援现场组织指挥程序不完善，将导致以下两个方面的问题：一是应急救援现场交通秩序混乱，围观人员多，救援车辆出入不便；二是应急救援现场指挥部位置不明显，对救援人员的分工不明确，指挥部的作用不突出。

从以上实证案例可以得出以下启示：一是平时要经常加强应急救援模拟演练，模拟演练要特别关注救援过程中出现的问题；二是应急救援模拟演练结束后，要修订完善应急救援预案，特别要把模拟演练中出现的问题写进预案中，并提出解决问题的有效办法。

七、巩固和拓展脱贫攻坚成果存在的问题

（一）少数脱贫村寨的党组织力量薄弱

以S市为例，2019年2月在该市扶贫办的调查中了解到，该市基层党建与巩固和拓展脱贫攻坚成果融合度不够，少数脱贫村党组织力量薄弱、凝聚力不强，脱贫村党组织成员文化程度偏低、年龄偏大、思想观念陈旧、组织协调能力不强、发展思路不宽；选优配强农村基层党组织带头人的工作落实上还有差距，村（社区）后备干部队伍建设滞后；一些基层党组织过度依赖驻村工作队；村级组织集体经济仍然薄弱，缺乏科学规划，缺少项目支撑、资金投入和能人带动。总之，少数脱贫村党组织力量薄弱，已经成为影响巩固和拓展脱贫攻坚成果的重要问题。

从以上实证案例可以看出，少数脱贫村寨的党组织力量薄弱，已经成为云南边境地区巩固和拓展脱贫攻坚成果中存在的问题。少数脱贫村寨的党组织力量薄弱，主要表现在以下几个方面：一是基层党建与巩固脱贫成果融合度不够，农村党支部活动与如何巩固脱贫攻坚成果的互嵌度不高；二是脱贫村党支部委员文化程度偏低、年龄偏大、观念陈旧、组织协调能力弱、发展思路不宽；三是农村党支部书记的能力与巩固和拓展脱贫攻坚成果工作要求存在差距；四是村组和社区后备干部队伍建设滞后，跟不上形势发展需要；五是部分农村基层党组织习惯依靠上级派来的工作队，甚至过度依赖驻村工作队。

（二）部分驻村干部思想和能力有偏差

以 S 市为例，2019 年 2 月在该市扶贫办的调查中了解到，该市绝大部分扶贫干部为巩固和拓展脱贫攻坚成果付出了辛勤汗水、智慧和力量。但也要看到，部分驻村干部的思想和能力与组织的期望存在偏差，这些偏差在巩固和拓展脱贫攻坚成果和乡村振兴阶段必须尽力加以克服。具体表现为：部分驻村干部政治站位不高、思想解放不够、政策解读能力不强、创新能力不足的问题不同程度地存在；少数驻村干部担当精神不足、主观能动性不够，工作积极性减退，存在厌战情绪和被动应付现象，决策效率低、服务质量不优；部分驻村工作队政策学习不深、把握不准、服务巩固和拓展脱贫攻坚成果能力不强，未能持续激发党员群众内生动力；部分干部调研不深入、联系群众不密切、主动用心用情用力不够。为了巩固和拓展脱贫攻坚成果，在乡村振兴阶段，需要防止或者减少以上问题在新一轮驻村干部身上重现。

以 X 县为例，2018 年 8 月在该县扶贫办的调查中了解到，在过去精准扶贫期间，该县紧扣"两不愁三保障"目标，从"精准施策、提质增效"上定措施，各单位各部门各负其责，实施精准帮扶，不断提高群众满意度，帮扶脱贫取得明显成效，但在巩固和拓展脱贫攻坚成果阶段，也存在部分驻村干部的思想和能力与组织的期望存在偏差的问题。主要表现为：个别干部对巩固和拓展脱贫攻坚成果的认识和重视不够，重形式、轻实效，责任落实不到位，抱有应付的思想；部分干部对巩固和拓展脱贫攻坚成果政策的学习理解运用不到位，帮助脱贫农户巩固脱贫攻坚成果的办法不多；个别驻村工作队长履职不到位，工作不深入、不扎实。为了巩固和拓展脱贫攻坚成果，在乡村振兴阶段，需要防止或者减少以上问题在新一轮驻村干部身上重现。

从以上实证案例可以看出，部分驻村干部思想和能力与组织要求存在偏差，已经成为云南边境地区巩固和拓展脱贫攻坚成果中需要防止出现的问题。

部分驻村干部思想和能力与组织要求存在偏差，主要表现在以下几个方面：一是部分驻村干部政治站位不高、思想解放不够、政策解读能力不强、创新能力不足的问题不同程度地存在；二是少数驻村干部担当精神不足，主观能动性不够，工作积极性减退，存在厌战情绪和被动应付现象；三是部分驻村工作队政策学习不深、把握不准、服务巩固和拓展脱贫攻坚成果能力不强，未能持续激发党员群众内生动力；四是部分干部调研不深入、联系群众不密切，主动用心用情用力不够；五是个别驻村干部对巩固和拓展脱贫攻坚成果的认识和重视不够，重形式、轻实效，责任落实不到位，抱有应付的思想。

（三）边境乡村人力资源开发困难重重

以 S 市为例，2019 年 2 月在该市扶贫办的调查中了解到，一方面，该市部分脱贫群众"宁愿苦干、不愿苦熬"的思想还未树牢，脱贫群众主动巩固和拓展脱贫攻坚成果的意识不强，有的群众仍然存在福利依赖，"等靠要""贫困有利"思想还不同程度存在。另一方面，该市农村人才总量少、层次低、结构不合理、分布不均衡，主要为专业技术人才，农村产业、规划、金融、工程项目、管理等领域专业技术人才少。由于该市山高坡陡农村山区自然环境恶劣、交通落后、福利待遇低，高层次教师、医疗卫生人才引进难、留不住的问题突出。乡村人力资源开发困难多，已经成为巩固和拓展脱贫攻坚成果存在的问题。

从以上实证案例可以看出，边境乡村人力资源开发困难重重，已经成为云南边境地区巩固和拓展脱贫攻坚成果中存在的问题。边境乡村人力资源开发困难重重，主要表现在以下几个方面：一是边境乡村人才总量少、层次低、结构不合理、分布不均衡；二是农村产业、规划、金融、工程项目、管理等领域的专业技术人才少；三是高层次教师、医疗卫生人才引进难、留不住的问题突出。

（四）脱贫群众素质提升尚未根本解决

以 H 县为例，2019 年 2 月在该县扶贫办的调查中了解到，虽然在脱贫攻坚阶段驻村干部做了不少思想工作，广泛开展了各类素质提升行动，但该县是"直过民族"比较多的边境县，"直过民族"地区社会发育程度低、产业发展底子薄，因此，脱贫群众的素质提升、脱贫群众内生动力的持续激发非一朝一夕所能完成。虽然"直过民族"已经摆脱了贫困，但扶志、扶智、扶勤工作，仍需在巩固和拓展脱贫攻坚成果与乡村振兴的有效衔接中继续坚持下去。

以 S 市为例，2019 年 2 月在该市扶贫办的调查中了解到，该市大多数世居少数民族均属从原始社会直接过渡到社会主义社会的"直过民族",所生活的区域大都属于 S 市经济发展水平较低的"直过区"。由于"直过区"经济发展水平较低,教育事业发展速度也受到严重制约,导致很多少数民族群众的文化素质不高,缺乏先进的生产技术和生活观念。在过去的脱贫攻坚时间里,虽然经过党和政府的精准帮扶,"直过区"的少数民族群众摆脱了贫困,思想观念有了一些改变,能力素质有了一些提升,但要巩固和拓展脱贫攻坚成果,还需在乡村振兴过程中不断提升"直过民族"的综合素质,持续激发少数民族巩固和拓展脱贫成果的内生动力。

以 C 县为例,2018 年 8 月在该县扶贫办的调查中了解到,该县在落实精准扶贫政策之前,全县 93 个行政村(社区)中,就有 92 个行政村(社区)有着贫困人口。全县 67 个贫困村中,就有 50 个深度贫困村。虽然在精准扶贫期间已经解决了全县的绝对贫困问题,但通过提高全县各民族人口的整体素质,进而持续激发群众求发展、求富庶的内生动力,不断巩固和拓展脱贫成果的工作远未结束。C 县已经脱贫的人口中,"直过民族"人口 22821 人,文盲半文盲 2413 人,小学文化 11567 人,脱贫群众的文化程度偏低。① 为了巩固和拓展脱贫攻坚成果,实现与乡村振兴的有效衔接,继续激发少数民族群众巩固和拓展脱贫攻坚成果的内生动力,就需要实施乡村振兴战略的驻村干部想方设法解决好少数民族群众素质的进一步提升问题。

从以上实证案例可以看出,脱贫群众素质提升问题尚未完全解决,已经成为云南边境地区巩固和拓展脱贫攻坚成果中存在的问题。脱贫群众素质提升问题尚未根本解决,主要表现在以下几个方面:一是部分脱贫群众"宁愿苦干、不愿苦熬"的思想还未树牢,脱贫群众主动巩固和拓展脱贫成果的意识不强,有的群众仍然存在福利依赖,"等靠要""贫困有利"思想仍不同程度存在;二是"直过民族"地区社会发育程度低,产业发展底子薄,脱贫群众的素质提升、脱贫群众的内生动力持续激发不可能一蹴而就;三是"直过民族"地区经济发展水平低,教育事业发展滞后,很多少数民族群众文化素质偏低,缺乏先进的生产技术和生活观念。

(五)产业扶贫质量不高、发展后劲不足

以 R 市为例,2018 年 8 月在该市扶贫办的调查中了解到,该市在脱贫攻坚工作中,产业扶贫质量不高,还存在一些问题:一是重视短平快,对长期效益、稳定增收的考虑不足;二是橡胶、柠檬、柚子等传统产业提质增效缓

---

① 数据来源:《C 县脱贫攻坚工作情况汇报》,2018 年 8 月,C 县扶贫办提供。

慢，香料烟、百香果等新兴产业发展后劲不足；三是在整乡整村推进项目政策刺激下，生猪养殖过快增长，加剧市场波动，价格持续下滑，影响群众增收；四是缺乏附加值高、经济效益好、提供就业岗位多的支柱产业；五是龙头企业、专业合作社等规模较小、人才匮乏、机制落后、经营管理欠规范，与农户利益联结不够紧密，脱贫产业组织化程度较低，持续稳定增收难。产业扶贫质量不高的以上表现，已经成为巩固和拓展脱贫攻坚成果中存在的主要问题。

以 Y 县为例，2019 年 1 月在该县扶贫办的调查中了解到，该县自然条件优越，适宜发展多种产业，但脱贫攻坚期间发展起来的大多产业具有"小、散、弱"的特点，缺乏附加值高、经济效益好、能提供大量就业岗位的支柱产业。这些产业组织化、规模化、市场化程度低，影响着巩固和拓展脱贫攻坚成果工作的深入推进。

从以上实证案例可以看出，前几年脱贫攻坚阶段的产业扶贫质量不高、发展后劲不足，已经成为云南边境地区巩固和拓展脱贫攻坚成果中存在的问题。产业扶贫质量不高、发展后劲不足，主要表现在以下几个方面：一是重视短平快产业发展，对产业长期效益、稳定增收考虑不足；二是传统产业提质增效缓慢，新兴产业发展后劲不足；三是缺乏附加值高、经济效益好、提供就业岗位多的支柱产业；四是龙头企业、专业合作社规模较小、人才匮乏、经营管理不规范；五是扶贫产业组织化、规模化、市场化程度低，持续增收困难。

（六）脱贫后村级集体经济发展仍然薄弱

以 S 市为例，2019 年 2 月在该市扶贫办的调查中了解到，该市在精准扶贫期间，虽然在党和政府的帮扶下，贫困群众实现了脱贫，但脱贫后的很多少数民族村寨的集体经济发展仍然薄弱。一是有的村级集体经济基础差、底子薄，没有发展集体经济的物质基础，村级集体经济举步艰难，村级组织"无钱办事""无能力办事"的现象突出，也影响了村级党组织的凝聚力和战斗力的发挥。二是有的村级集体经济项目规模比较小、年收入比较低。多数村寨因历史遗留问题，负债过重，集体经济收入资不抵债，开展正常工作经费难以为继，村级资金完全依赖财政转移支付。三是村级集体经济形式单一、发展渠道窄。大多数村级集体经济收入主要依靠土地承包以及将村级组织的房屋、厂房设备进行租赁获得经营性资产收入，村级集体经济结构单一，缺乏发展后劲，大部分村寨依旧无资本、无资产、无资源，收入渠道不宽。四是很多村寨干部对村级集体经济认识不足，发展壮大集体经济意识不强，村寨干部"等靠要"思想严重,缺少发展村级集体经济的内驱动力。部分村寨干部虽然有发展村级集体经济的强烈愿望,但受限于自身文化素质,对村级组织如何发展集体经济束手无策,村级集体经济停滞不前。为了巩固和拓展脱贫攻坚成果,在乡村振兴阶段,需要解决好脱贫后的很多少数民族村寨的集体经济发展仍然薄弱的问题。

从以上实证案例可以看出,脱贫后村级集体经济发展仍然薄弱,已经成为云南边境地区巩固和拓展脱贫攻坚成果中存在的问题。脱贫后村级集体经济发展仍然薄弱,主要表现在以下几个方面:一是村级集体经济基础差、底子薄,发展集体经济的物质基础薄弱;二是村级集体经济项目规模小、年收入低,集体经济收入资不抵债;三是村级集体经济形式单一、发展渠道窄,收入渠道不宽,缺乏发展后劲;四是村寨干部对村级集体经济认识不足,发展壮大集体经济意识不强,缺少发展村级集体经济的内驱动力。

第四章

云南边境地区社会治理机制创新路径

针对以上云南边境地区在社会治安治理、禁毒防艾、疾病预防控制、接待来信来访、突发事件治理、脱贫攻坚等领域的挑战和问题的演进逻辑，创新云南边境地区社会治理机制，探索化解现存问题的具体进路，已经成为现实的迫切需求和必然选择。

一、社会治安治理机制创新路径

（一）建立健全边境地区管控维稳机制

建立健全云南边境地区管控维稳机制，需要公安机关按照"智慧边境、数字边境"和"机制管边、群防固边"的边境维稳管控工作思路，进一步织密边境防控网络，严打涉边违法犯罪，提升管理服务效能，努力实现"护边、守边"向"兴边、强边"跨越，达到边境出入有序，群防力量壮大，问题有效遏制的预期目标，确保边境地区长治久安。

1. 坚持情报主导

公安机关要在现有情报工作制度基础上，健全情报工作"每周汇总、每月研判、季度会商"的工作机制，对各单位报送的情报进行汇总分析，按照情报类别和级别，分别采取打击处置和跟踪深挖等措施，提高边境管控维稳的超前性、预见性和指导性。要以"大数据"应用和"大情报"研判为核心，有效整合各情报部门的情报信息资源，强化分析研判，确保"耳聪目明"、敌动我知。

2. 坚持综合防控

公安机关要以强化边境社会治安防控体系建设为抓手，完善人防、物防、技防建设，着力构建"人、地、空"三维一体的防控网络和智慧边境、数字边境。用活基层力量和科技信息两大资源，采取"专业力量+基层群众""人力资源+科技手段"方式，在边境线构建"立体型""网格化""科技性"的防控体系，进一步夯实边境防线。

3. 坚持严打严防

公安机关要将边境整治与反恐维稳、禁毒斗争有机结合，牢固树立"强势打击"理念，以"打早打小、打准打狠、打深打全"的思路，构建"党政领导、军警联动、专群结合"的工作格局，对各类涉边违法犯罪特别是近年来有所抬头的偷渡违法犯罪活动进行严厉打击和有效震慑，严防偷渡违法犯罪坐大成势，防止云南边境地区成为非法出入境的区域和通道。

4. 坚持合作共赢

公安机关要在上级政府部门与境外签订的执法合作协议框架下细化各项机制，特别是执法合作机制，巩固和深化与境外政府特别是警方的会谈会晤以及边境治安、刑事、禁毒等方面的执法合作。同时，还要深化与我国邻近县（市）的警务合作机制，加强应急处突、打击犯罪、边境管理、信息互通、情报共享等方面的相互配合和协作，共同维护相邻边界地区的治安秩序。

5. 坚持依靠群众

"国家治理的理想状态，就是善治。善治就是公共利益最大化的治理过程，其本质特征就是国家与社会处于最佳状态，是政府与公民对社会政治事务的协同治理，或称官民共治。"[①] 公安机关要坚持和完善共建共治共享的社会治理制度，以打造共建共治共享的社会治理新格局，建设人人有责、人人尽责、人人享有的社会治理共同体，[②] 紧紧把握边境地区扩招护边员的有利政策，探索做实"帐篷式边境防控卡点""家庭式边境防控卡点"，用实、用活、用优边民补贴。要将守边护边作为重要责任和义务纳入村民自治范畴，对于不履行责任义务的边民，应扣除相应的边民补贴等政策待遇，以不断提升边民管边守边、爱边护边意识，形成"家家是哨卡，户户是骨干，人人是哨兵"的边境管控局面，以破解边境封不住、堵不严的难题，走出一条全民固边有制度支撑、有奖惩助推、有职责保障、有措施依托的新路子。

（二）建立健全边境地区反恐防暴机制

云南边境地区地理位置特殊，反恐形势复杂，反恐任务艰巨，是进行反恐怖斗争的前沿阵地。反恐斗争是维护云南边境地区社会治安的重要方面，需要切实提高相关单位和部门的反恐意识和应急能力，建立健全反恐防暴机

---

① 俞可平. 论国家治理现代化（修订版）[M]. 北京：社会科学文献出版社，2015：3.
② 本书编写组. 中共中央关于坚持和完善中国特色社会主义制度、推进国家治理体系和治理能力现代化若干重大问题的决定（辅导读本）[M]. 北京：人民出版社，2019：30.

制,为打造平安边境创造稳定的社会环境。为此,必须围绕反恐防暴"零事件"的目标以及"堵通道、铲土壤、防事件"的工作任务,着重加强以下几个方面的工作:一是强化反恐斗争意识,清醒认识反恐斗争的长期性和复杂性,提高反恐斗争的政治敏锐性,始终绷紧暴恐活动就在身边这根弦,严格落实反恐责任及相关措施,做好打主动仗、整体仗、持久仗的思想准备;二是建立边境反恐情报网络,强化涉恐线索情报侦察、情报信息的收集研判工作,形成防范、打击的整体合力;三是加强对境内边境一线的敏感地区、边境口岸、通道、便道的管控力度,始终保持对涉恐、涉暴和极端宗教重点关注人员的基础摸排、排查核查、跟踪监管,实时掌握动态,实行常态化清理清查,严打严管严控涉恐涉暴重点人员,切实堵住"三股势力"(民族分裂势力、宗教极端势力、暴力恐怖势力)人员内潜外逃的重要通道;四是全力开展反恐防暴宣传,组织开展边境地区反恐防暴演练,切实维护边疆稳定;五是强化反恐处突力量和武装处突单元建设,完善应急力量布局,实行武装巡逻、动中备勤、巡中处警,形成城区人员密集场所1分钟、重点场所3分钟、城郊区域5分钟巡防控制圈,确保一旦发生突发事件,武装处突单元能够迅速赶到现场处置;六是建立和完善防恐反恐联动机制,全面提升反恐应急处置能力和水平,在云南边境一线筑起铜墙铁壁。

(三) 建立健全边境地区缉枪治爆机制

1. 强化枪爆隐患排查以便堵塞管控漏洞

云南边境地区的公安机关强化枪爆隐患排查,堵塞管控漏洞,一要加强涉枪涉爆违法犯罪活动情报信息的收集、研判,及时掌握动态性、预警性的情报信息,提高治理枪爆物品的预警及防范能力。二要对涉枪涉爆涉危重点单位、场所、人员进行"地毯式"排查,以便及时发现安全问题、及时落实整改措施、及时消除安全隐患。三要对容易滋生非法制贩枪爆物品等违法犯罪的城乡接合部、出租房屋、边境通道开展全方位安全检查。四要对物流寄递、射钉枪、硝酸铵等易制枪爆物品和店铺、摊点等场所开展"地毯式"排查,确保不遗不漏、不留死角。五要对建材五金店、销售刀具、射钉器等经营者进行检查并要求他们签订《安全管理责任状》。六要加强涉爆单位安全管理,全面检查民爆物品单位的仓库和使用点,严格要求各民爆物品使用单位坚持双人职守、领用入库等管理制度,要求重点民爆物品单位签订责任书,确保民爆物品在运输、储存、使用等各个环节的绝对安全。七要强化网上巡查,斩断非法利益链。要发挥网络安全部门的职能优势,依托互联网信息资源,开展网上巡查,收集网上枪爆违法线索,及时消除各种枪爆信息隐患。

同时要会同邮政、交通运输等部门，协查网络贩卖涉枪线索，开展物流、寄递行业清理整治，严打网上非法贩卖枪爆物品活动。

2. 强化易制爆危险化学品和寄递物流整治

云南边境地区的公安机关强化易制爆危险化学品和寄递物流整治，一要主动与当地的应急管理、环保、市场监督管理等部门沟通协调，对区域内使用少量易制爆危险化学品单位逐一开展拉网式检查，全面摸清基本状况，及时消除安全隐患。二要指导易制爆危险化学品使用单位建立和完善易制爆危险化学品流向登记制度，全面掌握易制爆危险化学品使用和流向信息，实现对易制爆化学品使用和流向的严格监控。三要指导使用易制爆化学品的单位和部门建立丢失被盗报告制度，在发现易制爆危险化学品丢失、被盗时，必须在第一时间向公安机关报告。同时，当地派出所要与辖区内的易制爆危险化学品使用单位签订治安管理责任书，严格落实安全监管责任。四要积极会同邮政、公路运输等部门对物流企业、寄递企业实施突击排查，加强对物流、寄递企业的监管，严格落实"实名收寄""开包验视"制度，有效落实管控措施，坚决切断非法枪爆物品交易和贩运渠道。

3. 强化枪支及易制爆危险化学品的收缴行动

云南边境地区的公安机关在摸排清查的基础上，一要采取"四定一包"工作措施，即"定领导、定任务、定责任、定措施、一包到底"，集中时间，集中警力，不间断地开展统一收缴行动。二要对刑释解教人员、社会闲散人员逐一见面谈话，了解掌握私藏枪支线索，逐一核查追缴。三要在重点区域加大设卡盘查力度，及时查控收缴，有效遏制非法枪爆物品的贩运流转。重点加强对物流公司、车站、交通要道、城乡接合部、行业场所等主要场所的巡逻检查，严查贩卖、托运仿真枪和管制刀具、弩等行为，全力收缴流散在社会上非法枪支、弹药、爆炸物品，坚决消除死角死面，促进收缴工作深入开展。四要强化查处打击，遏制涉枪涉爆案件发生。始终保持对涉枪涉爆违法犯罪活动的严打高压态势。全面落实严缴、严打、严查、严管、严治、严防措施，有效预防和减少涉枪涉爆案件发生，全力推动缉枪治爆工作向纵深发展。五要注重破案攻坚。按照"追源头、捣窝点、摧网络、断销路"要求，对涉及枪爆等危险物品线索一查到底，强化警种联动，精确打击、打深、打透、打彻底。六要合成作战，多警种联动。刑侦、禁毒、交警等多个部门通力协作，共享资源，形成打击合力。七要因地制宜，突出重点。根据边境民族地区特殊地理位置情况，将边境乡镇和村寨作为打击走私贩卖枪支弹药的重点区域。

4. 强化边民群众参与缉枪治爆活动的积极性

云南边境地区公安机关强化边民群众参与缉枪治爆活动的积极性，一要加强与村组干部、治安积极分子、信息员的交流互动，及早发现涉枪涉爆问题，督促村组干部、治安积极分子加强对本村、本组群众的管理，及时发现私藏枪支，规劝主动上交，对劝告不听者及时报告派出所，由公安机关进行立案查处。二要结合乡村振兴工作，将涉枪涉爆法律法规、处罚依据及缉枪治爆专项行动及时宣传进村寨、进社区、进学校、进机关单位、进行业场所、进企业，给业主、从业人员、干部、职工、群众等不同层次的人员讲解涉枪涉爆涉危的社会危害性，不断增强边民的知法、守法、遵法意识。三要充分依托边境县（市）广播电台、网上公安机关、手机短信、悬挂条幅、张贴公告、发放传单等媒介，大力宣传缉枪治爆专项行动的意义和私藏枪支弹药的危害性，形成老百姓"出门见通告、回家见传单、房外听广播、屋内观影视"的浓厚宣传氛围，通过一系列宣传教育活动，切实提高边民群众积极参与"缉枪治爆"行动的意识，敦促相关人员主动上交非法持有的枪支弹药。四要公布举报电话、奖励举报人酬金标准，有针对性地开展有奖举报活动，充分发挥有奖举报的作用，调动边民群众以及社会各方面力量举报涉枪涉爆线索，不断扩大缉枪治爆战果。对于群众举报提供的私制私存枪支弹药、爆炸物品的线索，必须做到"举报一支，收缴一支，重奖一支"，不断强化边民群众参与缉枪治爆专项行动的积极性和主动性，形成老鼠过街、人人喊打的缉枪治爆社会氛围。五要宣传、展示缉枪治爆专项行动成果，进一步教育群众、震慑犯罪。

（四）建立健全边境地区"黄赌毒"治理机制

1. 建立健全日常宣传教育机制

云南边境地区公安机关要建立健全日常宣传教育机制。必须充分发挥云南边境地区工会、共青团、妇联、红十字会、工商联等群团组织、社会团体、基金会、民办非企业单位以及居民委员会、村民委员会等基层组织的宣传教育功能，紧紧依靠他们对铲除"黄赌毒"违法活动的重要意义等内容进行广泛宣传，以便营造坚决整治"黄赌毒"问题的浓厚社会氛围，教育群众不要参与任何形式的"黄赌毒"活动，争做知法守法的好公民，努力取得各族边民群众对"黄赌毒"治理工作的了解、理解和支持，建立健全人人参与、全面防治的工作机制。特别要以入户走访和赶集日为契机，以发放宣传资料、制作宣传专栏等多种形式，以案说法、大张旗鼓地开展宣传教育工作，使广大群众深知"黄赌毒"的危害性、欺骗性，自觉远离"黄赌毒"活动，倡导健康向上的文化生活。

2. 建立健全联动执法约谈机制

云南边境地区公安机关建立健全联动执法机制，一要加强与工商、文化等部门的联系，通过召开联席会议、互通情报信息和开展联合行动等方式，进一步规范行业场所管理，形成严查严治、齐抓共管的局面。二要组织有关部门分工协作，综合执法，加强对边境地区区域范围内容易发生"黄赌毒"违法活动的重点场所和高危人群进行严厉查处，特别要解决好有些娱乐场所"黄赌毒"问题较为突出的问题。三要建立业主约谈机制，对出现"黄赌毒"违法犯罪苗头的场所，或群众多次举报但未查获"黄赌毒"行为的场所，治安部门和派出所应主动约谈经营业主，讲明法律政策，告知权利义务，要求依法经营。

3. 建立健全规范化管理监督机制

云南边境地区公安机关建立健全规范化管理监督机制，首先，公安机关要以旅店业、住宿洗浴、KTV、茶室、游戏厅等行业场所作为治安管理部门重点控制对象，完善登记备案制度，全面推进实名登记系统、场所内部视频监控系统等信息化平台建设，大力摸排、登记从业人员，规范管理日常检查记录、隐患限期整改通知书、所签订的责任状等工作资料。其次，要加强边境口岸管理立法，依法规范边境口岸管理行为，使边境口岸管理有法可依、有据可查，依法查处和打击非法出入境活动，将来自境外的"黄赌毒"堵在国门之外。最后，边境地区纪检监察机关须加大对执法活动的监督力度，一旦发现暗中支持、纵容"黄赌毒"违法活动的经营者、参与者，或充当"黄赌毒"违法活动"保护伞"的党员领导干部，不管涉及谁，都要严格依法惩处，以保证查处、整治"黄赌毒"违法活动的有效落实。

4. 建立健全群众参与治理机制

建立健全群众参与治理机制，需要公安机关调动各族群众参与扫除"黄赌毒"违法活动的积极性。通过公布举报电话，发放奖金、保护举报人等形式，鼓励人民群众秘密提供有关"黄赌毒"情报信息，依靠广大群众检举揭发各类"黄赌毒"违法犯罪活动，营造全民参与依法打击"黄赌毒"的浓厚社会氛围。要按照"打防结合、预防为主，干群结合、依靠群众"的方针，建立健全云南边境地区公安机关主导的由基层治安信息员、综合治理特派员、治安志愿者所组成的社会治安联防联打工作网络，加强"扫黄打非"和禁毒禁赌等常规工作，广泛开展形式多样的以创建平安和谐的边境地区为目的的联防联打活动，最大限度地减少边境地区的社会治安隐患。

（五）建立健全边境地区流动人口治理机制

1. 树立管好外来人口为现实发展服务的观念

公安机关在思想认识上，要把管理流动人口作为人口管理工作的重中之重来抓，并通过加大奖惩力度，使干警逐步树立管好外来人口为现实发展服务的观念，充分认识到改革开放新形势下做好外来人口管理工作的重要性和紧迫性；要消除干警中急功近利的思想，深入扎实地开展流动人口管理工作，采取科学的方法把管理流动人口工作和其他工作有机地结合起来，特别要学会与严打斗争等专项治理工作相结合，避免单打一的做法；工作中要不断拓宽视野，以变应变，善于发现外来流动人口中的违法犯罪可疑人，及时将其纳入工作视线，对流动人口真正做到管好管活。

2. 加强流动人口中的外来人口动态管理工作

公安机关要健全流动人口信息网络互联系统，通过人口信息网络互联系统，及时更新和掌握流动人口动态，及时检查和发现可疑人员，防止和减少各类逃犯窝藏在流动人口之中继续危害社会。从公安机关自身工作系统看，在外来人口管理工作中还一定程度上存在互不通气、各自为政的现象。一方面，公安机关各部门在管理上要树立全局观念，加强相互协作，坚持以现住地派出所管理为主的原则，对外来流动人口开展追踪调查，及时、准确地收集、传递、反馈流动人口的相关信息。加强地区之间的协作，真正掌握流动人口的动态情况。另一方面，公安机关要加强外来流动人口中的重点人口信息的传递工作。如果对外来人口中的重点人口未加以有效管控，暂住地派出所不了解他们在常住地的情况，户口所在地派出所也未能及时掌握流动人口的去向，那么就会使得流动人口中有前科劣迹的违法犯罪人员，脱离暂住地与户口所在地派出所的人口管理工作视线，甚至会造成流窜作案现象的发生。因此，对于暂住人口中有着前科劣迹的重点对象，人口流入地和流出地的公安机关必须做好相关信息的相互传递工作，以便切实做好流动人口中的外来人口的动态管理工作。

3. 加强流动人口中的特殊人群的服务和管理

一方面，要通过边境地区流动人口服务管理站，及时了解流动人口的生活困境和需求，帮助其解决子女教育、个人就业、医疗保障等方面的问题，消除损害流动人口合法权益的制度性障碍。另一方面，要加强对边境地区流动人口中的孤寡老人、残疾人、有不良记录的青少年、刑满释放人员、精神病人、流浪乞讨人员等特殊人群的管理和服务。通过社会保障、法律援助、再就业指导、帮扶帮教等工作，有针对性地为特殊人群提供无偿服务。

（六）建立健全边境地区回流边民治理机制

云南边境地区从境外回迁的边民原属中国公民，外流及回迁历史背景复杂而特殊，原因多种，加之云南边境地区特殊的地理位置、复杂的人文环境和重大的国防意义，解决回迁人员的相关问题应"以人为本"，采取"宜宽不宜严"的政策，应作为解决历史遗留问题来加以处理。必须站在完善边疆治理体系、提高边疆治理能力的高度，尊重历史，实事求是，创新思路，依法管理，从而实现云南边境地区主动服务和融入国家"一带一路"发展战略。

几年来，云南边境地区回流边民现象及问题治理已经引起官方高度重视。云南省根据《国务院办公厅关于解决无户口人员登记户口问题的意见》（国办发〔2015〕96号文件）制定了《云南省人民政府办公厅关于解决无户口人员登记户口问题的实施意见》，首次将回流边民纳入了需要解决户口登记的一类人员。之后，云南省各地州市，特别是处于边境地区的地州市也制定了相应的政策，如云南省德宏傣族景颇族自治州制定了《德宏州人民政府办公室关于解决无户口人员登记户口问题的实施意见》等。

作为回流边民问题的治理主体，以上中央政府和地方政府制定的实施意见对无户籍人员户口登记提供了制度安排和政策依据，对于解决部分回流边民无国籍户籍问题提供了政策支持。根据实施意见，云南边境地区明确了回流边民无户口人员，可以按照华侨认定标准，申请国籍落户口；对不符合华侨认定标准的，由本人持有关材料向居住地公安机关申请国籍认定，凭国籍认定证明、个人申请、村委会证明以及其他能够证明曾经在国内居住生活的证明材料，经公安机关审批后办理户口登记。这些政策措施，切实解决了许多回流边民的户口问题。

与此同时，针对云南边境回流边民无序跨境流动问题，云南边境管理部门依据《中华人民共和国出境入境管理法》和云南省地方性法规，有效规范了回流边民的跨境流动行为。当地政府为了解决回流边民的实际问题也采取了多种措施：一是对边境地区回流边民进行安置，救助；二是结合脱贫攻坚行动，大力帮扶回流边民重建家园；三是积极开展回流边民身份甄别工作。①这些措施切实解决了回流边民的许多实际问题，有效维护了边境地区跨境人员的有序流动。但总体来讲，政府对于回流边民管控的社会政策的研究和制定仍然显得有些不足甚至滞后。

---

① 白晓明，刘文光．中缅边境地区回流边民问题治理研究述评［J］．黑龙江社会科学，2020（4）：54-55．

当然，如果一旦国家政策放开，就有可能导致回流边民剧增问题的产生，引发更多的边境社会问题。因此，加强对云南边境地区回流边民问题的治理，需要政府加强前瞻性社会政策设计以及社会政策实施过程的研究，并建立回流边民问题妥善解决机制。一要重视云南边境地区回流边民群体身份难以认定的现实问题，加强回流边民恢复或重新获得中国公民身份的政策研究和设计；二要完善边境治理政策及措施，在人力、物力、财力等方面给予云南边境地区社会治理主体相应的倾斜；三在推进云南边境地区社会治理现代化进程中，既要强化边民的国家认同感，又要尊重边民的传统文化，保护好、维护好、发展好云南边民与毗邻国边民的正常往来；四要针对回流边民的实际情况，加强社会救助、住房安置、教育发展、就业培训等社会保障方面的配套政策研究和制定，以扶助回流边民融入当地社会。

几年来，云南边境地区回流边民的治理对策大多是基于学者自身研究视角，碎片化特点突出，缺少系统性、整体性的政策研究和设计。云南边境地区回流边民现象及问题，严重影响边疆安全与稳定，不仅需要学界继续深入实地加以调查研究，为党和政府提供决策参考，而且需要实务界针对云南边境地区回流边民的具体情况和问题，系统推进相关社会政策，建构回流边民问题妥善解决机制。

(七) 建立健全公安机关治安治理能力提升机制

1. 深入推进信息化建设，提升公安机关核心战斗力

云南边境地区的公安机关要借助信息化手段，实施情报信息主导警务战略，以信息化引领警务改革创新，通过有效挖掘信息资源、整合信息资源、共享信息资源，赢得信息优势，抢占制高点，把握主动权，打赢攻坚战，实现"打、防、管、控"一体化目标。深入推进信息化建设，提升公安机关核心战斗力，具体途径如下：一是抓培训。必须树立"不懂信息化应用的领导将丧失指挥权，不懂信息化应用的民警将丧失工作岗位"的理念，制订切实可行的学习培训计划，使民警熟练掌握和运用信息化操作技能，全面提高信息化应用能力和水平。二是抓采集。必须构建立体化、智能化、全方位的信息采集网，将信息采集纳入民警管理、防范、控制、打击等日常工作中；必须制定信息采集工作规范，全面提升信息采集及录入质量和水平，促进"大数据"库扩容。三是抓建设。必须继续抓好边境地区城区和农村视频监控系

统"雪亮工程"建设①；必须抓住国家推广"三网融合"即电信网、广播电视网和互联网融合的有利契机，加密视频监控点位布局；必须继续抓好"智慧城市"指挥调度系统建设，强化网上网下战线对接，做到网上舆情信息网下寻找源头、网下案件线索网上同步查控。四是抓应用。必须主动顺应现代科技与公安工作深度融合的大趋势，充分运用信息化手段破解公安行政管理难题，创新服务方式方法，积极搭建综合性网络服务平台和新媒体移动终端；必须探索"人力+科技""传统+现代"的风险预警模式，加强治安警情分析，动态调整警力部署，实现"猫鼠同步"②；必须加强对人员密集场所、高危人群的科技查控、动态管理、严密防范、精确打击；必须充分运用专项打击、重点整治、前端管理等各种措施，统筹各方面力量形成打防管控合力。

2. 深入推进实战化建设，提升公安机关治安驾驭力

云南边境地区的公安机关要加强资源整合，创新警务体制机制，深化警务情报会商机制，探索"智慧指挥、智慧安防、智慧管理、智慧服务"的智慧型警务，真正做到打击更有利、防范更严密、应对更有效、服务更贴切。深入推进实战化建设，提升公安机关治安驾驭力，具体措施如下：一是完善指挥系统。必须推进指挥模式扁平化，进一步明确指挥中心的实战指挥权限，减少指挥层级，缩短反应时间，提高应急指挥效率；必须推进情指对接实时化，指挥中心、情报中心和一线执勤警力实时在线，实现情指（情报和指挥）、指勤（指挥和勤务）即时对接，实现情报与实战、指挥与行动"零距离"，使指挥作战更灵敏、更高效。二是创新打防模式。必须继续做强专业警种，完善刑侦即刑事侦查、网侦即网络侦查、视侦即视频侦查等"多侦并用、多轨联查"的侦查体系和工作模式，打好信息战、科技战、合成战；必须坚持警力跟着警情走，进一步健全"传统+科技"的立体化、网格式防控体系；必须完善信息化、动态化条件下的警防、民防、技防、智防"四位一体"的安防模式，最大限度地减少可防性案件的发生；必须紧紧盯住"黑拐枪""盗抢骗""黄赌毒"等群众反映强烈的违法犯罪问题，按照"什么问题突出就重点解决什么问题，哪里治安状况混乱就集中整治哪里"的原则，深入开展治安乱点排查整治，抓住乱源、找准乱因，落实责任，挂牌督办，综合采取打防管控建措施，集中解决治安突出问题，限期扭转治安混乱面貌。三是发

---

① "雪亮工程"是以县、乡、村三级综治中心为指挥平台、以综治信息化为支撑、以网格化管理为基础、以公共安全视频监控联网应用为重点的群众性治安防控工程。
② 所谓"猫鼠同步"，即犯罪嫌疑人在什么时间、什么地点作案，民警就在什么时间、什么地点予以打击，全力挤压违法犯罪的时间和空间。

挥合成优势。必须大力推进刑事技术、网侦、技侦、视侦等侦查手段的建设应用，建立多侦联动、多轨联控、同步上案的侦查办案合成作战机制，以手段合成促进打击合成，更快地破大案，更多地破小案，更准地办好案；必须借助"互联网+"模式，加快推进公共安全的数字化、网络化、智能化管理，充分利用大数据、云计算技术加强治安警情分析，完善合成作战模式。四是完善保障体系。必须积极争取党委、政府支持，在警用装备、应用设备、训练设施等方面增加投入，配足配齐实用管用的武器警械、防暴装备，进一步完善应急处置预案；必须大力加强战术战法演练和实战技能射击培训，不断增强实战本领，提高实战水平。

3. 深入推进法治化建设，提升公安机关执法公信力

云南边境地区的公安机关要全面提升民警的法治思维和法治素养，使广大民警自觉尊法守法、学法用法，善于运用法治思维和法治方式化解矛盾，维护稳定，切实做到严格公正文明规范执法，努力实现法律效果、政治效果和社会效果的有机统一，不断提升公安机关执法工作水平和执法公信力。深入推进法治化建设，提升公安机关执法公信力，具体途径如下：一是健全培养体系。必须巩固完善"一档管理、一体统筹、一口把关、一责到底"的"四个一"的规范化执法模式，全力打造规范执法升级版；必须以电子执法档案为依托，推行执法办案积分制，实施"执法民警—执法之星—执法标兵—专职法制员—科所队长"四级递进培养工程，培养充满活力的执法队伍，进一步提升民警执法素质。二是健全管理体系。必须扎实开展立案突出问题整治，抓住接处警、受立案、执法执勤等关键环节，建立完善监督制约机制，着力解决随意动用强制措施、违规扣押处置涉案财物等执法中的不规范问题，"倡导柔性执法，对管理相对人抛却专横，不随便指责"[①]；着力解决有警不处、有案不立、立而不查等执法不作为问题，坚决防止关系案、人情案、金钱案等执法乱作为问题，以实际行动回应群众关切，维护群众权益。三是健全监督体系。必须进一步明责定岗，严格落实执法办案终身责任制，实行问题倒查责任，通过定期网上巡查、个案督查、调卷抽查方式对公安部门所有案件进行起底式、拉单式、过滤式督查检查，完善刑事案件法制部门"统一审核、统一出口"机制，充分发挥执法监督管理委员会作用，所有案件实行审核主体、网上流转、监督审核、提请报捕、案件回访"五统一"，深入开展"一案一评"，加强执法质效监管。

---

① 杨临宏. 加强和创新社会管理的法律问题研究［M］. 北京：中央编译出版社，2015：94.

4. 深入推进正规化建设，提升公安机关工作发展力

云南边境地区的公安机关要按照政治过硬、业务过硬、责任过硬、纪律过硬、作风过硬的要求，大力推进公安队伍正规化建设，努力建设高素质专业队伍、实战化职业警队。深入推进正规化建设，提升公安机关工作发展力，具体措施如下：一是坚持政治爱警。必须健全科学的勤务机制和民警轮值调休制度，科学用警，集约用警，千方百计落实好爱警惠警措施，努力用事业激励警心，用关爱温暖警心，用待遇慰勉警心，不断增强公安队伍凝聚力、创造力和战斗力；必须依法及时查处暴力袭警、恶意投诉、诬告陷害等侵犯民警权益的案（事）件；必须从政治上、工作上、生活上关爱体恤民警，切实做到用事业留人、用感情留人、用适当的待遇留人，不断增强公安民警的职业认同感和自豪感，不断增强公安队伍的凝聚力和向心力。二是坚持科学管警。必须实行"集中教育、岗位练兵、跟班学习、轮训轮值"一体化教育训练，坚持"仗怎么打，兵就怎么练"，全面推行"轮训轮值、战训合一"和"常态备勤、平战结合"的训练模式，充分调动民警的积极性、主动性、创造性，激发民警的工作热情，努力实现训练与实战的无缝对接，不断提升公安队伍的综合素养、专业水平和职业能力。三是坚持从严治警。必须强化各项纪律养成教育，严格执行中央八项规定、公安部"三项纪律"等一系列铁规禁令，始终把政治过硬作为首要标准，把绝对忠诚作为第一要求，压实党委主体责任，加大执纪审查力度，从严追责问责，做到失责必问、问责必严，真正用好问责的利器，打下问责的板子，以刚性问责倒逼全面从严治党治警责任落地；必须教育民警保持政治定力，严守政治纪律，确保公安队伍绝对忠诚、绝对纯洁、绝对可靠；必须做到上下同心、步调一致、纪律严明、令行禁止，营造干部清正、队伍清廉、政治清明的良好公安队伍生态。

二、禁毒防艾机制创新路径

（一）建立健全边境地区禁毒防艾宣传教育机制

1. 加强大众媒体对禁毒防艾的宣传教育

云南边境地区县市所属的各有关部门和新闻单位，一要广泛组织开展禁毒防艾法律法规以及相关政策的宣传，进一步提高信息传递的有效性和覆盖面；二要积极刊播禁毒，防治艾滋病、性病、丙肝和无偿献血等公益广告，制定禁毒、防治艾滋病公益宣传的指令性指标，并按指标的时限和比例播出，邀请受毒品、艾滋病危害和影响人群现身说法，让其积极参与、配合禁毒防

艾宣传教育工作。

2. 加强社区对居民实施禁毒防艾的宣传教育

一要县（市）、乡镇（街道）、村（居）委会立足社区，动员骨干力量，组织志愿者队伍，将宣传教育融入社区常规工作之中。二要设立禁毒、防治艾滋病健康教育宣传栏、墙报、黑板报、墙体标语等。每个行政村都要设立禁毒、艾滋病综合防治知识方面的固定标语或公益广告牌。三要每个社区配备禁毒、防治艾滋病知识宣传骨干，针对社区人群定期开展宣传教育活动。四要社区公安派出所、卫生服务中心、乡镇卫生院和各类医疗卫生机构，每年开展有关禁毒、防治艾滋病的健康教育活动。五要村（居）委会将禁毒、艾滋病综合防治宣传教育纳入基层文化建设内容，落实宣传职责，对辖区居民普遍开展禁毒、艾滋病综合防治教育。

3. 加强工作场所和公共场所禁毒防艾的宣传教育

一是县（市）所属各级各类机关、团体、企事业单位、个体经济组织等，在工作场所广泛普及禁毒、防治艾滋病和无偿献血知识，开展关爱吸毒人员、艾滋病病毒感染者及艾滋病病人的宣传教育活动；二是在流动人口比较集中的建筑、矿产、水电、交通等行业和大型工程建设单位，将禁毒、防治艾滋病政策及相关知识培训纳入职工岗位培训和行业安全教育，同时列为新职工岗前培训的重要内容；三是各类培训机构要把禁毒、防治艾滋病和无偿献血知识作为重要的培训内容；四是在县（市）辖区内的主要路段、街头、广场、商业区等地设立以禁毒、艾滋病综合防治为主题的公益广告牌、宣传栏；五是在出入境口岸放置禁毒、艾滋病综合防治的宣传材料；六是在宾馆、饭店和旅馆等公共场所做好禁毒、艾滋病综合防治宣传工作，并在适当地方摆放宣传材料和安全套。

4. 加强学校对学生开展禁毒防艾的宣传教育

云南边境地区县（市）所属各中学、职业学校等，一要有专门教师负责禁毒、防治艾滋病宣传教育工作，并将禁毒、防治艾滋病的相关知识纳入学生考试内容范畴；二要开展学校师生健康教育和技能培训，安排学生放学回家以后负责对其所属家庭其他成员进行禁毒、防治艾滋病知识的宣传教育；三要在新生入学时发放禁毒、艾滋病防范等健康教育处方，计划好每学年需要开设的禁毒、艾滋病专题知识讲座；四要中学学校在初中班、高中班开设有关禁毒、预防艾滋病方面的课程。

5. 加强对重点人群开展禁毒防艾的宣传教育

一是重点加强对抵边村寨、少数民族地区、边远农村地区群众的宣传教育,特别是加大对流动人口、外出务工、出入境、少数民族、涉外婚姻等人员的宣传教育。

二是各级政府要将农民工、出国劳务人员等人口抵制毒品、防治艾滋病综合知识宣传教育纳入有关部门的日常工作中,特别是人力资源和社会保障、农业、建设、交通等部门要加大对流动人口、外出务工等人员的宣传教育。劳务输出组织者和机构、用工单位、职业中介机构要将禁毒、艾滋病综合防治知识的宣传教育纳入职业技能培训和安全教育中。

三是在外出务工人员较多的农村地区的就业培训中,有关部门要纳入禁毒、艾滋病防治教育内容,并结合当地实际情况,开展针对外出务工人员的禁毒、艾滋病防治宣传教育。用工单位要在其负责管理的农民工集中居住场所摆放宣传材料和安全套,开展同伴教育活动。

四是卫生部门要加强孕产妇预防艾滋病性传播和母婴传播知识的宣传教育;民政部门和卫生部门继续对结婚登记人群开展预防艾滋病知识的宣传教育;公安、司法行政部门要将禁毒、防治艾滋病知识纳入被监管人员的常规教育内容,定期对羁押人员开展禁毒、艾滋病预防宣传教育活动;民族工作部门要多形式、多角度、多方位地加强对少数民族地区群众抵制毒品、预防艾滋病知识的宣传教育;出入境检验检疫、公安边防等部门要加强对出国务工人员、跨边境流动人员、涉外婚姻人员的宣传教育干预工作;工会、共青团、红十字会、工商联等社会团体要有针对性地对厂矿、企业职工、广大青少年、少数民族群众开展多种形式的禁毒、预防艾滋病知识和关爱艾滋病病毒感染者和病人的宣传教育活动;妇联、人口计生等部门要关注妇女人群感染艾滋病的脆弱性,积极倡导和支持开展针对妇女的艾滋病宣传教育和预防母婴传播的相关知识教育,提高妇女的自我保护能力,防止配偶间传播,切实维护妇女的合法权益。

(二)建立健全边境地区"禁毒重点整治工作"机制

禁毒重点整治是在国家禁毒委员会强力推动下在毒品问题较为突出的地区开展的长期性任务。云南边境地区要持续完成好这项任务,必须建立健全"禁毒重点整治工作"机制。建立健全"禁毒重点整治工作"机制,必须坚持"预防为主,综合治理,禁种、禁制、禁贩、禁吸并举"的工作方针,全力推进禁毒人民战争,努力实现职能部门齐抓共管、全民全社会积极参与的禁毒工作格局,实现缴毒数、零星贩毒和吸毒人员打处数明显提高,吸毒人员管理规范,毒品危害现状得到扭转的预期目标,全力遏制毒品问题的发展蔓延。

1. 着力堵源截流

云南边境地区要加大堵源断流工作力度，全力堵截毒品入境和内流。要按照上级统一公开查缉毒品工作计划安排，结合实际，组织好公开查缉、固定轮值工作；继续强化双向查缉和边境管控措施，整合边境地区查缉力量，采取定时不定点、定点不定时等方式开展全辖区、全方位、多通道的毒品查缉工作；积极构建多警种捆绑作战，跨境、跨区、多部门合成作战的缉毒工作机制，加强区域间、部门间、各警种之间的协调配合，整合警力，形成全警联动、相关部门积极参与、全线出击的堵源截流工作机制，全力遏制境外毒品渗透内流和境内制毒物品外流。

2. 着力跨境破案缴毒

云南边境地区要强化跨境缉毒合作，与毗邻国积极开展情报交流、线索核查、侦查协作、扫毒行动、抓捕追逃等执法协作。牢牢抓住情报信息工作和技术侦查手段两个"杠杆"，在情报信息工作上下功夫，在科技手段上求突破，着力提高线索搜集能力，提升线索质量，力争"破大案、抓毒枭、摧网络、断通道"，深挖打击隐藏较深的毒贩。同时，要全力打击零星贩毒，建立健全打击零星贩毒责任制，使打零工作常态化，做到抓大不放小，举全警之力把零星贩毒的气焰打下去。

3. 着力阵地控制工作

云南边境地区要强化阵地控制工作，深入开展打击制毒物品违法犯罪专项行动，保持对非法买卖、走私制毒物品违法犯罪的高压态势，最大限度地遏制制毒物品走私出境，加强物流企业实名管理制工作，切实提高制毒物品管控力。要严格落实制毒物品生产、经营、运输、使用、贮存和进出口管理制度，联合市场监督部门强化对制毒物品的管理，联合边防部门全力堵截制毒物品走私出境，坚决将毒品堵在境外，缴在边境地区境内，全力遏制毒品向我方多头渗透的态势。

4. 着力摸清吸毒人员

云南边境地区要建立各乡（镇）吸毒人员普查登记制度，全面开展吸毒人员大排查和核实登记工作，摸清底数，掌握现状；搞清在册吸毒人员生活、收入及日常表象等现实状况，分析可能再次复吸概率，按复吸概率进行分类管控；以鼓励群众监督举报，动员吸毒人员检举揭发等方式，排查辖区隐性和新增吸毒人员，及时登记录入，做到发现一个、登记一个、录入一个、管控一个。

5. 着力收戒管控吸毒人员

云南边境地区要借鉴脱贫攻坚做法，探索吸毒人员管控新路子。要召开

"毒情分析会",按照"乡不漏村、村不漏组、组不漏户、户不漏人"的要求,对涉嫌吸毒人员在摸底排查的基础上进行精准识别、建档立卡。经过排查以后,凡吸毒人员属于脱贫攻坚期间建档立卡户的,由乡村振兴工作队的责任人实行"1对1"或"1对N"包保;属于非建档立卡户的,由乡镇干部、村组干部、党员、驻村工作队员等采取"掌控动态、月检月谈、督促生产、监督言行"等措施,实行"1对1"或"1对N"包保,实现精准识别、精准帮教、精准管理,确保吸毒人员收戒管控科学有效。

6. 着力禁毒巡查考评

云南边境地区要认真查找在办理毒品案件过程中执法质量方面存在的问题,组织开展对毒品案件的全程、动态监督考评,实行日巡查、月考、季评、年考评,切实提高禁毒执法质量和水平。

(三)建立健全边境地区乡镇筑牢禁毒防线工作机制

面对禁毒形势依然严峻的困境,云南边境地区各乡镇必须建立健全筑牢禁毒防线机制。建立健全乡镇筑牢禁毒防线机制需要重点筑牢三道防线:

一是筑牢境外打击毒品犯罪的第一道防线。要利用云南边境一线跨界民族之间人熟、地熟、相互情况较为熟悉的优势,千方百计地摸清境外毒品源头、种类、生产规模、贩运通道等情况,掌握境外主要贩运路线和通道,将打击的拳头延伸出境、打在境外,重点打击境外贩毒网络、隐蔽毒贩,通过开辟境外战场,提高境外毒品的阻击率,最大限度地遏制毒品的渗透内流。

二是筑牢境内群防群治毒品犯罪的第二道防线。要通过发动全民参与禁毒人民战争,紧紧依靠群众开展禁毒工作。云南边境地区乡镇党委、政府和乡镇综治办要进一步做好宣传群众的工作,使人民群众充分认识开展禁毒人民战争的重要意义,使禁毒成为人民群众的自觉意识和行动。要进一步做好发动和组织群众的工作,充分发挥基层党组织、村委会的作用,调动人民群众参与禁毒斗争的积极性、主动性、创造性,鼓励人民群众大胆检举揭发毒品犯罪线索,真正在全社会形成人人参与禁毒、人人拒绝毒品、人人远离毒品的全民禁毒氛围。

三是筑牢乡镇派出所、当地边境检查站严厉打击毒品犯罪的第三道防线。云南边境地区所有乡镇要以乡镇派出所、边境检查站为战斗实体,组织动员辖区内各村委会、工作队、村社干部、党员、民兵等群防群治力量,开展集中收戒吸毒人员行动,全力遏制零星吸贩毒的社会乱象,重拳打击群众反映强烈的吸贩毒部位、区域、村寨。通过集中开展吸毒人员集中收戒专项行动,做到全额收戒、震慑社会、全民净化,努力实现社会面吸毒人员大幅下降的目的。

(四) 建立健全边境地区与毗邻国乡镇联合禁毒机制

云南边境地区毒品问题的有效解决，需要建立健全边境地区与毗邻国乡镇联合禁毒机制，通过云南边境地区与毗邻国边境乡镇的共同努力以及双方边民自觉参与禁毒工作，以共同维护边境地区社会的和谐稳定。建立健全云南边境地区与毗邻国乡镇联合禁毒机制，需要建立健全以下制度：

一是建立健全云南边境地区乡镇与毗邻国边境乡镇禁毒合作例会制度。通过定期召开例会，整合云南边境地区乡镇与毗邻国边境乡镇双方禁毒工作资源，达到信息情报互通，及时掌握边境沿线吸贩毒人员活动情况，提升禁毒工作成效。

二是建立健全云南边境地区乡镇与毗邻国边境乡镇禁毒信息互通制度。云南边境地区乡村与毗邻国边境乡村要梳理、分析边境沿线涉毒人员活动情况，提升对边境沿线吸贩毒人员管控能力，云南边境地区乡村与毗邻国边境乡村双方要积极开发强制隔离戒毒人员管理的信息数据库、禁毒犯罪案件数据库和毒品犯罪嫌疑人数据库，实现信息资源共享。

三是建立健全云南边境地区乡镇与毗邻国边境乡镇联合开展吸毒人员收戒行动制度。要以云南边境地区乡镇派出所为战斗实体，联合毗邻国边境乡镇戒毒所人员，积极组织以基层组织、治保会、联防队员、民兵、村社干等为主要力量的基层群防队伍，全力遏制边境沿线零星吸贩毒现象，重点打击云南边境地区乡镇与毗邻国边境乡镇交接吸贩毒部位、区域、村寨，全力收戒流窜边境一线的吸毒人员。

四是建立健全云南边境地区乡镇与毗邻国边境乡镇吸毒人员相互遣送制度。云南边境地区乡镇与毗邻国边境乡镇通过这一制度，将双方各自抓获的他国吸毒人员遣送回国，并交由本国执法部门或强制戒毒部门对其依法进行强制戒毒。

五是建立健全云南边境地区乡镇与毗邻国边境乡镇联合禁毒宣传制度。云南边境地区乡镇负责将各种禁毒宣传材料印制成毗邻国文字和双方跨界少数民族文字材料发放给双边群众，充分增强云南边境地区乡镇与毗邻国边境乡镇群众拒毒、防毒的意识和自觉参与禁毒战争的积极性。

六是建立健全云南边境地区乡镇与毗邻国边境乡镇禁毒奖励制度。鼓励云南边境地区乡镇与毗邻国边境乡镇群众对边境吸贩毒人员进行举报或直接扭送，对于云南边境地区乡镇与毗邻国边境乡镇边民举报或扭送吸贩毒人员的手段行为，云南边境地区乡镇与毗邻国边境乡镇派出所应按照有关规定或者举报吸贩毒人员奖励办法给予直接奖励。

七是建立健全云南边境地区乡镇与毗邻国边境乡镇禁毒工作基础台账制度。云南边境地区乡镇与毗邻国边境乡镇要认真收集整理工作中的各种资料数据，分门别类，装订成册，妥善保存。

(五) 建立健全边境地区"艾滋病"的综合干预机制

1. 开展经性途径传播艾滋病的高危行为干预活动

一是云南边境地区公安机关要保持严厉打击卖淫嫖娼、聚众淫乱等违法犯罪活动的高压态势，净化社会环境。

二是人口计生部门要不间断地推广使用安全套。要不间断地在旅馆业和经营性娱乐服务场所推广摆放安全套，卫生监督机构要依法进行监管；要不间断地在公共场所设置安全套发售装置，在流动人口集中场所增设安全套销售点，增加安全套的可及性；要积极推进安全套社会营销，加强社会营销专业人员培训，逐步建立社会营销网络，切实提高高危人群安全套的使用率；要采取多种方式，针对暗娼、嫖客、男性同性性行为人群和其他多性伴人群开展有针对性的以健康教育、安全套推广使用、艾滋病咨询检测、性病诊疗服务为主要内容的综合干预活动，进一步提高对高危行为的干预质量。

三是加强性病医疗机构能力建设。要完善性病诊疗服务网络，规范性病医疗服务行为，加大对性病病人的综合干预力度，为性病病人主动提供艾滋病咨询检测服务；性病诊疗机构、妇幼保健机构、基层医疗服务机构以及卫生健康技术服务机构，要将性病诊疗、妇女保健、生殖健康服务与艾滋病、性病干预工作相结合，并结合常规诊疗和服务工作，走进社区和公共场所，为相关人员提供咨询、转诊和综合干预服务。

2. 开展经吸毒途径传播艾滋病的高危行为干预活动

一是公安、司法行政、食品药品、卫生部门要加强协调与合作，在吸毒人员相对集中地区扩大戒毒药物维持治疗覆盖面，拓展延伸服药点，丰富治疗内容，增加吸毒人群服药人数，提高保持率。

二是公安、司法行政部门要在羁押场所内开展针对阿片类物质成瘾者的艾滋病咨询检测、检测结果告知、抗病毒治疗、心理矫治、健康教育等综合防治工作，帮助戒毒人员回归社会。

三是卫生、公安、司法行政部门要建立强制隔离戒毒、社区戒毒、社区康复和社区药物维持治疗之间的衔接机制以及异地服药的保障机制，引导符合条件者包括社区戒毒康复人员参加社区药物维持治疗，提高治疗保持率。要加强对社区戒毒工作中社区医生的指导，做好戒毒场所戒毒人员出所后向药物维持治疗机构的转介工作。要加大力度，积极推进清洁针具交换工作，降低吸毒传播艾滋病的危害。要采取多种形式，结合各地实际，建立稳定的针具交换机构，培训同伴教员，促进外展服务，为吸毒人群提供全面防治服务。

四是卫生监督机构要切实加强对戒毒服务机构的卫生监督，确保戒毒治疗管理办法等相关规定落到实处。要逐步开展针对吸食新型毒品人群的艾滋病检测、安全套推广等干预工作。

3. 落实艾滋病、梅毒、乙肝母婴阻断的综合干预措施

云南边境地区卫生部门要发挥县、乡、村农村三级医疗防疫保健网络功能，建立健全符合各地实际的，有效、可行、便捷的预防艾滋病、梅毒和乙肝母婴传播工作的管理和服务模式。医疗卫生机构要为感染艾滋病病毒、梅毒、乙肝的孕产妇及所生婴儿提供咨询检测、保健管理、母婴阻断、随访转介、喂养指导、生长发育监测等服务，密切关注感染艾滋病病毒、梅毒、乙肝孕产妇的健康状况，对符合治疗标准的感染艾滋病病毒的孕产妇提供免费抗病毒治疗，积极倡导并指导感染艾滋病病毒的产妇对婴儿进行人工喂养。

（六）建立健全边境地区禁毒防艾关怀救助机制

一要认真落实相关政策，消除社会歧视，保障艾滋病病毒感染者和病人及其家庭成员在就医、就业、入学等方面的合法权益。加强对医疗机构的监督管理，落实综合医疗机构为感染者和病人提供诊疗服务的责任，杜绝推诿感染者和病人诊疗的歧视现象。

二要对受艾滋病影响的人员和家庭开展关怀救助工作。疾病预防控制中心、各村委等要积极配合当地民政部门，落实对所管理的艾滋病病毒感染者和病人及其家庭的关怀救助政策。民政、教育、卫生等部门要密切配合、相互支持，在知情同意和保密原则的基础上，建立对受艾滋病影响的未成年子女和老人的登记、上报和随访制度，要将生活困难且符合社会救助条件的艾滋病病毒感染者家庭、孤老、孤儿纳入城乡社会救助范畴，按照规定予以救助和妥善安置。民政、教育等部门要按规定对受艾滋病影响的中小学生进行关怀救助，为晚期病人提供情感支持和临终关怀。

三要鼓励和引导社会各方面力量参与艾滋病的关怀救助、帮助扶持工作。要发挥社会团体、民间组织、基金会、宗教团体、企事业单位和个人的作用，关心关爱艾滋病病毒感染者和病人，开展各种关怀救助活动，帮助艾滋病病毒感染者开展生产生活自救。对参加艾滋病预防控制和关怀救助工作的单位和人员，要提供相关培训和支持。

（七）建立健全边境地区禁毒防艾国际交流合作机制

1. 加强与毗邻国共同防治艾滋病的交流与合作

云南边境地区要以"一带一路"倡议的实施为契机，建立面向西南开放的艾滋病预防控制体制，要在原有的云南边境地区与毗邻国边境地方组织禁毒防艾合作交流的基础上，进一步提升双方合作与交流的能力和水平，为边境地区居民和"一带一路"倡议的顺利推进创造良好的公共卫生环境。

首先，云南边境地区与毗邻国边境地方组织要达成艾滋病联防联控的合作共识与承诺，创建云南边境地区与毗邻国边境地方组织双边互信的支持性政策环境。其次，云南边境地区与毗邻国要形成定期会晤和防艾信息定期互通工作机制，以便云南边境地区与毗邻国动态掌握对方当地艾滋病疫情信息和艾滋病防治工作进程。再次，根据云南边境地区与毗邻国艾滋病防治跨境合作需求及能力建设需要，通过举办双边艾滋病跨境防治培训班、开展实践性技能培训、跨境援建艾滋病快速检测点、现场技术支持、提供实验室和办公设备、开展双边学术交流性互访等合作交流方式，提升云南边境地区与毗邻国艾滋病防控的技术和能力。最后，针对跨境性工作者、跨境吸毒者、跨境男男性行为者、跨境长卡司机、跨境务工人员、跨境HIV感染者和病人、跨境就医者、跨境婚姻人群、跨境孕产妇和边民10类跨境重点人群，以建立跨境转介服务体系、组建云南边境地区与毗邻国联合管理和服务工作小组、支持外方开展艾滋病血清学检测等双边联合行动的工作方式，促进云南边境地区与毗邻国双边服务资源的有效利用和整合。

2. 加强与国际社会有关组织及相关机构的合作

云南边境地区要积极宣传防治艾滋病工作动态，扩大国际影响和关注，争取国际社会的技术、资金支持，促进防治工作的开展。特别要通过加强与国际社会有关组织及相关机构的合作，促进边境地区艾滋病政策倡导、疫情监测评估、预防干预、治疗关怀、能力建设、社区组织参与等各个领域的工作。要结合国家整体防治工作要求，通过加强与国际组织、友好国家及相关机构的合作，引进先进的防治理念和国际先进经验，促进公共卫生体系和能力建设，提高多部门及社会组织广泛参与的协同防治能力。要把防治艾滋病国际合作项目纳入当地防艾工作总体规划，统筹安排，统一实施。

（八）建立健全边境地区禁毒防艾人力物力保障机制

1. 强化政府领导，落实部门责任

一是云南各边境县（市）、乡（镇）政府要不断提高对艾滋病防治工作的认识，把打赢艾滋病防治人民战争作为重要政治任务，纳入当地国民经济

和社会发展规划，做到经济社会统筹协调，科学发展，真抓实干，取得实效。

二是云南边境地区要严格执行防治艾滋病工作"一把手"负责制和责任目标考核制，把各项目标任务分解到有关部门，明确职责。要实行责任目标管理，将防治艾滋病工作内容纳入各级领导干部任期目标考核范畴，按照《云南省人民政府关于省政府部门及州市行政负责人问责办法》和《云南省人民政府关于在全省行政机关推行服务承诺制、首问责任制、限时办结制的决定》规定落实各项任务，确保领导到位、措施到位、责任到位、投入到位、督促到位。对领导不力、措施不当、政策法规不落实的，须严肃问责；对隐瞒疫情、玩忽职守、造成艾滋病传播流行的，要依法追究责任。

三是云南各边境县（市）防治艾滋病工作委员会及成员单位，要主动参与研究制定当地艾滋病防治政策、规划，协调解决当地艾滋病防治工作中的重大问题，组织有关部门和单位并动员社会各方面力量积极参与艾滋病防治工作，制订本部门和本系统艾滋病防治工作计划，组织本系统职工艾滋病防治的宣传教育工作，筹集并落实好本部门艾滋病防治经费，参与艾滋病防治工作调研督导等工作。

四是云南各边境县（市）防治艾滋病工作委员会及成员单位，要为相关各部门协调提供相应的物资、经费、技术等保障条件，加强专业技术骨干和志愿者等人力资源队伍建设，加强服务网络建设，提升关怀救助能力，减少社会对艾滋病的歧视，创造有利于开展防治艾滋病工作的良好环境和社会氛围，使各相关部门最大限度地发挥防治艾滋病工作职能。

2. 加强队伍建设，提高服务能力

一是云南各边境县（市）人力资源和社会保障、财政、卫生等部门，必须加强当地防治艾滋病队伍建设，严格落实云南省关于增加防治艾滋病行政编制的通知精神和云南省关于各级艾滋病防治专业技术人员编制的意见要求，做到县（市）级防艾行政和专业技术人员编制逐步到位到岗。二是必须加大对边境县（市）、乡（镇）两级专业技术机构及其人员培训的力度，打造出一支业务强、技术精、能服务的防艾队伍，并逐步落实防艾工作人员的传染病津补贴。三是对有职业暴露风险的人员进行艾滋病自我防护培训和上岗考核，严格遵守防护原则，防范职业暴露事件发生。四是建立输血风险和防治艾滋病职业暴露保险机制。

3. 增加防艾投入，注重跟踪问效

云南边境地区要强化以政府投入为主、分级负担、多渠道筹资的经费投入长效机制。一是把防治艾滋病经费列入同级财政预算，确保落实到位，并随着财政收入的增加，逐步加大对防治艾滋病经费的投入；二是建立健全防治艾滋病项目经费管理制度，严格按照项目成本、工作进展、工作成果，管理、安排和使用防治艾滋病经费，加强对防治经费使用的监督、检查、审计、评估，确保专款专用，发挥资金效益。

三、外籍务工人员治理机制创新路径

（一）建立健全外籍务工人员精细化治理机制

1. 加强外籍务工人员的信息采集

云南边境地区县（市）建立的外籍人员服务管理中心，在方便外籍务工人员办理各种证件、为外籍务工人员提供一站式服务过程中，须注重加强外籍务工人员的信息采集，充分获取外籍务工人员的基本状况，摸清外籍务工人员底数和就业去向。这样，有助于最大限度地减少或消除社会安全隐患，确保边境地区社会和谐发展。

2. 加强外籍务工人员的动态治理

"动态治理"是新加坡政府治理模式的主要特征。要实现动态治理必须满足两个条件：一是快速地捕捉到环境的变化，二是及时地适应环境变化，对相关政策做出调整。[①] 当前外籍务工人员办理相关证件后，无序流动情况严重。因此，云南边境地区建立的外籍人员服务管理中心在办证时对外籍务工人员进行详细的信息登记以后，还应定期查验相关的证件信息，掌握境外边民在境内的就业动态，定期了解外籍务工人员的发展动向，跟踪掌握外籍务工人员在境内的活动和去向，及时发现并制止可能出现的问题，实现外籍务工人员的动态治理。

3. 加强外籍务工人员网络化管理

针对境外务工人员流动性大、人数众多的实际情况，云南边境地区可以利用多媒体等网络平台将人员数据信息化。可以通过网络社交平台、智能手机APP等开展外籍务工人员网络化管理。这既便于进行信息交流传递，及时掌握外籍务工人员近况，对潜在的问题进行分析研判，同时也可以减少或者避免突发状况的发生，从而优化外籍务工人员管理。

4. 加强对用工单位或个人的监管

一是人社部门要将入境就业人员和用人单位纳入劳动监察的正常检查范围，结合年检工作，对聘用外籍人员的单位或者个人展开定期检查，特别要

[①] 杨述明. 现代社会治理工作读本［M］. 武汉：湖北人民出版社，2014：69.

认真排查重点企业、重点行业、重点区域的用工情况,按照"谁用人、谁管理、谁负责"的原则,督促企业或个人完善用工管理制度,遵守国家关于单位或者个人使用外籍人员的规定。二是聘用境外边民的单位必须向人力资源和社会保障部门申办《聘用境外边民用工登记证》,提交营业执照或有效资质证明并说明聘用意向。对于未办理《聘用境外边民用工登记证》而非法用工的单位,应依法加大惩处力度。三是公安部门应加大对辖区内的宾馆、饭店、出租房、加工厂等境外务工边民密集型场所的巡查巡检,威慑用工单位和境外务工边民自觉规范自身行为。

(二) 建立健全外籍务工人员法治化治理机制

1. 加强有关外籍务工人员的法律政策宣传

一要充分发挥云南边境地区各相关职能部门的作用,深入边境一线农村、用人企业、厂矿、边远山区,采取发放宣传指导手册等多种形式,不留死角地广泛宣传我国出入境管理的各项法律法规和政策,让我国边民群众和境外务工人员充分认识加强外籍务工人员治理的重要性和紧迫性,从舆论上为加强外籍务工人员入境管理工作营造良好的氛围。二要加强与外籍务工人员的联系,对其进行中国相关法律法规和政策的宣传教育,要建立包括毗邻国语言、跨境少数民族语言等在内的多种语言微信公众号,确保相关法律法规及政府各类公告都能宣传到位、产生实效。这样做,既便于外籍务工人员学习理解中国的法律法规和政策,也便于相应的职能部门对外籍务工人员进行管理。三要加大外国人入境就业的相关政策的宣传力度,引导聘用境外边民的用工企业和个人自觉参与到宣传工作中来,力争使每一位入境务工的外国边民都持有《境外边民入境务工登记证》。这有助于依法对外籍务工人员进行管理和服务,确保外籍务工人员的合法权益不受侵害,有助于维护我国边境地区的公共秩序,共同维护社会和谐稳定。

2. 健全有关外籍务工人员的法律制度

建立健全外籍务工人员治理长效机制,需要法律制度作保障。"良法是善治的前提,推进社会治理能力和治理体系的现代化必须坚持立法先行,科学立法,完善各领域法律法规,增强法律法规的及时性、系统性、针对性、有效性。"① 几年来,随着经济社会发展,云南边境地区大量劳动力外出打工,导致境内一些地方用工紧张、用工成本提高,而境外人员入境务工一定程度上缓解了这一供需矛盾,但也给云南边境地区对境外人员入境务工管理带来

---

① 龚维斌,等.中国社会治理创新之路 [M].北京:经济科学出版社,2019:64.

了繁重的任务。由于缺乏系统规范的管理制度、法律法规,加强外籍务工人员的管理和服务还面临许多矛盾和问题。因此,健全外籍务工人员法律制度,对于完善外籍务工人员治理的长效机制,对于维护边疆稳定、社会和谐和经济发展显得极为重要。云南边境地区可以依据《外国人在中国就业管理规定》等相关法律法规,结合边境地区实际,制定相应的外籍务工人员管理暂行办法,细化相关政策法规措施,依法依规对外籍就业人员和用工单位或个人进行引导和规范,确保外籍务工人员进入云南边境地区就业具有合法性、用工单位或个人对外籍务工人员进行劳动管理具有明确的法律依据。

3. 严格执行有关外籍务工人员的法律制度

"宪法和法律是公共治理的最高权威。任何组织和个人都必须在宪法和法律规定的范围内活动,都不得有超越宪法和法律的权威。"① 云南边境地区健全外籍务工人员法律制度以后,必须予以严格执行。笔者在调研过程中发现,云南边境地区一些从事餐饮服务业的个体工商户存在非法使用外籍务工人员甚至童工的现象。面对以上外籍务工人员在我国境内就业中存在的问题,云南边境地区要坚持有法必依的原则,依据《外国人在中国就业管理规定》以及云南边境地区制定的外籍人员入境就业务工管理暂行办法,加大对雇主的处罚力度,依法将非法就业的外籍务工人员遣返回国,坚决捍卫中国法律的权威和尊严。

(三)建立健全外籍务工人员的服务管理机制

1. 坚持"管理与服务并重"的治理理念

"管理社会不是最终目的,服务社会才是根本要求。"② 建立关爱外籍务工人员的服务机制,必须坚持管理与服务并重的治理理念,必须摒弃传统只注重"管理"忽视"服务"的做法,把为境外务工人员服务置于与管理同等的地位,在管理中提供服务,在服务中实现有效管理。

2. 营造关爱外籍务工人员的社会氛围

一要大力宣传我国关于外籍务工人员的方针政策和法律法规,充分肯定外籍务工人员在云南边境地区经济社会发展中的地位和作用。二要发挥新闻舆论的监督和导向作用,对克扣外籍务工人员工资、歧视外籍务工人员等现象予以曝光和抨击,引导人们人格上尊重外籍务工人员,生活上关心外籍务工人员,道义上帮助外籍务工人员。三要改变对外籍务工人员经济生活上接纳、

---

① 俞可平. 论国家治理现代化[M]. 北京:社会科学文献出版社,2015:77.
② 吴超. 中国社会治理演变研究[M]. 武汉:华中科技大学出版社,2019:297.

社会交往上排斥的现象，消除部分边境城市居民对外籍务工人员的歧视心理，营造边境城市居民与外籍务工人员和谐相处的社会环境，形成全社会尊重外籍务工人员、关爱外籍务工人员的社会氛围。

3. 重视外籍务工人员的呼声及合法权益

虽然外籍务工人员为云南边境地区的建设和发展做出了贡献，但也要看到，有的外籍务工人员的劳动价值未得到应有的体现，甚至合法权益受到雇主的侵害。为使外籍务工人员的合法权益得到有效保护，应通过多渠道、多途径广泛宣传维权知识，增强外籍务工人员的维权意识。同时，云南边境地区相关部门要主动倾听外籍务工人员的呼声，帮助外籍务工人员维护应该享有的合法权益。

4. 丰富外籍务工人员的精神文化生活

云南边境地区要充分发挥外籍务工人员的文艺特长，组织开展各类文艺表演和娱乐性活动，丰富他们的精神文化生活，促进外籍务工人员居住社区和谐精神文化的形成。当地政府有关部门要走进外籍务工人员居住的社区开展各种宣传活动，主动服务于广大外籍务工人员，营造关爱外籍务工人员的良好氛围。

（四）建立健全外籍务工人员治理的保障机制

1. 组织机构要有保障

虽然云南边境县（市）设有外事部门，但外事部门的责任更多是针对我国公民在境外的活动，外事部门并没有设立专门针对外籍务工人员的专业服务机构，许多外籍务工人员遇到问题不知道怎么解决，找哪个部门解决。因此，有必要在云南省级层面、云南边境地区州（市）层面、云南边境县（市）层面分别成立专门针对外籍务工人员的专业服务机构。特别是云南各边境县（市）可以在原先设立的"外籍人员服务管理中心"的基础上，整合相关部门资源，盘活现有人力，核定专职人员编制，科学配备专职人员，普遍内设"外籍流动人员劳动就业服务中心""外籍三非人员中转站"等部门，并使其成为当地政府对外籍务工人员进行管理和服务的重要窗口。

2. 工作经费要有保障

根据外籍务工人员管理服务工作的实际需要，云南省级政府、边境地区州（市）政府以及各边境县政府，可按外籍人员实际居留数量核定相应的财政拨款标准，将日常工作经费列入财政预算，切实保障工作经费的投入。譬如，"外籍三非人员中转站"的工作经费可按每年留站的外籍人员数量和时间进行单独核算并列入财政预算，以确保中转站工作的正常运行。

3. 专业人才要有保障

云南边境地区的工作人员在对境外务工人员进行法制宣传教育和指导办证过程中，很多时候由于双方语言不通而导致沟通不畅，严重影响了工作效果。特别是在办证过程中，外籍务工人员身份证等证件上使用的是外籍务工人员所在国文字，需要专业人员对其进行翻译。由于受编制数额的刚性影响，补充云南各边境县（市）专业翻译人员困难，证件翻译一般由外籍务工人员自行寻找，因而证件翻译的质量大打折扣，影响了外籍务工人员证明材料内容的准确性。针对这一情况，云南边境地区各县（市）应该科学调整编制分配，并发挥高校人才培养优势，主动与地方院校开展订单式培养相关非通用语种专业人才的合作，有效弥补由于专业人才短缺所带来的问题，以便更好地提高境外务工人员管理与服务效率。

（五）建立健全外籍务工人员多部门协作治理机制

一要建立健全外籍务工人员服务管理联席会议机制。云南边境地区公安、人社、卫生、市场监督管理、外事等部门要定期召开联席会议，加强沟通交流、信息共享、经验互学、互助合作，有效推动境外边民入境就业服务和管理。要定期召开会议，研究工作中发现的新问题，共同协商并拿出解决问题的具体方案。二要建立健全外籍务工人员矛盾纠纷联合处置中心。为防止外籍务工人员与我国边民之间的小矛盾、小纠纷演化成大案件，云南边境地区要整合当地公安、司法、综治、人社、外事等相关职能部门的力量，建立健全外籍务工人员矛盾纠纷联合处置中心。一旦云南边境地区双方边民之间出现矛盾纠纷，外籍务工人员利益矛盾纠纷联合处置中心就能公正合理地加以及时处置，以免事态发展蔓延。近几年，"人口跨境谋生、跨境流动，已经成为无法禁绝的现象，担负着地方管理职能的边境地区各级政府必须积极地面对这一问题，努力寻求行之有效的管理策略，使人口的跨境流动成为在地方政府有效管理和掌控之下的有序流动，避免因混乱的人口跨境流动带来对边境地区社会稳定、经济发展的负面影响"[①]。

（六）建立健全中国与毗邻国劳务输出输入合作机制

近年来，由于云南边境地区与毗邻国经济发展差距拉大，大量境外边民特别是毗邻国边民进入云南边境县（市）务工、就业已成常态。毗邻国人员进入云南边境地区务工、就业，大多是通过毗邻国边民或老乡之间相互介绍

---

① 杨临宏. 加强和创新社会管理的法律问题研究［M］. 北京：中央编译出版社，2015：39.

以后进入的。为了保证外籍人员进入我国务工、就业合法有序进行，亟须中国与毗邻国官方高层就劳务输出和输入问题进行沟通与协商。中国与毗邻国官方高层只有就双边劳务输出输入事宜进行沟通与协商，并签署谅解备忘录，在双边合作框架下成立中国与毗邻国劳务派遣公司并对双边外籍务工人员进行管理，才有可能使中国与毗邻国劳务输出输入工作健康发展。同时，中国与毗邻国特别是云南边境地区与毗邻国边境地区，只有加强双边人员流动方面的信息共享，共同对双边劳务人员的就业转移进行协同管理，才能引导双边劳动力有序进行跨国流动，也才能减少双边非法务工人员进入本国境内，共同维护边境地区社会安宁。

（七）建立健全外籍务工"三非人员"清理遣返机制

在云南边境地区务工、就业的外籍人员，主要以毗邻国的边民为主，他们或者持证入境，合法居留务工，或者持证入境但属非法滞留务工，或者偷渡入境滞留务工，其中很大一部分属于"三非人员"。建立"三非人员"清理遣返机制，一是我方须结合云南边境地区社会治安重点整治专项工作，加大对"三非人员"的查处力度，充分发挥专业队伍和巡防队员的作用，定期不定期对"三非人员"进行集中清理，通过压缩"三非人员"生存空间，将"三非人员"堵在边境乡镇、查在县（市）内，防止向内流动形成危害，最大限度减少"三非人员"数量，为云南边境地区社会稳定营造良好环境。二是对于"三非人员"的处置均按"发现一个、遣送一个"的原则进行，做到及时发现、及时遣送，不留死角，有效维护边境出入境秩序。三是规范"三非人员"入所、管理、教育、遣返等工作流程，降低遣返反复率，切实改变屡遣屡返的尴尬局面。四是加强与毗邻国政府及其边境地方政府组织的沟通与合作，如果条件允许，可以建立一个遣送快速通道，邀请毗邻国与我方共同做好"三非人员"遣返工作，以提高"三非人员"的遣送效率和质量。

四、疾病预防控制机制创新路径

（一）建立健全境外重大疫情输入防控机制[①]

1. 加强县、乡、村三级领导指挥，筑牢抵边村寨防线

一是建立健全云南边境县（市）防控境外重大疫情输入领导指挥部，县处级领导必须挂钩乡镇、农场，亲自指导抵边乡镇防控境外重大疫情输入工作。

---

① 资料来源：H县融媒体中心，2020-04-09。

二是云南各边境县（市）须在边境口岸所在地的乡镇，成立防控境外重大疫情输入应急工作前线指挥部，坚决做好边境口岸出入境人员的检疫查验、医学巡查、体温检测以及个人健康申报，筑牢边境安全管理屏障。三是云南各边境县（市）须在辖区内的抵边乡镇成立工作专班，及时组建临时党支部，由县处级领导干部兼任组长和支部书记，统筹抓好防控境外重大疫情输入工作。四是云南各边境县须建立涉边村委会乡镇挂钩机制，各抵边乡镇和抵边村寨须分别安排1名科级领导干部负责蹲点落实进出人员管理工作，严防境外重大疫情输入。

2. 加强与周边国家和地区联防联控，筑牢口岸通道防线

一是云南边境地区主动做好支持周边国家和地区的抗疫工作，完善云南边境地区与毗邻国双边联防联控机制，建立中国与毗邻国互联互通信息日报制度，共商联防联控各项措施，尽最大努力向出现重大疫情的毗邻国边境地区提供物资、技术力量等帮助。二是建立健全与海关、边检、部队等单位的疫情防控协作通报机制，及时会商沟通、共享信息数据，实现入境信息全覆盖、健康检疫全覆盖。三是按照属地管理原则，以网格责任单位为基础，建立集中隔离医学观察点和集中隔离医学观察区，实行"点长"和"区长"负责制，精准落实"一人一策"管控方案，采取"人盯人"的管控办法，切实履行联防联控、群防群控主体责任，确保集中医学观察安置工作有条不紊、科学规范。四是抓好边境口岸出入境保货畅通工作，严格按照国际道路运输管理规定，落实"货动人不动"的要求，货物、车辆到指定地点拨转货物，保货畅通，实行口岸跨境运输"人货分离、分段运输、封闭管理"的原则，积极协调口岸联检部门、外贸企业、场所企业在确保有效防控前提下，通关顺畅。

3. 发挥党政军警民合力固边作用，筑牢边境卡点防线

一是发挥云南边境乡镇党政军警民共建联防联控机制作用，抽调警力和调动边境乡镇村民小组的党员、护村队，构建城乡"一面墙"、村组"一道网"、居民（户）"一个格"的全天候防控网络，做到织密"抵边查缉""二线拦截""边境辖区管控"三道防线，强化边境一线管理和沿边地区社会面管控。二是不断加大对边境便道、小道的封堵力度，严厉打击经边境小道、便道从事非法出入境、走私等跨境违法犯罪活动，不折不扣把防控责任落实到位，全面做好防控境外重大疫情输入工作。三是在做好重大疫情防控的同时，同步抓好打击偷越国（边）境、走私等违法犯罪行动，做到重大疫情防控与边境安全同推进、同落实。

4. 强化网格化管理和"包保"责任，筑牢网格点防线

一是充分发挥云南边境县（市）辖区内大网格小网格的作用，把防控力

量向社区、村组、口岸、通道下沉,及时摸清底数,做到动态追踪管理。二是完善严打整治常态机制,抽调业务骨干及警力组成打击整治组专班成员,对云南边境县(市)各边境通道开展堵卡,全力推进边境整治工作,实现环环相扣。三是抵边乡镇严格落实"网格化"管理,压实"包保"责任,落实"一日一动态""一日一排查""一日一监测"工作机制,加大对社区、村委会、村小组新增人员的排查力度,做好排查和监测等管控工作,严格境外人员健康登记管理工作。四是发挥党建带动群团组织的作用,组建青年和巾帼志愿者,组织外语翻译志愿者助力重大疫情输入防控工作。五是云南边境乡村振兴驻村工作队队员必须组成战"疫"先锋队,示范带动边境乡镇各族群众积极参与防控境外重大疫情输入的斗争。

(二)建立健全传染病常态防控工作机制

1. 建立健全传染病监测发现机制

云南边境地区要建立健全县、乡、村三级疾病监测网,每个医疗机构指定至少一名专、兼职疫情报告员,发现传染病必须在24小时内上报。学校要指定兼职疫情报告员,开展学校传染病报告和协助卫生部门开展相关传染病防控工作。各边境县疾控中心每日审核2次,监测全县传染病发病趋势,及时发现传染病短期集聚性疫情,及时报告领导,及时指导开展疫情处置工作。传染病监测工作要覆盖临床就诊病人、社区、学校。

2. 建立健全传染病报告管理机制

云南边境地区要按照《中华人民共和国传染病防治法》建立健全传染病报告制度,规范传染病报告程序,每季度至少开展一次传染病报告督导工作,督导须覆盖县乡村三级医疗机构,以便有效提高传染病报告质量。

3. 建立健全传染病疫情处置机制

云南边境地区要按照属地管理、及时有效的原则处置传染病,县疾控中心须做好技术指导工作,散发性病例由属地乡镇卫生院防保人员开展病例归管、病家处置、现场流调、宣传教育等相关疫情处置工作,发生重点传染病、免疫针对性疾病、聚集性疫情、突发公共卫生事件时,各边境县疾控中心必须在规定时限内到达现场,在属地乡镇卫生院、社区村寨、学校的配合下,及时有效开展相关疫情处置工作,并及时按程序规范上报。

(三)建立健全重点传染病防控工作机制

1. 坚持重点防治的工作原则

云南边境地区要按照"重点疾病重点防治,重点地区重点预防,重点人群重点保护"的原则,坚持以"预防为主"的方针,建立重点传染病防控工作机制，切实推进鼠疫、霍乱、疟疾、登革热、结核、狂犬病等重点传染病的防治工作。

2. 建立健全鼠疫防控工作机制

云南边境地区一直以来都是传染病高发区，历史上是鼠疫流行严重的地区之一，当地县委县政府必须高度重视鼠疫防治工作，并投入大量人力物资和经费开展鼠疫防治工作。要通过加强鼠疫监测，随时掌握鼠蚤情动态，开展以"除四害"为主的爱国卫生运动，严格防控鼠疫的发生。

3. 建立健全疟疾、登革热防控工作机制

云南边境地区也是霍乱、疟疾、登革热、结核、狂犬病的常发之地，尤其是疟疾、登革热，大多属于源自毗邻国的输入性疾病，必须通过与毗邻国实施传染病联防联控合作项目，对邻近边境的毗邻国地区提供技术支持和物资援助，使我方的疟疾、登革热等疾病的防控工作向外境延伸，才能更好地控制疟疾、登革热等输入性疾病在我国边境地区的发生。

（四）建立健全公共卫生事件应急管理机制

1. 建立健全突发公共卫生事件应急处置工作机构

云南边境地区要建立健全突发公共卫生事件应急处置工作领导小组，明确和落实各工作组职责、任务。应在各边境县委、县政府的正确领导和国家、省、市专家的指导下，加强各相关部门的密切配合、信息互通、协调、组织做好职能范围内应急处突所涉各项公共卫生防控工作。突发公共卫生事件应急处置工作领导小组应下设疫情监测和流调、卫生消杀、实验室检验、后勤保障和疫情信息等五个技术组，各组均须依职履行好所涉各项工作。

2. 制订工作预案并根据防控形势和需要适时调整

为切实做好云南边境地区县域及边境沿线重点部位的传染病防控工作，及时处置外源性输入病例，提高对突发疫情防控、预警反应和应急处理能力，及时捕获边境地区县域内突发公共卫生事件苗头，确保疫情发生时各项防控措施依法、科学、高效和有序落实，应根据《传染病防治法》《突发事件应对法》《突发公共卫生事件应急条例》等法律、法规，及时制订出本级总体疾病防控预案和具体实施方案，本着"大预案突出策略性、分预案突出专业性、子预案突出操作性"的原则，总体中成体系，体系中有网络，网络中有节点，使之更具科学性、针对性，并结合事态风险评估结果，适时对总体工作方案进行修订和完善。

3. 开展突发公共卫生事件应急演练和物资储备

一方面，云南边境地区应每年至少组织开展 2 次公共卫生事件应急处置演练。通过演练，提高公共卫生类突发事件应急处置能力及对突发事件发生发展的分析判断能力，检验公共卫生系统组织能力、协调能力、指挥能力，为实战中的公共卫生应急处置工作积累经验，使疾控人员遇到应急事件能够做出正确反应，根据应急事件发展采取相应策略与措施，确保一旦发生疫情，能够快速反应、准确判断、有效处置。另一方面，要落实突发公共卫生事件应急防控物资储备，为常态或紧急状态下应急处突工作所涉各项具体防疫措施的有序开展提供物质保障。

（五）建立健全疾病预防控制的监测预警机制

疾病预防控制最重要的是时刻做好流行性疾病的监测预警工作，并实时掌握流行性疾病的发生发展态势，同时还要及时了解毗邻国一侧的疫情发生发展状况，做好相应的防范和应对准备。建立健全疾病预防控制的监测预警机制，关键是加强重点部位、重点人群的监测预警工作。一要云南各边境县加强流动人口聚集地区等免疫薄弱区域的疾病防控工作，切实做好检测预警防治应急等相应的工作安排。二要云南各边境县加强入境人员、乡村边民、托幼机构、各中小学青少年、幼儿集中地域的检测力度，减少疫病隐患。三要云南各边境县针对重点部位、重点人群，科学设置疫情监测点，提高监测工作的客观性和科学性，定期通报传染性疾病监测情况，有针对性落实防疫措施。四要云南各边境县科学利用网络化信息平台实施信息化疾病监测，使疾病检测更加及时、准确。五要云南各边境县建立疫情监测沟通机制，县辖各医疗卫生单位重点加强重点传染性疾病症状监测，发现疑似病例及时报告、及时处置、及时采集标本送检，确保诊疗、防控工作高效有序开展。

（六）建立健全乡镇卫生机构疫情处置能力建设机制

一是需要加强乡镇卫生防疫基础建设。首先，云南边境地区需要配置较为齐全的疫情防控设备设施，建设标准化的医疗卫生室，设立乡镇卫生防疫站，在人员来往频繁的边境通道、口岸附近的村卫生所、服务站等地，建立疟疾、登革热等传染病监测服务机构。其次，需要加强应急物资的储备，利用和整合现有资源，建立疾病报告信息网络体系。最后，需要加强传染病疫情网络直报工作，定期开展疫情分析、预警与预测，及时、科学、有效地应对各类突发公共卫生事件，提高公共卫生服务水平和突发公共卫生事件应急管理能力。

二是需要加强乡镇卫生防疫工作督导。一方面，云南边境地区需要县卫健局经常对各乡镇的医疗卫生状况及疫情防控工作进行监督，督促各乡镇做好公共卫生和疫情防控的日常工作，重点督促各乡镇加强对登革热、结核病、艾滋病等传染病的防治。另一方面，需要县卫健局对各乡村基本公共卫生服务工作进行指导，监督公共卫生服务项目资金的有效运用。

三是需要加强乡镇卫生防疫人员培训。云南边境地区需要加强乡镇卫生院以及防疫机构专业技术人员卫生应急知识的培训，应积极组织乡村卫生防疫人员参与县级卫生防疫部门开展的公共卫生突发事件应急大练兵活动。要利用高校对口帮扶传染病防控的资源优势，加强乡镇医院和防疫机构专业技术人员传染病防控知识的培训，提高乡镇卫生院以及防疫机构专业技术人员的防疫技能，让基层医疗卫生防疫专业技术人员更好地为边民健康服务。

（七）建立健全疾病预防控制部门协作、社会参与机制

一是建立健全疾病预防控制多部门协作机制。要加强疾病预防控制各职能部门之间的沟通、联系，通过实施传染性疾病的联防联控，发挥多部门、多方面的力量共同应对传染病疾病。云南边境地区承担疾病预防控制的职能部门要加强与外事、公安、边防检查、检验检疫、旅游等部门间的密切协作配合，形成多部门协作的联防联控机制。同时，要建立各部门疫情信息互通和突发公共卫生事件应急处置联动工作机制，防止疫情在县境内的传播蔓延，保障边民安全。二是为确保联防联控工作科学规范、协调一致，要制定统一技术标准、技术规范，形成良好的联动、应急、响应机制，实现技术服务一条线、后勤保障一条线、信息收集与发布一条线、行政指挥一条线。三是建立健全全社会共同参与疾病预防控制的工作机制。多中心治理理论的代表人物奥斯特罗姆夫妇认为，公共事务治理的唯一有效解决方案，应该在政府和市场之外寻求新的路径。奥斯特罗姆非常形象地说，政府可以说是形成一个"艺术品"的特殊材料，艺术品的形成不是单纯的某一材料，而是多个材料的结合和工人的精心制作才得以形成。① 云南边境地区疾病预防控制也一样，不能单靠政府行为，要注重发挥社会组织参与疾病预防控制的作用，特别要发挥社会组织在技术、信息、志愿服务等方面的优势和力量。

（八）建立健全疾病预防控制国际交流与合作机制

1. 加强中国与毗邻国政府在疾病预防控制中的交流与合作

云南边境地区与毗邻国紧密相邻，双边边民来往密切，边境一线的疾病预防控制形势严峻。为使疾病预防控制取得实效，需要借助"一带一路"倡议持续推进的机遇，加强中国与毗邻国政府层面在疾病防控方面的交流与合作。特别要从国家或省级层面，加强与毗邻国相应层级政府组织的交流与合

---

① 汪大海. 西方公共管理名著导读 [M]. 北京：中国人民大学出版社，2020：118-119.

作，并能够以签署《卫生和医学领域合作备忘录》的方式，促进中国与毗邻国双边相关政府部门之间的协调沟通，以便双边边境地区政府组织开展跨境传染病联防联控工作，共同应对流行性疾病带来的挑战，保障中国与毗邻国边境地区双边边民身体健康和生活安定。

2. 加强中国与毗邻国地方政府疾病预防控制的联防联控工作

一要通过云南边境地区政府组织与毗邻国边境地区地方政府之间的双边会晤，倡导毗邻国方面积极建立监测哨点和传染病信息监测系统，切实开展疫情监测，完善疫情报告和统计系统，以便准确地掌握传染病流行态势，并制定合理有效的应对策略。二要开展云南边境地区与毗邻国边境地区双边疾病防控的联防联控合作，云南边境地区可以将防控工作向境外前移50多千米，一旦毗邻国边境一线出现疫情，我方能够及时给予物质和技术援助，并指导毗邻国方面及时控制疫情的蔓延，以降低境外疫情对云南边境地区的威胁和影响。三要云南边境地区与毗邻国边境地区开展疾病预防控制双边项目合作，保持双边有关疫情信息双向传递，准确了解双边传染病流行情况及态势，以便相互合作，及早控制疫情。

3. 加强中国与毗邻国NGO在疾病预防控制中的交流与合作

在跨国疾病预防控制工作中，NGO（非政府组织）扮演着重要的角色，NGO是疾病预防控制工作的重要组成部分。NGO与专业机构在疾病预防控制中各有优势，可以做到优势互补，彼此协作。NGO开展宣传教育、行为干预、关怀救助等工作，有助于跨国疾病预防控制取得实效。云南边境地区与毗邻国边境地区通过深入推进双方NGO在疾病预防控制中的合作和交往，有助于筑牢中国与毗邻国双方NGO合作平台。这就需要中国与毗邻国政府积极搭建两国NGO的交流合作网络平台，在实现有效交流沟通的同时，进行资源的对接、服务的转介。特别是在"一带一路"倡议深度推进的过程中，中国与毗邻国的NGO更应抓住这样的良好机遇，不断扩大两国NGO在疾病预防控制中的合作力度，共同助推中国与毗邻国边境地区疾病防控工作取得新的进步。

（九）建立健全疾病预防控制宣传教育机制

1. 加强形式多样的健康知识的宣教普及

云南边境地区要加大健康教育宣传工作力度，通过播放电子屏、发放宣传资料、定期更新健康教育宣传栏、出入院宣传教育、开展健康咨询活动、举办健康教育讲座等形式广泛普及健康知识。要根据国家基本公共卫生服务项目要求，组织边境地区各乡镇医疗服务机构对行动不便的老人开展入户体检服务，对患慢性病的老人进行个体化健康知识普及和服药、健康生活方式的指导，以提高老年人的防病知识水平和生活质量。

2. 加强重点地区重点传染病的宣传教育

云南边境地区要结合重点传染病疫情的态势，明确宣传的重点，通过微博、微信公众号、宣传单、大标语等多种宣传形式，发布科学防病的小知识、小技巧。要对传染性疾病容易暴发的重点区域进行重点宣传，以增强边民群众疾病预防控制意识和能力。

3. 加强疾病预防控制宣教实效的探索

云南边境地区要创新宣传教育形式，善于使用汉语和少数民族语言开展同步宣传。要采用边境少数民族边民容易接受理解的方式进行宣传教育，以增强宣传教育实效，推进疾病预防控制教育宣传工作向纵深发展。

（十）建立健全疾病预防控制经费保障机制

一要增加疾病预防控制物资设备采购经费。如前所述，云南边境地区疟疾、登革热、艾滋病、霍乱、鼠疫等传染性疾病境外输入压力大，所需要的防控的物资设备巨大，防控任务十分繁重，因此，上级有关部门应加大对云南边境地区疫情防控的经费投入。二要增加云南边境地区县乡村三级医务人员的培训经费。在新的形势下，云南边境地区疾病预防控制任务更加繁重，需要投入更多的培训经费，加强医务人员的技能培训，不断提高医务人员的疾病诊断水平，确保在防疫工作量不断增加的情况下，基层医疗系统的工作人员也能为边民提供良好的基层公共卫生服务。

（十一）建立健全疾病预防控制人才队伍建设机制

1. 适当增加医疗卫生系统人员编制和待遇

云南边境地区疾病预防控制任务重，但医疗卫生系统人员编制严重不足。近年来，面对繁重的工作任务，医疗卫生系统使用了少量的外聘人员。有的外聘人员不具备医学专业背景，缺乏疾病预防控制的专业知识和高度的责任感，一定程度上影响了疾病预防控制的质量和水平。因此，应重视基层医疗卫生系统专业人才的招聘，适当增加医疗卫生系统特别是基层医疗卫生系统工作人员编制。同时，要考虑到云南边境地区疾病预防控制工作的特殊性、复杂性、艰巨性，适当提高医疗卫生系统工作人员的薪资和待遇，以调动他们的工作积极性，更好地开展疾病预防控制工作。

2. 加强疾病预防控制中心人才队伍建设

疾病预防控制中心作为专业性较强的公共医疗卫生防疫机构，离不开人才的支撑，需要一支稳定的、高素质的、具有深厚的医学医疗知识的专业人才队伍。云南边境地区要规范疾病预防控制中心人才管理制度，善于培养、发现和使用人才。要善于培养学科带头人，形成人才激励竞争机制，保证人才队伍的稳定发展和疾病预防控制中心高效率地开展工作。

3. 加强医疗卫生人才培养和重点学科建设

云南边境地区要重视相关学科专业的医生的培养，订单式地定向培养医疗卫生事业管理人员，全面提高医疗卫生工作人员的业务素质。要加强各类医疗卫生事业专业技术人员的继续教育学习，在重点学科项目、发展规划、基础设施、人力资源、项目建设经费、科室管理、保障措施等方面，积极争取上级给予倾斜和全方位扶持，以进一步增强疾病预防控制的能力和水平。

4. 加强基层医务人员的业务培训

云南边境地区要采取"请进来、送出去"的方式，加强对县、乡医务人员的培训。一方面，每年要分期分批选派基层在职卫生技术人员到上级业务单位、先进地区进行为期半年或者一年的跟班学习或进修深造，使之达到全科医生水平。另一方面，定期聘请国内医学专家来县内指导工作，或者通过网络通信技术等时常与国内医学专家保持联系，加强沟通与交流，不断向国内医学专家取经问路，以提高医务人员的医疗医学技能与水平，提高重点传染病诊断和救治能力，最大限度地降低重症病例死亡率。

5. 实施医疗卫生系统人才引进计划

云南边境地区要实施全方位、多层次的人才引进计划，积极参加人才洽谈活动，拓宽选才招才引才渠道，招聘人才的视野须由省内向省外高等医学院校拓展。同时，要聘请省内外著名的医学专家、教授为医疗顾问、首席专家，或者借助省内外对口支援医疗单位的人才优势，对边境地区的疾病预防控制给予指导或者帮扶。

五、接待来信来访机制创新路径

（一）建立健全接待来信来访干部队伍建设机制

1. 适当增加信访干部人员编制

云南边境地区基层信访工作涉及面广、数量多、问题复杂、信访事项处理难度大，适当增加信访干部人员编制有助于及时处理信访事项、解答群众疑问，有助于适度减轻信访干部工作压力，以饱满的热情和旺盛的精力为信访群众服务。

2. 加强信访干部基础业务培训

为了适应新形势新任务要求，云南边境地区必须对专兼职信访干部进行业务培训。业务培训要坚持"需求导向、贴近业务、分级分类"的原则,从基础业务入手,以提升专兼职信访干部基础业务水平、增强信访干部处理信访问题能力为主线,对来信办理流程、网上信访、信访信息系统运用等业务工作进行全面培训,逐步规范信访件登记、办理、录入、转办、督办等基础业务。要通过给予信访工作人员补贴等激励手段,鼓励信访工作人员学习各类专业知识,提高对复杂信访事项的化解能力。

3. 加强信访干部政策执行培训

按照"责任政府""阳光政府"建设要求,云南边境地区要加强信访干部政策执行培训,提高信访干部政策执行水平,让信访干部不忘初心、始终做到情为民所系,客观公正调处信访事项。要通过政策执行培训,增强信访干部责任心,提高信访工作人员办事效率,提升相关单位和部门的公信力。要通过政策执行培训,规范信访接待和办理程序,为营造依法、文明、高效、务实、透明的信访工作氛围打下基础。

4. 加强信访干部法律法规培训

按照建设"法治政府"要求,云南边境地区要加强信访干部法律法规培训。要通过培训,让信访干部深入掌握《信访条例》(现为《信访工作条例》)等信访法律法规,提升信访干部引导群众依法信访、文明信访、逐级信访、正确行使民主权利的能力,逐步成为接待来访的行家里手。要通过信访法律法规的培训,增强信访干部依法处理信访问题、专心服务群众、做实信访工作的能力,努力建设一支"工作一流、政府放心、群众满意"的信访干部队伍。

5. 坚持信访干部挂职锻炼制度

建立接待来信来访干部保障机制,要坚持信访干部挂职锻炼制度。云南边境地区县(市)新提拔的副科级干部应到信访部门挂职,直接参与信访接待、实地督查、化解处理矛盾等工作。要通过坚持信访干部挂职锻炼制度,打造一支具有信访接待员、政策宣讲员、法律解说员、矛盾调解员、心理疏导员素质的优秀的信访干部队伍。

(二)建立健全来信来访领导干部接待化解机制

1. 建立健全领导干部接访、下访群众问题工作制度

领导干部接访、下访群众问题工作制度,是中国共产党重视民生、维护群众合法权益的具体体现,是转变领导工作作风、密切联系群众的重要制度设计,是听取群众意见、不断改进工作作风的有效形式,是化解社会矛盾、提高处理复杂问题能力的重要举措。这一制度中的接访、下访人员是云南边

境地区各边境县的县委、县政府、县人大常委会、县政协班子成员，以及县直各单位、各乡镇、农场及村（社区）领导干部。建立健全领导干部接访、下访群众问题工作制度，要求领导干部做好以下工作：一要认真负责、积极主动地接访、下访群众问题。在信访问题的接待处理过程中，领导干部要为信访群众提供政策咨询，详细了解群众的诉求，在做好说明、解释工作的基础上，积极将信访事项分类排队，梳理代表性、倾向性的问题，有针对性地采取措施予以解决。二要着力解决信访群众反映的突出问题。领导干部要紧紧抓住信访事项的重点和关键，着力研究和解决案情复杂、久拖未决的疑难问题，着力解决涉及政策层面的需要完善相关规定才能解决的重大利益问题。三要领导干部严格依法按政策办事。对于法律法规和政策有明确规定的，要督促责任单位依法按政策解决到位；对于群众的合理诉求，要依法按政策及时予以解决；对于一时难以解决的，要耐心细致地做好解释工作，取得群众的理解和支持；对于群众的不合理或无理诉求，要明辨是非，做好法律法规和政策宣传、耐心解释和劝导工作，同时，要善于运用法治思维和法治方式化解矛盾纠纷，防止以闹求解决、以访谋私利、无理缠访闹访等现象的发生；对于特别困难的群众，要采取个案帮扶等措施，使其基本生活得以保障。四要强化教育疏导工作。在认真解决群众合理诉求的同时，领导干部要切实做好情绪疏导工作，积极引导群众正确理解党的路线方针政策，正确处理个人利益和集体利益、局部利益和全局利益、当前利益和长远利益的关系，正确行使公民权利、履行公民义务，合理合法地表达诉求，自觉维护信访秩序。对于无理缠访闹访，情节严重造成恶劣影响的，要依法予以处理。

2. 建立健全领导干部视频接访和集中联合接访制度

一要建立健全领导干部视频接访制度。建立健全领导干部视频接访制度，要求运用网络视频技术，实现领导干部在同一时间、不同地点、远程同步接待来访群众；要求信访工作机构上下联动，开展日常性视频接访、现场交办、现场调处信访事项等工作，切实将群众反映的矛盾纠纷有效化解在基层，减少群众越级上访、重复上访或到州市赴省进京上访现象。二要建立健全集中联合接访制度。建立健全集中联合接访制度，要求领导干部定期排班进驻接访中心，或在重大活动、敏感节点前，组织有关职能部门和工作人员集中进驻联合接访中心，共同接待群众来访，及时就地化解矛盾纠纷，实现"一站式接访、一条龙办理、一揽子解决"。三要做好接访工作的组织实施。领导干部视频接访和集中联合接访制度要由云南边境地区县委、县政府负责组织实施，各边境县信访局具体负责操作，县政府电子政务办公室、电信公司等部门积极配合县信访局做好视频接访建设与技术保障工作。四要落实好软硬件建设经费。云南边境地区县级领导干部视频接访和集中联合接访中心的软硬件建设以及系统维护和管理等项目所需经费,要由县财政足额予以保障。各乡镇的视频接访中心建设要由县政府统一组织实施,视频接访中心软硬件建设以及维护等所需经费要由县级财政统筹负责。

3. 建立健全领导干部包案化解信访问题责任制度

领导干部包案化解信访问题责任制度是体现领导干部亲自做好社会矛盾纠纷调处工作、身体力行化解社会矛盾纠纷的重要方法,也是加大调处信访问题工作力度、解决重大社会矛盾纠纷、维护社会稳定的有效措施。建立健全领导干部包案化解信访问题责任制度,需要做好以下工作:一是对辖区内各乡镇、农场和县(市)直属各单位以及辖区内或职权范围内的重信重访案件、非正常上访案件及影响社会稳定的重大疑难案件,各边境县(市)信访局必须列出清单,制订相应领导班子成员进行包案处理计划。二是对群众反映的涉及面广、社会关注度高的疑难信访事项,各边境县各相关单位主要领导必须亲自包案亲自化解。三是对涉及人数多、组织化倾向明显的群体性信访问题,包案的领导干部须协调有关部门及时提出解决问题的意见和建议,提交领导班子集体研究。四是包案的领导干部必须从以往的批字画圈中走出来,真抓实查,认真解决具体问题,切实做到认识到位、责任到位、措施到位、查究到位,及时就地解决问题,及时化解信访诉求。同时,要将领导干部包案化解信访问题情况通过适当方式向社会公开,自觉接受群众监督。

(三)建立健全依法调处来信来访工作机制

1. 加大信访法律法规的宣传力度

法治是社会治理的最优模式,是社会治理现代化的重要标志。要善于用法治思维推进社会治理、用法治方式破解社会治理难题,引导社会成员养成在法治轨道上主张权利、解决纠纷的习惯,努力使循法而行成为全体公民的自觉行动。[①] 信访是为了解决群众合理合法的诉求而做出的制度安排,但是一些信访群众法律意识淡薄,将个人利益凌驾于秩序之上,采取越级上访、到政府办公场所缠访、闹访、威胁恐吓的方式,要求政府解决自己的困难和诉求,甚至拉横幅、堵大门、喊叫谩骂,严重扰乱正常的办公秩序和社会秩序。造成以上问题的主要原因是信访群众法律意识淡薄,未能正确看待和处理自

---

① 本书编写组. 中共中央关于坚持和完善中国特色社会主义制度、推进国家治理体系和治理能力现代化若干重大问题的决定:辅导读本[M]. 北京:人民出版社,2019:88.

己的信访事项，因此要加大《信访工作条例》《云南省信访条例》等法律法规及相关政策的宣传力度，不断强化信访群众的法律意识，逐步提高信访群众的法律素养，树立"依法、文明、有序"的信访理念，引导信访群众依法维权，依法逐级信访，依法有序信访、文明信访，自觉遵守公共秩序，通过法律手段维护自身权益。

2. 建立健全律师参与信访工作制度

建立健全律师参与信访工作制度，有利于推进法治信访进程，提高信访工作公信力；有利于发挥律师职业优势，引导信访群众通过法定程序表达诉求，依靠法律手段解决纠纷，运用法律武器维护自身合法权益；有利于提高相关部门运用法治思维和法治方式解决问题、化解矛盾的能力，增强依法办事的自觉性。

律师参与信访工作制度的内容，一般包括以下几个方面：一是律师参与接待群众来访。在信访接待场所为信访群众特别是反映涉法涉诉事项的群众解答法律问题，提供咨询意见。引导信访群众通过法定程序表达诉求，运用法律手段解决纠纷，依靠法律途径维护自身合法权益。二是律师参与处理疑难复杂信访事项。特别是参与疑难复杂信访事项的协调会商，提出依法分类处理的建议，为信访事项的办理、复查、复核或者审核认定办结工作提供法律意见。三是律师服务于信访工作决策。主要是参与对涉及信访工作的法律法规、规章草案、规范性文件送审稿的论证，为涉及信访工作的改革创新举措提供法律意见。四是律师参与信访督查。根据信访部门工作要求，为督促检查信访事项的处理等提供法律意见和建议。

律师参与信访工作制度的实现方式，主要采用司法行政机关、律师协会选派或者推荐、信访部门聘任并提供工作场所和相关保障、律师值班或者根据需要提供法律服务等方式进行。云南边境地区县级信访部门要研究制定律师参与本级政府信访工作的实施办法，明确律师参与信访工作的条件、内容、程序和工作措施，积极组织推动本级政府其他部门和基层深入开展律师参与信访工作。要结合信访工作实际，采取政府购买服务方式引入律师参与信访工作。要为律师参与信访工作提供必要的经费、场地、设施等，保障律师参与信访工作的深入开展。

（四）建立健全人民调解参与信访问题化解机制

调解是在第三方的主持下，以国家的法律法规、规章和政策以及社会公德为依据，对纠纷双方进行斡旋、劝说，促使他们互相谅解、进行协商、自愿达成协议、消除纠纷的活动。①《人民调解法》规定，"人民调解是指人民调解委员会通过说服、疏导等方法，促使当事人在平等协商基础上自愿达成调解协议，解决民间纠纷的活动"。"人民调解委员会是依法设立的调节民间纠纷的群众性组织。""人民调解员由人民调解委员会委员和人民调解委员会聘任的人员担任。"云南边境地区建立健全人民调解参与信访问题化解工作机制，有助于整合各方信访问题调解资源，形成信访问题化解工作合力；有助于有效化解信访矛盾纠纷，更好地服务于边境地区改革发展大局。

新公共服务理论的代表人物登哈特夫妇认为，"对公务员而言，越来越重要的是基于价值的共同领导，来帮助公民明确表达和满足其共同利益，而不是试图控制或掌控社会新的发展方向"②。云南边境地区建立健全人民调解参与信访问题化解工作机制，必须做好以下工作：

一是在各边境县（市）党委和政府统一领导下，要在县（市）级信访部门设立"人民调解参与信访问题化解工作室"，全面整合律师、公证员、基层法律服务工作者、法律援助工作者、人民调解员等专业力量，充分发挥新时代人民调解参与信访问题化解的基础性作用，实现人民调解与信访工作的有效衔接，推动信访问题能够在更大程度、更广范围、更多渠道得以调解化解。

二是各边境县（市）人民调解参与信访问题化解工作室，主要受理各人民调解组织排查发现、适宜调解、各乡镇、党委政府领导直接交办、其他人民调解组织委托移交、当事人申请、信访部门委托、其他部门委托并经当事人同意的交通事故、医疗纠纷、农业资源、劳动争议、环境保护、人身损害赔偿、拖欠劳动报酬、物业纠纷等信访事项。对于法律法规规定只能由专门机关管理处理的，或者法律法规禁止采用民间调解方式解决的，人民法院、公安机关或者其他机关已经受理或者解决的，人民调解参与信访问题化解工作室一律不得受理调解。

三是各边境县（市）在调解过程中，如果涉及对接程序、调解程序、工作纪律以及立卷归档等工作行为和程序，各边境县（市）人民调解参与信访问题化解工作室必须严格按照云南省司法厅、云南省信访局关于《人民调解参与信访问题化解工作室规则（试行）》的规定执行。

四是各边境县（市）需要成立人民调解参与信访问题化解工作领导小组。领导小组组长一般由各边境县（市）司法局、信访局局长担任，副组长由分

---

① 李婷婷. 社会治理视域下的人民调解 [M]. 北京：人民出版社，2015：14.
② 谭功荣. 西方公共行政学思想与流派 [M]. 北京：北京大学出版社，2010：265.

管副局长担任，成员由司法局和信访局相关业务科室负责人组成。领导小组必须建立联席会议制度，定期召开会议，负责统筹县（市）人民调解参与信访问题化解工作，梳理信访积案，协调、研究、指导各乡镇开展工作，决定相关重大事项。领导小组应下设办公室，负责人民调解参与信访问题化解工作的具体组织实施，并监督、管理、指导人民调解参与信访问题化解工作室的业务工作。

五是各边境县（市）司法行政部门和信访部门必须负责择优选聘律师、公证员、基层法律服务工作者、人民调解员及医生、教师、专家学者等社会专业人士和退休法官、检察官、民警、司法行政干警以及相关行业退休人员等组建人民调解参与信访问题专家库，并在此基础上再选派人民调解参与信访问题化解工作室工作人员。

六是根据《人民调解法》《财政部司法部关于进一步加强人民调解工作经费保障的意见》的规定，云南各边境县（市）要结合工作实际，依据化解信访问题的贡献大小，切实落实人民调解参与信访问题化解工作室工作人员补贴经费标准，参与化解信访问题的公职人员不得领取任何办案补助。

（五）建立健全群众来信来访前端治理机制

1. 加大易发信访事项的情报信息收集力度

一要加大对各类信访情报信息的收集力度，严格按照处理信访突出问题及群体性事件排查预警处置制度的要求，进一步完善信访情报信息员制度，密切关注信访动向，全面了解信访苗头隐患，及时掌握信访动态，对各种信访情报信息进行认真梳理，及早发现苗头隐患，及时就地处理，防止越级信访和群体性信访事件发生。二要加强对行动性、预警性、内幕性信访情报信息的收集、研判，努力控制和减少越级上访、群体上访。三要重点关注可能引发群体性事件的征地拆迁、农垦改革、社会保障、边境管控、道路交通等领域的矛盾纠纷情报信息，及时有效化解各类矛盾纠纷，避免矛盾升级、问题激化，确保矛盾和问题得到妥善解决和有效控制。

2. 深入开展社会矛盾纠纷的排查及化解工作

一要政府层面的矛盾调处主体主动出击、深入基层、联合排查。通过深入细致摸排，确保不留死角盲点，彻底摸清底数，对排查出来的矛盾进行登记造册，建立工作台账，确保不漏排、不漏报，做到"四个不间断"，即"动态排查不间断，矛盾化解不间断，协同跟进不间断，狠抓落实不间断"。二要突出排查工作重点。尤其要关注重点领域，如征地拆迁、重大工程建设、企业改制、环境保护、社会保障、涉法涉诉、涉众型经济案件，以及其他与群众切身利益密切相关且涉及面广、容易引发社会不稳定问题的重点领域；关注特殊利益群体，如失地农民、企业改制职工、协议解除劳动关系人员等；关注突出个体，主要是长时间缠访、闹访、矛盾尖锐的个体行为。三要逐级梳理、确定重大不稳定问题。主要是梳理、确定可能引发群体性事件的问题、可能引发规模性群体越级上访的问题、可能引发媒体负面炒作的问题、可能出现个人极端行为的问题，以及其他可能造成较大社会影响的问题。四要结合领导干部接访、下访等工作，加强条块结合、点面结合，系统全面推进社会矛盾纠纷排查化解工作，努力实现各类矛盾纠纷及时就地化解。五要坚持定期和不定期开展社会矛盾纠纷排查调处工作，做到早排查、早发现、早调处、早化解，努力把矛盾纠纷化解在基层，把隐患消除在萌芽状态。六要围绕社会矛盾纠纷的排查化解控增减存目标，坚持以解决问题为核心，坚守法律政策底线，突出解决问题的时效性，充分发挥人民调解、行政调解和司法调解的作用，加强部门协作，有效整合各方力量，形成工作合力，继续做好现有积案的化解工作，减少"存量"，依法处理信访事项，防止新的积案产生，严格控制"增量"。

3. 重点解决影响稳定的信访热点难点问题

改革开放以来，以"疏"为主的"动态稳定"逐渐替代以"堵"为主的"静态稳定"。[①] 云南边境地区涉及土地征用、林地纠纷、水库移民、农场改制等历史遗留以及改革发展过程中出现的问题，其时间跨度长、情况复杂、解决难度大，是随时可能影响社会稳定的热点难点问题，需要集中时间和精力多部门联合加以重点解决和调处。对于诉求合理、证据充分的信访事项或案件，应当有计划、有统筹、有步骤、区分不同情况地加以解决；对于证据齐全、要求不合理、无政策依据的信访事项或信访案件，应当给予信访人明确答复，让其放弃无理要求；对于多次做思想工作、不听劝导、反复违法缠访，甚至造成不良影响的，应当依法制止和打击。

4. 加强重大决策事项社会稳定风险的评估

云南边境地区要强化责任意识，全面提高各乡镇、各部门对重大决策事项社会稳定风险评估工作重要性的认识，增强落实此项工作的责任感。同时，要根据"属地管理，分级负责"和"谁主管，谁评估"的原则，做到应评尽评，不评估不决策，不评估不实施。

[①] 俞可平. 论国家治理现代化 [M]. 北京：社会科学文献出版社，2015：113.

5. 加强政府有关部门对网络舆情的引导

云南边境地区县（市）政府新闻办、公安、国保、网安等部门要密切配合，围绕土地纠纷、道路交通、拆迁、旅游投诉等热点难点问题，加大对网络的巡查力度，加强网络监控和预警防范，做好网络舆情的引导工作，跟踪掌握舆情发展情况，严防不法分子利用网络炒作以上热点难点问题。

（六）建立健全来信来访治理效率提升机制

一要加强相关职能部门之间的联动，多为上访人员搭建信访平台，积极推进信访工作的开展。要以团队协同工作的方式及时、就地解决信访问题。二要严格把握群众诉求受理范围，对信访件进行有效分类，属于受理范围内的，严格按照规定向来访人开具告知书；对不属于受理范围的信访事项，要认真做好解释工作。按照"法定职责必须为、法无授权不可为"的原则，充分履行法定职责，依法及时有效处理群众诉求。三要落实以民为本理念，以云南信访系统为抓手，强化系统的应用，引导群众由"走访"向"网访"转变，方便信访群众在当地提出信访事项和查询其所提信访事项的办理进展情况，降低群众信访成本。四要开展信访积案清零行动，对一年以上的信访案件进行大排查。以案结事了为目标，分清责任部门，分管领导包案，采取综合措施，集中力量，规定时限，最大限度化解现有的积案。对于合理合法的，要予以解决；对于不合理不合法的，要予以情感疏通、解释到位；对于生活确实困难的信访人，要启用特殊疑难信访资金实施救助。五要以推进云南信访系统的应用为契机，规范信访基础业务工作，提高信访系统操作水平。云南边境地区信访部门对于信访群众通过信访网等渠道提交的信访事项，要全部纳入信访系统流转，全部登记录入信访系统。要通过实际操作培训，提高信访专兼职人员的云南信访系统操作熟练程度，学会通过云南信访系统加强部门之间的信息沟通。特别是各乡镇各部门信访专兼职工作人员必须人人学会使用信访系统，以便提高准确录入效率，完善录入内容，提高回复质量，提升办结效率。

（七）建立健全来信来访督查督办责任追究机制

1. 严格落实来信来访督查督办工作制度

云南边境地区既要按照"分级负责，归口办理"和"谁主管，谁负责"的信访工作原则，进一步完善督查督办工作制度，又要将信访责任层层下压，重点对复信复访事项、联名信访事项的调处情况、信访事项办结率、事项查处和领导包案等情况进行督查、督办、通报、考核。通过严格落实来信来访督查督办工作制度，全面提升信访工作效率和水平，使信访工作逐步走向规范化和制度化轨道。

2. 推广运用信访信息系统的督导功能

一方面，云南边境地区各县（市）信访部门要运用信访信息系统加强对各乡镇和各部门信访工作的督导，以畅通信访渠道，确保群众合理诉求得到及时顺畅反映。另一方面，云南边境地区各县（市）信访部门要加大信访信息系统在接待来信来访中的督促力度，通过信访信息系统督促相关领导和部门按时处理信访事项的流转，督促各职能部门按要求录入信访事项，按规程办理信访事项，以保证信访事项及时受理率、按期办结率、群众满意率明显提升。

3. 加大信访事项、信访案件督查问责力度

云南边境地区各县（市）信访部门要严格按照信访工作督查督办问责制度，会同有关部门组成联合督导工作小组，加强对信访事项、信访案件尤其是重点信访事项、重点信访案件的办理、落实情况的督查和问责力度。特别要及时掌握包案领导和各单位责任人负责对信访问题的调处情况，对于因工作不力，导致越级上访特别是越级集体上访的，按照有关规定严格追究有关单位和个人的责任。要认真执行信访工作"首问责任制"（首问责任制是针对群众对机关内设机构职责分工和办事程序不了解、不熟悉的实际问题而采取的一项便民工作制度，该制度规定群众来访时，机关在岗被询问的工作人员即为首问责任人），做到群众反映的信访问题有人接待、有人处理、有人督办、有人问责。

六、突发事件治理机制创新路径

（一）建立健全突发事件治理教育培训机制

1. 建立健全突发事件治理宣传教育机制

一是充分利用广播、电视、报刊、网络、手机短信平台，开展以应急知识为主要内容的科普宣传，尤其要在人口密集的场所发放有关防灾基本知识和防灾避险、自救互救基本技能方面的宣传资料。通过开展应急知识宣传教育，提高边民的公共安全意识，增强群众应对突发事件的处置能力。二是利用学校广泛开展应急知识等科普宣传教育活动，同时在学校教学活动中嵌入公共安全和自救互救知识。通过学校宣传教育，让学生带动所在家庭成员高度关注应急管理，增强边民参与突发事件的预防和应急处置的自觉，形成良好的突发事件应急治理社会氛围。三是针对边民的特点开展群众喜闻乐见的

应急知识宣传教育活动，让突发事件治理宣传教育生动起来，让边民在寓教于乐的宣传教育活动中获得应急知识，增强自救、互救技能。四是充分利用"六月安全生产月"活动，广泛开展安全生产应急管理宣传教育活动，强化边民群众安全意识。

2. 建立健全突发事件治理人员培训机制

云南边境地区要结合突发事件治理工作实际，加强应急管理知识培训，提高突发事件治理人员素质。一是定期或不定期举办应急管理人员和救援人员培训班。通过全面系统的培训，增强突发事件应急管理人员的应急意识、应急管理理论水平以及应急处置能力。二是举办应急管理领导干部培训班，重点培训云南边境各乡镇（农场）、各有关部门从事应急管理工作的领导干部。在培训过程中，还要善于组织不同层次的应急管理领导干部走出去，考察、学习外地的先进经验和做法，以不断提高他们应对突发事件的综合素质和能力。三是加强应急管理志愿者队伍的专业化训练，增强其配合应急管理部门进行协同作战的能力，确保其在面对突发事件时能够配合相关人员迅速开展工作。四是加强应急救援队伍应急处置能力建设，特别要加强各类装备建设，配备防洪、防火、泥石流等抢险救灾设备，充分发挥应急救援队伍在处置突发性、群体性事件中的突击队作用。五是加强消防救援人员的业务训练和理论学习，提高消防救援人员的业务素质和作战能力，最大限度地激发其工作潜能，为应急救援工作打下坚实的基础。

(二) 建立健全突发事件治理预警机制

1. 加强突发事件治理的预案体系建设

应急预案是针对可能发生的事故、事件，为迅速、有序地开展应急行动而预先制订的行动方案。应急预案有利于做出及时应急响应，控制和防止事故、事件恶化。我国虽已建立全方位的突发事件应急预案体系，但在应对重大突发事件的实践中，许多应急预案的内容存在较大的问题，主要是照抄照搬法律条款，有些基层预案缺乏细节规定和执行主体的规定，预案操作性不强，没有凸显预案的特点，有的应急预案甚至与法律规定相冲突。[1]

云南边境地区加强突发事件治理的预案体系建设须做好以下几项工作：一是应急管理部门要根据统一规划、突出重点的原则，确定各类突发事件专项预案编制计划，特别要督促各乡镇、村委会（社区）、企业、学校等基层单

---

[1] 杨临宏. 加强和创新社会管理的法律问题研究 [M]. 北京：中央编译出版社，2015：84.

位做好应急预案的编制工作,力争实现预案全面覆盖,确保突发事件预案基本覆盖本地主要可能发生的突发公共事件,做到突发事件预案先行,防范在前。二是应急管理部门要按照《突发事件应对法》《云南省突发事件应对条例》要求,修订完善突发事件总体应急预案和专项应急预案。特别要对五年前制订的应急预案实行动态管理,督促有关部门根据情况变化及时修订更新,并做好应急预案的宣传解释和培训工作,增强应急预案的实施效果。三是应急预案要重点解决力量调配、协同作战、应急程序、应急保障等方面可能出现的问题,要加强各预案之间的衔接和实用问题,切实提高预案的科学性、针对性、实用性、可操作性、有效性。四是加强预案报备工作,建立应急预案数据库。五是指导和督促各乡镇(农场)、各有关部门完善预案体系。

2. 开展突发事件治理应急预案演习演练

为了提高云南边境地区应急管理实战能力,一要有针对性地开展多种突发事件预案演习演练。应急预案责任单位每年至少要开展一次应急演习演练。应急预案演习演练不能流于形式,要按照应急预案设计的步骤和流程进行有深度、有广度的演习演练。二要加强应急预案演习演练基地建设,逐步形成覆盖各类突发事件的应急演习演练体系。三要指导和督促各乡镇(农场)、各有关部门在完善应急预案体系的基础上开展应急预案演习演练,不断提高应急管理实战能力。四要充分发挥消防队伍应急救援主力军作用,加强抗洪抢险救援专项训练、演练,对执勤车辆、照明灯等抗洪救灾、专用装备器材和通信器材进行检查维护工作。五要通过有计划地开展具有实战化的联合演习演练,锤炼应急队伍本领,检验应急预案效果,积累应急处突经验教训,增强各种应急力量的协同联动意识和应急能力,促进各有关单位的协调配合和责任落实。同时,在联合演习演练中发现应急管理存在的问题,以便及时对应急预案加以修订和完善。

3. 提高突发事件治理的监测预警能力

云南边境地区提高突发事件治理的监测预警能力,一要着力培植基层信息员和安全员队伍,培育各乡镇、各部门、各行业的突发事件信息员和安全员,针对重点区域、群体、行业、部位设立信息员、安全员,形成以基层群众为主的安全信息网络,增强突发事件信息搜集和上报能力。二要加强对基层信息员、安全员的培训,确保信息报告及时、准确、简洁。相关部门要认真做好各类来电、函件、明传电报等的登记和处理工作,做到条理清楚、分类明确、有据可查,避免出现大的遗漏和错误。三要切实加强突发事件监测和预警,定期开展突发事件隐患或者重大风险源排查及评估。要加大对事故、灾害多发地区的重点监测，将风险隐患扼杀在萌芽状态。四要建立应急值守工作制度，实行24小时轮流值班和节假日领导带班制。要加强应急值守人员素质建设，提高应急值守人员的信息分析研判和快速反应能力，规范突发事件信息处理流程，严格按照省、州（市）突发事件信息报送要求报送信息，杜绝漏报、瞒报、谎报现象。五要建立自然灾害、事故灾难、公共卫生和社会安全风险隐患数据库，及时更新完善数据库，实现风险隐患调查成果的"零门槛"共享。六要强化部门之间的沟通联系，密切关注雨情、汛情、风情、地质灾害发展变化以及强降雨等极端灾害天气，充分利用广播、电视、互联网、短信、电子显示屏等各种媒体和手段，及时发布灾害预警信息，提醒边民群众主动采取防灾避险措施。

（三）建立健全突发事件源头治理机制

1. 从源头上治理交通安全事件

云南边境地区要紧紧围绕"防事故、保安全、保畅通"这一目标，坚持社会协同治理、交通违法整治、重点车辆管理、安全宣传提示、农村道路管理"五个常态化"工作措施，加强道路交通风险防控和安全隐患常态化治理，夯实道路交通风险防控根基，最大限度地预防和减少死亡事故和群伤事故的发生。

2. 从源头上治理消防安全事件

云南边境地区要开展常态化消防安全隐患大检查大整治，切实消除安全隐患，最大限度地预防火灾事故的发生。大力推进微型消防站和消防安全联防协作组织建设，建立健全消防安全"网格化"管理模式，强化"六熟悉"（熟悉消防队责任区的交通道路、水源情况；熟悉责任区内重点单位的分类、数量及分布情况；熟悉责任区内主要灾害事故处置的对策及基本程序；熟悉责任区内重点单位建筑物使用及重点部位情况；熟悉重点单位内部的消防设施情况；熟悉重点单位的消防组织及其灭火救援任务分工情况）和灭火救援实战演练，提升灭火救援能力，实现火灾事故"零死亡"目标。

3. 从源头上治理社会安全事件

云南边境地区要严格落实宾馆、网吧、客运购票、散装汽油销售实名制、物流寄递实名制、开包验视制度，最大限度地消除社会安全隐患。要对危爆物品销售、存储、使用单位开展常态化排查整治，落实安全管理责任制，严防危爆物品丢失被盗、打响炸响事故发生。要加强人员密集场所、大型活动场所、群众自发性节庆祈福活动现场和旅游景点景区的安全管理，严防发生公共安全事故。

4. 从源头上治理监所安全事件

依法对犯罪嫌疑人、被告人、罪犯、违法人员和肇事肇祸不负刑事责任的精神病人进行警戒看管、劳动教养、特定疾病治疗、心理及行为矫治的羁押场所，统称为监管场所（监所）。其中，公安监所包含看守所、拘留所、强制隔离戒毒所、收容教育所、安康医院等，司法监所包含监狱（含监狱医院、未成年犯管教所）、劳动教养所等。云南边境地区要持续开展对监管场所安全隐患的定期排查，强化对在押人员的思想教育引导，强化监所突发事件的应急演练，保障在押人员的人身权益。要做好医疗救治、食品安全等工作，确保监管场所的安全稳定，坚决杜绝监所责任事故发生，实现监所在押人员非正常死亡"零事故"的目标。

（四）建立健全突发事件治理联动机制

协同治理理论（又称为协同学）的代表人物赫尔曼·哈肯认为，协同是一种价值理念，治理是一种行为选择。整个世界就是一个协同系统。协同治理理论是研究协同系统在外参量的驱动下和子系统之间相互作用，以自组织的方式在宏观尺度上形成空间、时间或功能有序结构的条件、特点及其演化规律的新兴综合学科，[1] 协同治理理论的核心要义，就是强调系统中诸要素或子系统间的相互融合。云南边境地区社会治理的核心主体是政府，而政府内部按照各自的职能又划分为很多职能部门。政府各职能部门之间既有分工，又需要相互协作。特别是突发事件的治理往往牵涉多个职能部门，只有加强多部门之间的相互协作和联动，才能快速、有效地把问题解决好。另外，云南边境地区突发事件的发生，有些还会涉及毗邻国边境地区政府，因此，云南边境地区突发事件治理，除了需要加强我边境地区政府内部各部门之间的联动以外，还要加强与我国接壤的毗邻国边境地区政府的联动。

为了有效应对云南边境地区各种自然灾害频发的现状，建立健全突发事件治理联动机制，一要加强各边境县（市）各有关部门之间的联动和协调，加强各有关部门之间的信息互通，提高各有关部门通力合作、统一行动的应急管理能力。二要实行定期会商、成员单位联络员会议工作制度。特别是启动应急预案以后，各成员单位要按照职能分工切实履责，扎实做好突发事件应对工作。三要强化各边境县（市）消防大队与各乡（镇）、部门专业救援队伍的联动配合，发挥各方优势，协同作战，形成救援合力，提高应急救援工作能力，最大限度保护人民群众生命财产安全。四要加强各边境县（市）

---

[1] 哈肯. 高等协同学 [M]. 郭治安，译. 北京：科学出版社，1989：1.

与相邻的边境县（市）之间的应急联动，实现县与县之间信息共享、资源共享、就近救援，协同应对突发事件。五要加强各边境县（市）与毗邻国边境地区之间的合作，与毗邻国联动应对突发事件。

（五）建立健全突发事件治理保障机制

1. 加强机构人员保障

一是按照应急管理机构改革精神要求，科学合理调整、设置安全生产、应急管理和救援机构，明确机构和岗位职能职责，合理配置岗位人员。二是各边境县应急办从政府办单列出来组建成立应急管理部门以后，必须设置应急管理工作专职岗位，配备专职工作人员，以便开展对外协调和应急处置工作。三是重新梳理应急管理部门的工作内容、职责和权力，理清应急管理部门与各成员单位的关系。四是应本着立足现实、充实加强、细化职责、重在建设的方针，健全应急管理机构，充实工作人员，确保应急管理部门有编制、有人员。

2. 加强人财物的保障

一是重点加强财力、物力保障和交通运输、医疗卫生及通信保障，加大治安维护、科技支撑和公共设施投入，为有效做好应急管理工作奠定基础。二是积极争取财政支持，把应急物资储备列入财政预算，建立健全应急资金保障长效机制，加大防灾抗灾救灾资金投入力度，加快应急管理体系建设，不断提升综合应急管理能力。三是加强消防部队车辆器材装备采购及业务经费保障，推进消防工作顺利开展。

（六）建立健全突发事件治理责任追究机制

一是实行地方行政首长负责制，地方行政首长对本辖区内的突发事件治理工作负总责。按照分级分部门负责的原则由地方行政首长进行统一指挥，真正把突发性事件治理责任扛在肩上、抓在手上、落实在行动上。责任性是善治的基本要素，公职人员责任性越大，善治的程度越高。[1] 实行地方行政首长负责制，地方行政首长对本辖区内的突发事件治理工作负总责，对于有效应对突发事件具有重要意义。二是突发事件发生后直接向行政首长报告具体情况，由责任领导对应急管理工作做出指示。行政首长根据具体情况指示具体部门联动配合，分情况分类型进行突发事件处置。若发生重大突发事件，则由责任领导带队进行及时有效处理。三是建立应急管理监督检查机制，在媒体上公布突发事件治理各有关部门和单位的责任人名单，广泛接受社会和

---

[1] 俞可平. 论国家治理现代化［M］. 北京：社会科学文献出版社，2015：30.

群众监督。如有因玩忽职守、工作不力导致突发事件造成严重损失的单位部门责任人，拟依法依纪追究责任。

（七）建立健全突发事件治理网络舆情应对机制

一是建立就突发事件治理与民众进行沟通交流的网络平台。近年来，数字技术、网络技术和移动通信技术不断升级换代，深刻改变着政府与民众的沟通方式。突发事件发生后，建立政务微博等网络沟通互动平台，是政府通过公共关系传播，向外界及时传送有关突发事件应急管理情况的重要载体，也是政府接受社会监督、倾听公众声音、改进工作的有效渠道，它满足了公众的知情权、监督权、表达权和建议权。突发事件发生后，通过政务微博等网络沟通平台不断向社会公众传递事件发展、先期处置、应急救援、善后处置等情况，将事件真相及时告知公众，有助于消除公众的恐慌心理，凝聚民心，让公众与政府一起同舟共济、化解危机。

二是积极引导媒体、民众关注社会重点问题，对社会舆论进行有效把控，避免大众媒体传播不实信息，引起社会恐慌。随着网络技术的不断创新和发展，涌现了各种传播媒体，包括自媒体。一些重大事件发生后，它关系着所有社会公众的切身利益或者公共安全，为了避免引起社会公众恐慌，政府有关部门要积极引导大众媒介，不随意报道未经核实的事件情况，特别不能随意传播道听途说的信息，要积极引导大众传媒只传播具有权威性的经过核实的真实情况。同时，如果社会公众在自媒体等媒介上对事件的发生、发展、处置情况发表错误的评论，政府部门也要通过各种媒介，及时传递事件真实情况，澄清社会公众的错误认识，紧紧把握好社会舆论的正确发展方向。

三是积极宣传政府应对突发事件的对策措施，增加群众对政府部门应对突发事件的信心，同时对不实言论和散播谣言的行为要及时依法加以打击，营造健康的网络舆情氛围。突发事件发生后，社会公众最关心的是事件的起因和政府及有关部门应对处置事件情况，特别是事件有没有得到及时处置、造成的人员伤亡或者损失有多大、相关部门尽责了没有等。这些公众关心的问题的真实情况，要通过官方媒体随时滚动向社会公众发布，以便增强社会公众对政府部门应对突发事件的信心。而对于网络上散布不实言论和传播谣言的行为，公安机关要及时依法加以打击，以便营造健康的网络舆情氛围。

七、巩固和拓展脱贫攻坚成果机制创新路径

（一）建立健全巩固和拓展脱贫攻坚成果的党建引领机制

1. 通过加强基层党建助推巩固和拓展脱贫攻坚成果

云南边境地区一要在实施乡村振兴战略过程中，深入实施基层党建与巩固和拓展脱贫攻坚成果"双推进"，将推进基层党建与巩固和拓展脱贫攻坚成果互融互促、同频共振；二要继续抓好脱贫村、软弱涣散村基层党组织整顿提升工作，把基层党组织建成领导群众增收致富、巩固和拓展脱贫攻坚成果的坚强战斗堡垒。

2. 通过农村党员帮带助推巩固和拓展脱贫攻坚成果

云南边境地区脱贫群众中有一部分是农村党员。农村脱贫党员在巩固和拓展脱贫攻坚成果工作中要发挥先锋模范带头作用，要为已经脱贫的其他群众做出示范、树立榜样、传授经验，甚至要带领其他脱贫群众一起为巩固和拓展脱贫攻坚成果而努力奋斗。要实施党员帮带脱贫群众巩固脱贫攻坚成果和党员致富巩固成果示范基地创建活动，在每个脱贫村至少创建一个党员创业致富巩固成果示范基地，广泛开展"1+1+N"帮扶活动（1名带头致富党员帮扶1名脱贫党员巩固脱贫成果，带动N名脱贫群众巩固脱贫成果），持续巩固脱贫攻坚成果。

（二）建立健全持续激发脱贫群众发家致富内生动力机制

1. 持续破除脱贫群众"等靠要"思想

虽然云南边境地区"建档立卡"户已经脱贫，但"等靠要"思想在很多脱贫群众中依然存在，影响了脱贫攻坚成果的巩固和拓展。俞可平认为，"对国家治理能力产生影响的除了制度因素外，还有一个极其重要的因素，即治理主体的素质，既包括官员的素质，也包括普通公民的素质"[1]，因此，在实施乡村振兴战略过程中，驻村干部的首要任务是继续解决"等靠要"的顽固思想。乡村振兴驻村干部要与脱贫群众交心谈心，增强脱贫群众通过辛勤劳动巩固和拓展脱贫成果的决心和信心，引导脱贫群众客观分析自身的条件或者优势，帮助他们找到巩固和拓展脱贫成果的思路和办法。

2. 持续帮助脱贫群众进行"补钙""充电"

新公共服务理论认为，满足公共需求的政策和项目必须通过集体努力与

---

[1] 俞可平. 论国家治理现代化［M］. 北京：社会科学文献出版社，2015：5.

合作过程来实施。也就是说，在公共政策执行过程中，政府应当积极吸收公民参与，各方相互通力合作，以促进共同目标的实现。① 对于云南边境地区脱贫群众，驻村工作队不仅要帮助他们彻底抛弃"等靠要"思想，而且要帮助他们"补钙""充电"。"补钙"解决的是精神状态、进取精神、奋斗精神、意志品质等问题，"充电"解决的是致富能力、劳动技能、知识素养等问题。通过"补钙""充电"，引导脱贫群众从"我已脱贫了"向"我要巩固和拓展脱贫成果"转变，从"他扶"到"自立"转变。

（三）建立健全帮助特殊群体巩固和拓展脱贫成果工作机制

云南边境地区特殊群体的成功脱贫，是整体脱贫攻坚事业的重要组成部分。特殊群体因其自身的特殊性，在巩固和拓展脱贫攻坚成果过程中尤其需要加以重点关注。建立健全巩固和拓展特殊群体脱贫成果机制，需要做好以下工作：一是对于因毒致贫家庭，既要继续引导涉毒家庭中的吸毒人员进行强制戒毒，又要继续对因毒致贫家庭进行社会保障兜底，保证其最基本的生活水平。二是对于已经脱贫的跨境婚姻家庭，需要继续给予必要的社会救助，引导、帮助其积极发展生产、勤劳致富。三是对于从境外回流的边民家庭，需要继续尽可能给予人文关怀和帮助，凡符合回流边民扶持政策范围内的，都要给予新建住房补贴、最低生活保障救助。四是对于易地扶贫搬迁家庭，需要继续推进后续产业配套、就业安置、基础设施和公共服务建设、社会治安管理等工作，真正让易地扶贫搬迁家庭"搬得出、稳得住、能持续脱贫"。五是对于"直过民族"脱贫家庭，需要继续加大产业扶持力度，扶持"直过民族"脱贫户发展茶、粮、糖等特色优势产业，强化"企业+合作社+农户"的产销模式，促进"直过民族"脱贫户不断增收；需要继续加强就业统筹，健全县乡村三级就业帮扶组织，开展"直过民族"劳动力技能培训，帮助"直过民族"转移就业；需要继续加大对"直过民族"教育的国家扶持、社会帮扶政策力度，进一步提高"直过民族""双语"教学质量，巩固"一村一幼"（一个自然村，建一所幼儿园）工程效果，保障"直过民族"教育水平提升，切实阻断贫困代际传递。

（四）建立健全巩固和拓展脱贫攻坚成果的动态监测工作机制

为全面抓好脱贫攻坚成果的巩固拓展工作，云南边境地区应建立巩固和拓展脱贫攻坚成果的动态监测机制。要运用大数据技术，重点动态监测和关注因灾、因病、因残、因毒等致贫返贫风险对象及其村寨。动态监测指标应

---

① 谭功荣. 西方公共行政学思想与流派 [M]. 北京：北京大学出版社，2010：267.

包括重点监测对象及村寨的产业带动机制是否健全、劳动力就业情况是否持续良好、年人均纯收入增幅是否稳定、基本医疗是否持续有保障、住房是否持续安全稳固、义务教育是否出现辍学现象、饮水是否持续达标安全、内生动力是否持续有效等。通过全面动态监测，为全面跟踪掌握脱贫攻坚成果的变化情况提供可靠数据，同时也为党和政府再次帮扶返贫群众尽快重新脱贫提供决策依据，保证脱贫攻坚成果的巩固和拓展。

（五）建立健全巩固和拓展脱贫攻坚成果的后续帮扶工作机制

云南边境地区和全国同步完成了脱贫攻坚的历史性任务，解决了绝对贫困问题，但巩固和拓展脱贫攻坚成果的任务依然艰巨，需要建立健全巩固和拓展脱贫攻坚成果的后续帮扶机制，牢牢守住不发生规模性返贫底线。建立健全巩固和拓展脱贫攻坚成果的后续帮扶机制，一要组织开展易地扶贫搬迁后续巩固提升行动，在不断完善易地扶贫搬迁安置点基础设施建设、提高公共服务质量和水平的基础上，继续帮助易地扶贫搬迁安置点通过发展产业、劳务输出等渠道解决好就业问题，特别是对于无产业技能、无法外出就业的劳动力，要把他们妥善安置到乡村公益性岗位上就业，实现"零就业家庭"动态清零。二要继续全力实施农村危房存量改造和村容村貌整治提升行动。三要继续全力实施大病救治专项行动，实现云南边境地区农村因病致贫返贫大病患者医疗救治全覆盖，使大病救治率达100%。四要继续全力实施产业就业巩固提升行动，持续加强社会力量帮扶边境地区农村发展。五要继续实施边境地区薄弱村、薄弱户的巩固帮扶行动，全面排查薄弱村、薄弱户，不断帮扶薄弱村、薄弱户，逐步消化巩固和拓展脱贫攻坚成果的薄弱环节。六要继续实施边境地区吸毒人员家庭帮扶行动，建立健全阻滞涉及吸毒家庭返贫工作机制，着力预防因毒返贫现象发生。七要继续实施无户口人员帮扶行动，特别要通过多部门协同开展工作，解决边境地区回流边民住房、落户和后续发展等问题。八要继续实施教育帮扶发展提升行动，巩固和拓展边境地区义务教育基本均衡发展的成果。

（六）建立健全巩固和拓展脱贫攻坚成果的社会力量帮扶机制

1. 加大实力企业和社会力量帮扶云南边境地区的力度

云南边境地区巩固和拓展脱贫攻坚成果，需要大力发展产业增加经济收入，而发展产业需要有实力的企业的引领和示范。有实力的企业在技术、资金、信息、人才方面有着明显优势。在巩固和拓展脱贫攻坚成果期间，国家应给予云南边境地区更多的特殊政策，继续加大国有企业、大型知名民营企业对云南边境地区的挂钩帮扶力度。社会力量的继续帮扶是云南边境地区巩固和拓展脱贫攻坚成果不可缺少的重要方面，国家要出台政策，继续支持和鼓励社会力量参与到巩固和拓展脱贫攻坚成果的事业当中。

2. 加强发达地区帮扶单位与云南边境地区的人才交流

一方面，云南边境地区专业技术人才匮乏，严重制约经济社会发展。巩固和拓展脱贫攻坚成果，应加大发达地区专业技术人才到云南边境地区进行挂职的力度，要选派发达地区教育、医疗、农业等领域的专家进行对口支援和指导。另一方面，发达地区组织部门要制订系统全面、科学可行的人才交流培训计划，努力为云南边境地区培养一批专业技术骨干。特别要切实加大云南边境地区干部、教师、医生、金融、农林、旅游等方面专业技术人员到发达地区挂职交流、进修培训力度，让云南边境地区干部不断转变陈旧观念、树立先进理念、拓展发展思路、提升业务技能和专业水平。

3. 提升社会力量对云南边境地区进行产业帮扶的质量

参与帮扶的社会力量要认真总结脱贫攻坚阶段产业帮扶的成功经验，对有市场有效益的产业项目要增加资金投入，扩大产业规模；对部分缺市场无效益的产业项目，该收回投入资金的坚决收回，重点扶持一至两个能实现"产、供、销"一条龙的企业，让帮扶资金向更广、更深拓展，实现产业帮扶资金更加精准、更加有效、更加惠众，真正发挥巩固和拓展脱贫攻坚成果的作用。

4. 加强发达地区帮扶单位与云南边境地区的劳务协作

发达地区帮扶单位要按照高效对接劳务市场要求，加强与云南边境地区的劳务协作，帮助云南边境地区开展具有针对性的就业技能培训，提高通过劳务输出巩固和拓展脱贫攻坚成果的组织化程度，促进云南边境地区脱贫群众向发达地区有效输出、就业稳定。要重点输出一批致富愿望持续强烈、有志于回乡以后积极参与乡村振兴的脱贫群众、城镇失地居民和大中专未就业毕业生，在组织动员、思想教育、管理服务上狠下功夫，确保留得住、用得上、增长才干、转变观念、积累财富，不断提升他们回乡以后带动当地同乡创业发展的能力。

5. 开展发达地区帮扶单位与云南边境地区的文化旅游交流

开展发达地区帮扶单位与云南边境地区的文化旅游交流。一方面，发达地区帮扶单位可以通过组织文艺团体到云南边境地区慰问演出等形式开展文化交流活动。另一方面，云南边境地区可以组织文艺团队到帮扶单位所在的发达地区进行文艺演出，组织相关力量到帮扶单位所在发达地区开展少数民族文化、美食、手工艺品、旅游产品等方面的宣传推荐工作，全面展示云南边境地区风土人情和发达地区帮扶单位竭诚开展社会帮扶等情况,增加帮扶单位所在的发达地区人民对云南边境地区的认知了解,动员更多的社会力量参与到对口帮扶工作当中。

(七)建立健全巩固和拓展脱贫攻坚成果的责任督查考核机制

1. 建立健全巩固和拓展脱贫攻坚成果责任制

一要继续发挥党委总揽全局、协调各方的作用,认真落实巩固和拓展脱贫攻坚成果和乡村振兴党政一把手负责制、党委书记一起抓的责任制,为巩固拓展脱贫攻坚成果和乡村振兴提供坚强的政治保障。二要压实云南边境地区县(市)级领导、巩固拓展脱贫攻坚成果和乡村振兴行业帮扶部门、挂包单位、乡镇党委政府责任,层层签订目标责任书,用目标压实责任,确保乡村巩固拓展脱贫攻坚责任落实到位。

2. 严格督查"四摘四不摘"政策落实情况

虽然云南边境地区各县(市)摘掉了贫困县的帽子,但巩固和拓展脱贫攻坚成果工作依然在路上。为此,要重点对脱贫攻坚结束后的"四摘四不摘"政策落实情况进行逐一督查。一是督查坚持"摘帽不摘责任"落实情况,做到责任不变,工作不断。二是督查坚持"摘帽不摘政策"落实情况,做到产业扶持政策、素质提升、基础设施建设、项目扶持等政策不变不动,脱贫不脱政策。三是督查坚持"摘帽不摘帮扶"落实情况,根据不同返贫原因和家庭情况,继续开展一对一帮扶。四是督查坚持"摘帽不摘监管"落实情况,继续实行督察问责机制,围绕巡查反馈问题,对巩固和拓展脱贫攻坚成果工作进行整改。

3. 加强边境县(市)主要领导带队督查督办

巩固和拓展脱贫攻坚成果,需要加强边境县(市)主要领导带队的督查督办工作。尤其要加大边境县党委、政府、人大、政协四大班子主要领导带队的督查督办、调度协商和明察暗访工作力度,督促相关县级领导、相关县直单位和乡(镇)的一把手,按照巩固和拓展脱贫攻坚成果、实施乡村振兴战略的统一部署不折不扣做好相关工作。对工作久推不动、问题久拖不决、毛病久批不改的人和事,该约谈的约谈、该批评的批评、该处分的处分,严规矩、压责任、树导向,以督查压实责任,以真督查促进真落实,确保巩固和拓展脱贫攻坚成果有保障。

4. 严格开展季度综合督查测评考核工作

在巩固和拓展脱贫攻坚成果工作中,云南边境地区各边境县(市)要成立督查考核工作组。各边境县的督查考核工作组要结合巩固和拓展脱贫攻坚成果、实施乡村振兴战略的目标任务，以随机抽查、明察暗访等形式，对云南边境地区乡村振兴驻村工作队的在岗履职情况进行综合督查。同时坚持实事求是、客观公正、注重实绩和群众公认的原则，采取"查、看、听、评"相结合的方式，定量和定性相结合，严格开展季度测评考核工作，对排名末五位的工作队员启动召回程序，不断调整优化乡村振兴驻村工作队伍。

5. 实行督查考核与驻村干部调整任用挂钩

云南边境地区各边境县（市）要把巩固和拓展脱贫攻坚成果的督查考核结果同驻村干部调整任用等结合起来。依据组织部门的督查考核结果，驻村干部连续两年年度考核为优秀且符合条件的，同等条件下优先晋职晋级、进一步使用或晋升职称；连续三年年度考核为优秀且符合条件的，在职数范围内予以晋职晋级、进一步使用或晋升职称；对年度考核"不称职"的驻村干部予以召回，由组织、乡村振兴部门约谈派出单位，扣除派出单位年度定点帮扶考核相应分数。以此推动云南边境地区各边境县（市）内各级各部门积极履行好巩固和拓展脱贫攻坚成果、实施乡村振兴战略的职责，真正把责任扛稳、任务抓牢、工作做实。

（八）建立健全巩固和拓展脱贫攻坚成果与乡村振兴有效衔接机制

实施乡村振兴战略的首要任务是巩固和拓展脱贫攻坚成果，实现巩固和拓展脱贫攻坚成果与乡村振兴有效衔接。为此，必须建立健全巩固和拓展脱贫攻坚成果与乡村振兴有效衔接机制。建立巩固和拓展脱贫攻坚成果与乡村振兴有效衔接机制，要有机地从"脱贫攻坚"过渡到"乡村振兴"，从"两不愁三保障"过渡到"产业兴旺、生态宜居、乡风文明、治理有效、生活富裕"，[1] 实现向乡村产业振兴、乡村人才振兴、乡村文化振兴、文明振兴等方面的转变。

1. 实现从注重扶持农业产业发展到注重产业振兴的转变

云南边境地区脱贫攻坚阶段注重农业产业扶贫，这是帮助贫困群众尽快摆脱贫穷走向生活富裕的有效路径。但要看到，脱贫攻坚阶段扶持起来的农业产业往往规模小、数量少、形式单一，很多属于劳动密集型产业，绝大多数处于粗放经营阶段，市场竞争力不强，抵御市场风险的能力弱。当脱贫攻坚升级到乡村振兴阶段后，云南边境地区不仅要持续注重农业产业的发展，而且要在原有基础上发展多种形式的规模经营，不断做长链条、丰富产业结

---

[1] 唐任伍. 新发展阶段如何实现脱贫攻坚与乡村振兴有效衔接［EB/OL］. 中国新闻网，2020-12-23.

构，使产业转型升级，逐渐构建起现代农业产业体系，以增强其市场竞争力和抵御市场风险的能力，实现从注重产业扶贫到注重产业振兴的转变。

2. 实现从注重对贫困群众进行就业技能培训向注重培育新型职业农民的转变

云南边境地区在脱贫攻坚阶段注重对贫困群众进行免费的就业技能培训，为贫困群众转移就业、实现脱贫致富奠定了能力基础。当脱贫攻坚升级到乡村振兴阶段后，云南边境地区不仅要持续对贫困群众进行就业技能培训，而且要全面建立职业农民制度，依托各级各类培训机构，实施新型职业农民培育工程，加大对农民的农业农村实用技术培训力度，培育新一代懂农业、爱农村、会技术、善经营的新型职业农民，实现从注重对贫困群众进行就业技能培训向注重培育新型职业农民的转变。

3. 实现从注重培育农村致富带头人向注重培养乡村振兴专业化人才的转变

云南边境地区在脱贫攻坚阶段注重农村致富带头人的培育和扶持，通过广泛宣传，在少数民族群众中发挥农村致富带头人的示范作用，带动了一大批农民群众脱贫致富。当脱贫攻坚升级到乡村振兴阶段后，云南边境地区不仅要继续注重培育农村致富带头人，还要建设一支"特别能吃苦、特别能战斗、特别能担当、特别能奉献"的优秀村组干部，更要注重加强农村专业人才队伍建设，重点扶持培养一批农业职业经理人、经纪人、乡村工匠、文化能人、少数民族非物质文化遗产传承人等，为云南边境地区乡村振兴培养专业化人才，实现从注重培育农村致富带头人向注重培养乡村振兴专业化人才的转变。

4. 实现从注重培育贫困群众内生动力向注重乡村文化、乡村文明振兴的转变

云南边境地区在脱贫攻坚阶段把扶贫与扶志、扶贫与扶智有机地结合起来，注重培育贫困群众自我发展的内生动力，贫困群众有了"我要脱贫"的强烈意愿，展现了"我能脱贫"的精神风貌。当脱贫攻坚升级到乡村振兴阶段后，云南边境地区不仅要持续激发群众自我发展的内生动力，而且要注重乡村文化、乡村文明在乡村振兴中的引领作用。要深入挖掘整理边境各少数民族优秀的传统文化，弘扬边境各少数民族优秀的传统美德，教育引导边境各少数民族边民向上向善、孝老爱亲、重义守信、勤俭持家，培育良好家风、淳朴民风、文明乡风，深入推进边境各少数民族乡村社会公德、家庭美德、村民品德建设，实现从注重培育贫困群众内生动力向注重乡村文化、乡村文

明振兴的转变。

5. 实现从注重生态扶贫向注重建设生态宜居的美丽乡村的转变

云南边境地区在脱贫攻坚阶段立足农村的生态优势，注重生态扶贫，探索了许多将绿水青山转化为金山银山的具体路径，赢得了脱贫攻坚的胜利。当脱贫攻坚升级到乡村振兴阶段后，云南边境地区要牢固树立"绿水青山就是金山银山"和"人不负青山，青山定不负人"的绿色发展理念，要通过强化土壤污染管控和修复、加大乡村水环境治理力度、集中治理农业面源污染等措施，实现对农业农村环境突出问题的治理。要通过加强重要生态系统保护、实施生态修复重大工程、健全生态系统保护制度、完善生态保护补偿机制、发挥自然资源多重效益等措施，实现乡村生态保护与修复。总而言之，要坚持走生态优先、绿色发展之路，以生态振兴促进宜业宜居乡村建设，实现从注重生态扶贫向注重建设生态宜居的美丽乡村的转变。

6. 实现从注重人居环境治理到促进自治法治德治有机结合的转变

云南边境地区在脱贫攻坚阶段注重人居环境治理，边境各少数民族通过推进农村生活垃圾治理、农村生活污水治理、农村厕所革命，农村人居环境得到了持续改善，村容村貌发生了巨大变化。当脱贫攻坚升级到乡村振兴阶段后，云南边境地区要在农村基层党组织的领导下，通过创新村民自治机制、推进乡村法治建设、提升乡村德治水平、建设平安乡村、建设民族团结进步示范乡村，构建起边境民族地区现代乡村治理体系，实现从注重人居环境治理到促进自治法治德治有机结合的转变。

参考文献

[1] 本书编写组. 中共中央关于坚持和完善中国特色社会主义制度、推进国家治理体系和治理能力现代化若干重大问题的决定（辅导读本）[M]. 北京：人民出版社，2019.

[2] 陈霖. 中国边疆治理研究[M]. 昆明：云南人民出版社，2011.

[3] 陈振明. 社会管理：理论、实践与案例[M]. 北京：中国人民大学出版社，2012.

[4] 辞海编辑委员会. 辞海[M]. 上海：上海辞书出版社，1999.

[5] 邓伟志. 创新社会管理体制[M]. 上海：上海社会科学院出版社，2008.

[6] 丁茂战. 我国政府社会治理制度改革研究[M]. 北京：中国经济出版社，2009.

[7] 范铁中. 协同参与：非政府组织与社会管理[M]. 上海：上海大学出版社，2015.

[8] 龚维斌，等. 中国社会治理创新之路[M]. 北京：经济科学出版社，2019.

[9] 关信平，中国社会工作教育协会. 社会政策概论[M]. 北京：高等教育出版社，2014.

[10] 哈肯. 高等协同学[M]. 郭治安，译. 北京：科学出版社，1989.

[11] 李培林. 中国社会巨变和治理[M]. 北京：中国社会科学出版社出版，2014.

[12] 李婷婷. 社会治理视域下的人民调解[M]. 北京：人民出版社，2014.

[13] 罗刚. 云南边境民族地区非法移民问题及其治理研究：以海口瑶族自治县为例[M]. 北京：法律出版社，2012.

[14] 罗维，等. 地方政府社会治理能力建设研究：基于宁波实践的分析

[M]．北京：法律出版社，2015．

[15] 罗西瑙．没有政府的治理：世界政治中的秩序与变革[M]．张胜军，刘小林，等译．南昌：江西人民出版社，2001．

[16] 芮国强，高祖林，乔耀章．地方政府社会治理：实践创新与理论检视[M]．苏州：苏州大学出版社，2014．

[17] 谭功荣．西方公共行政学思想与流派[M]．北京：北京大学出版社，2015．

[18] 田小穹．民族地区社会治安综合治理研究[M]．北京：中央民族大学出版社，2010．

[19] 汪大海．西方公共管理名著导读[M]．北京：中国人民大学出版社，2011．

[20] 王宁．社会管理十讲[M]．广州：南方日报出版社，2011．

[21] 翁定军，张行．社会政策与社会管理：理念与实践[M]．桂林：广西师范大学出版社，2013．

[22] 吴超．中国社会治理演变研究[M]．武汉：华中科技大学出版社，2019．

[23] 晓根．全面建设小康社会进程中的云南"直过民族"研究[M]．北京：中国社会科学出版社，2011．

[24] 徐顽强．社会管理创新：理论与实践[M]．北京：科学出版社，2012．

[25] 杨临宏．加强和创新社会管理的法律问题研究[M]．北京：中央编译出版社，2015．

[26] 杨述明．现代社会治理工作读本[M]．武汉：湖北人民出版社，2014．

[27] 殷昭举．社会治理学[M]．广州：广东教育出版社，2014．

[28] 俞可平．论国家治理现代化[M]．修订版．北京：社会科学文献出版社，2015．

[29] 中共中央马克思恩格斯列宁斯大林著作编译局．马克思恩格斯选集：第1卷[M]．北京：人民出版社，1972．

[30] 中共中央马克思恩格斯列宁斯大林著作编译局．马克思恩格斯选集：第4卷[M]．北京：人民出版社，1972．

[31] 周家明．乡村治理中村规民约的作用机制研究：基于非正式制度的

视角 [M]. 重庆：重庆大学出版社，2016.

[32] 丁元竹. 当前加强和创新社会管理面临的十大问题 [J]. 行政管理改革，2012 (1).

[33] 伍治良. 社会管理法治化的基础性制度建设 [J]. 经济社会体制比较，2013 (4).

[34] 周红云. 从社会管理走向社会治理：概念、逻辑、原则与路径 [J]. 团结，2014 (1).

[35] 周平. 陆疆治理：从"族际主义"转向"区域主义" [J]. 国家行政学院学报，2015 (6).

[36] 周晓丽，党秀云. 西方国家的社会治理：机制、理念及其启示 [J]. 南京社会科学，2013 (10).

[37] 宣晓伟. 国家治理体系和治理能力现代化的制度安排：从社会分工理论观瞻 [J]. 改革，2014 (4).

[38] 郁建兴. 社会治理共同体及其建设路径 [J]. 公共管理评论，2019，1 (3).

[39] 刘鑫鑫. 论社会治理现代化的基本维度 [J]. 湖北行政学院学报，2020 (6).

[40] 吴晓林. 当前市域社会治理的问题短板与政策建议 [J]. 国家治理，2021 (21).

[41] 任佳顺，解逸. 云南中缅边境地区治安防控对策研究 [J]. 广西警察学院学报，2017，30 (6).

[42] 刘玉立，胡志丁，葛岳静. 云南边境口岸外籍务工人员空间分布差异及其成因 [J]. 热带地理，2017，37 (2).

[43] 刘爱聪，岳太科，吴波青. 云南省边境地区流动人口传染病防控现况调查 [J]. 现代医学与健康研究电子杂志，2018，2 (2).

[44] 袁明旭. 边疆多民族地区群体性突发事件中领导角色冲突的双重效应 [J]. 思想战线，2010，36 (3).

[45] 李益敏，袁静，赵志芳. 基于GIS的中缅边境地区突发事件防控研究 [J]. 云南地理环境研究，2020，32 (3).

[46] 张鑫，辛田. 关于民族地区突发公共事件政府应急管理研究文献综述 [J]. 中国管理信息化，2017，20 (9).

[47] 杨芍,陈巧英. 桥头堡战略下边疆民族地区信访工作的新特点及新思路 [J]. 云南社会科学,2013 (3).

[48] 张宪伟. 巩固拓展脱贫攻坚成果同乡村振兴有效衔接 [J]. 社会主义论坛,2020 (12).

后 记

云南有着漫长的边境线，地理上与缅甸、越南、老挝三个周边邻国紧密相连。云南边境地区社会治理面临的问题及挑战繁多且复杂。虽然学界未曾停止过对该区域社会治理的研究，但随着该区域地缘政治价值的凸显，加强云南边境地区社会治理的研究，显得比以往任何时候都更加重要。本书就是在这样的背景下通过实地调查研究后撰写而成的。

本书的研究对象是云南边境地区社会治理，涉及的内容广泛、领域众多，主要对近年来云南边境地区社会治安治理、禁毒防艾、外籍务工人员治理、疾病预防控制、接待来信来访、突发事件治理、脱贫攻坚等领域的治理实践进行了实地调查，并对每个领域的治理面临的挑战和在治理中存在的问题进行了分析，同时相应地提出了云南边境地区社会治理的创新路径。

本书各章呈现的论点是在实地调查、访谈、分析以后提炼出来的，具有一定的新意。不同领域的社会治理论点下面都有云南边境县（市）社会治理的事实或数据作为论据加以佐证。书中所呈现的这些论点及论据对于深入研究云南边境地区社会治理具有一定的参考价值。同时，书中针对不同领域的社会治理所提出的云南边境地区社会治理的创新路径，对于从事公共管理的实务者也具有一定的指导意义。

本书正式写作之前，笔者曾于2018—2019年利用学校放假之机，栉风沐雨，不畏艰险，昼夜兼程，奔赴云南边境地区九个县（市）有关社会治理的相关部门进行座谈、采访。同时，就社会治理涉及的主要领域，随机采访了云南边境县（市）的部分边民以及在云南边境县（市）境内务工的部分毗邻国边民。通过这次实地调查，笔者获取了大量有价值的第一手资料和丰富的素材，为本书的撰写奠定了良好的基础。

回想实地调查期间所遇到的每个人和每件事，无不令我生发无尽的感激之情。感谢九个边境县（市）社会治理相关部门的领导干部在百忙之中的热情接待，并在座谈、采访之后提供了可以公开的数据资料；感谢云南边境地区边民接受采访时所散发出来的那种淳朴和善良之美；感谢我的研究生陪我一同前往边境县（市）实地调研并参与调研资料的梳理。

  本书写作过程中参考或引用了学界一些专家学者有关社会治理的思想观点、云南边境地区九个县（市）有关社会治理的相关部门提供的数据资料以及查阅网络搜集的部分文献，并采用脚注形式标出，在此一并深表感谢。如有疏漏，敬请谅解。由于本人学识水平和能力有限，书中定有很多不尽如人意之处，敬请读者给予批评指正。

作　者

2023 年 8 月